学人文丛

大国崛起中的权力与责任

毛维准 著

南京大学出版社

图书在版编目(CIP)数据

大国崛起中的权力与责任 / 毛维准著. —— 南京：南京大学出版社，2018.9
(学人文丛)
ISBN 978-7-305-20287-2

Ⅰ.①大… Ⅱ.①毛… Ⅲ.①国家战略－研究 Ⅳ.①D50

中国版本图书馆 CIP 数据核字(2018)第 111551 号

出版发行　南京大学出版社
社　　址　南京市汉口路 22 号　　邮　编　210093
出 版 人　金鑫荣

丛 书 名　学人文丛
书　　名　大国崛起中的权力与责任
著　　者　毛维准
责任编辑　刘忠菊　官欣欣　　编辑热线　025-83593947

照　　排　南京南琳图文制作有限公司
印　　刷　江苏苏中印刷有限公司
开　　本　635×965　1/16　印张 21.75　字数 270 千
版　　次　2018 年 9 月第 1 版　2018 年 9 月第 1 次印刷
ISBN 978-7-305-20287-2
定　　价　108.00 元

网址：http://www.njupco.com
官方微博：http://weibo.com/njupco
官方微信号：njupress
销售咨询热线：(025) 83594756

* 版权所有，侵权必究
* 凡购买南大版图书，如有印装质量问题，请与所购图书销售部门联系调换

《南大亚太论丛》

主　　办　南京大学亚太发展研究中心

学术委员会（以姓氏拼音排列）

　　　　蔡佳禾　南京大学中美文化研究中心
　　　　蔡永顺　香港科技大学人文社会科学院
　　　　陈志敏　复旦大学国际关系与公共事务学院
　　　　樊吉社　中国社会科学院美国研究所
　　　　洪银兴　南京大学商学院
　　　　孔繁斌　南京大学政府管理学院
　　　　沈志华　华东师范大学周边国家研究院
　　　　时殷弘　中国人民大学国际关系学院
　　　　石　斌　南京大学亚太发展研究中心
　　　　石之瑜　台湾大学政治学系
　　　　孙　江　南京大学学衡研究院
　　　　王月清　南京大学哲学系
　　　　阎学通　清华大学国际关系研究院
　　　　张凤阳　南京大学政府管理学院
　　　　朱庆葆　南京大学历史学院

编辑委员会

主　编　石　斌
副主编　李里峰　毛维准
成　员　祁玲玲　舒建中　赵光锐
　　　　吴小康　宋文志

《学人文丛》编辑组

　　　　石　斌　蔡佳禾　李里峰
　　　　毛维准　舒建中　李恭忠

《南大亚太论丛》总序

"南京大学亚太发展研究中心"得于2016年夏初创设并渐次成长,"南京大学郑钢亚太发展研究基金"之专项全额资助,实乃一大助缘、大善举;众多师友、同道的鼓励、扶持乃至躬身力行,同样厥功至伟。

此一学术平台之构建,旨在通过机制创新与成果导向,以国际性、跨国性与全球性议题为枢纽,将人文社会科学诸领域具有内在关联之学科方向、研究内容与学术人才,集成为国际关系、国家治理、经济发展、社会文化等多个"研究群",对大亚太地区展开全方位、多层次、跨学科研究,并致力于承担学术研究、政策咨询、人才培养、社会服务与国际交流等功能。

所谓"亚太",取其广义,乃整个亚洲与环太平洋地区之谓。不特如此,对于相关全球性问题的关切,亦属题中之义。盖因世界虽大,却紧密相连。值此全球相互依存时代,人类命运实为一荣损相俦、进退同步之共同体,断难截然分割。面对日益泛滥的全球性难题,东西南北,左邻右舍,各国各族,除了风雨同舟,合作共赢,又岂能独善其身,偷安苟且?所谓"发展",固然有"政治发展"、"经济发展"、"社会发展"等多重意蕴,亦当有"和平发展"与"共同发展"之价值取向,其理亦然。

吾侪身为黉门中人,对于大学之使命,学人之天职,理当有所思虑。故欲旧话重提,在此重申:育人与问学,乃高等教育之两翼,相辅相成、缺一不可。大学之本是育人,育人之旨,在"养成人格",非徒灌输知识、传授技能;大学之根是学问,学问之道,在"善疑、求真、创获"。二者之上,更需有一灵魂,是为大学之魂。大学之魂乃文化,文化之内核,即人文价值与"大学精神":独立、开放、理性、包容、自由探索、追求真理、禀持理想与信念。大学之大,盖因有此三者矣!

南京大学乃享誉中外之百年老校,不独底蕴深厚、人文荟萃,且英才辈出、薪火相续。于此时代交替、万象更新之际,为开掘利用本校各相关领域之丰厚学术资源,凝聚研究团队,加强对外交流,促进学术发展,展示亚太中心学术同仁之研究成果与学术思想,彰显南京大学之研究水平与学术风格,我们在《南大亚太评论》、《现代国家治理》、《人文亚太》、《亚太艺术》等学术集刊已相继问世的基础上,决定再做努力,编辑出版《南大亚太论丛》。

海纳百川,有容乃大。自设门户、画地为牢,绝非智者所为。所谓"智者融会,尽有阶差,譬如群流,归于大海",对于任何社会政治现象,惟有将各种研究途径所获得的知识联系起来,方能得到系统透彻的理解,否则便如朱子所言,"见一个事是一个理",难入融会贯通之境。办教育、兴学术,蔡元培先生主张"囊括大典,网罗众家,思想自由,兼容并包"。《论丛》的编纂,亦将遵循此种方针。

故此,《论丛》之内容,并不限于一般所谓国际问题论著。全球、区域、次区域及国家诸层面,内政外交、政治经济、典章制度与社会文化诸领域的重要议题,都在讨论范围之内。举凡个人专著、合作成果、优秀论文、会议文集,乃至特色鲜明、裨利教学的精品教材,海外名家、学术前沿的迻译之作,只要主题切合,立意新颖,言之有物,均在"网罗"、刊行之列。此外我们还将组织撰写或译介各种专题系列丛书,以便集中、深入探讨某些重要议题,推动相关研究进程,昭明自身学术特色。

要而言之,南京大学亚太发展研究中心所执守之学术立场,亦即

《论丛》之编辑旨趣:一曰"本土关怀,世界眼光";再曰"秉持严谨求实之学风,倡导清新自然之文风";三曰"科学与人文并举,学术与思想共生,求真与致用平衡"。

一事之成,端赖众力。冀望学界同仁、海内贤达继续鼎力支持、共襄此举,以嘉惠学林,服务社会。值出版前夕,爰申数语,以志缘起。

石 斌

2018年元旦于南京

目 录

上篇 理论探索 1

灾难外交:一种新的外交方式? 3
一、问题提出与学者初述 4
二、框架建构和理论阐释 6
三、海啸之后:"负责任大国"的外交发展 13

国际责任的行为逻辑变迁:信念、责任与关怀 17
一、问题的提出 18
二、文献综述 21
三、政治与道德伦理联结中的行为逻辑演进 29
四、国际责任之行为逻辑脉络:信念、责任与关怀 43
五、结论 60

负责任主权:理论缘起、演化脉络与争议挑战 62
一、问题的提出 63
二、主权之"条件性":"负责任主权"产生的理论背景 66

三、"作为责任的主权":主权逻辑演变与正当性要求 ……… 74
四、责任的传承:从"大国责任"到"负责任主权" ………… 78
五、"负责任主权":路径、特征与争议 ……………………… 87
六、结论 ……………………………………………………… 93

全球治理新试验?议题互嵌、机制关联和公民社会兴起 ……… 95
一、背景介绍 ………………………………………………… 96
二、理论分析框架:议题交叠、机制关联和新兴行为体 …… 98
三、"贸易—气候"互嵌结构:议题交叠与机制关联 ……… 103
四、批判的力量:全球公民社会看"贸易—气候"体制 …… 111
五、结论与建议 …………………………………………… 119

透视"鼠象之争":"不对称冲突"理论探析 ………………… 121
一、导论 …………………………………………………… 122
二、"实力—胜利"因果链的盲点与研究问题 …………… 124
三、以卵击石还是相机抉择? …………………………… 125
四、因何而以弱胜强? …………………………………… 128
五、"策略互动理论":框架与缺陷 ……………………… 134
六、结论 …………………………………………………… 143

经验理论、规范批判理论和方法论:马克思主义国际关系理论考察
……………………………………………………………… 144
一、导言 …………………………………………………… 144
二、经验理论 ……………………………………………… 146
三、规范批判理论 ………………………………………… 152

四、方法论 …………………………………………… 156
　　五、评析 ……………………………………………… 163

国际关系理论之实证检验：辩护与反思 ………………… 165
　　一、指控与辩护 ……………………………………… 165
　　二、趋势与未来 ……………………………………… 169
　　三、结语 ……………………………………………… 173

国际贸易机制对国内武装冲突影响的研究 …………… 174
　　一、引言 ……………………………………………… 175
　　二、文献综述 ………………………………………… 176
　　三、理论框架 ………………………………………… 182
　　四、方法、变量与数据来源 ………………………… 196
　　五、实证讨论与检验 ………………………………… 202
　　六、结论 ……………………………………………… 219

英欧变局背景下的中国选择：三角构建、规则追踪与秩序助推
………………………………………………………………… 221
　　一、研究背景 ………………………………………… 222
　　二、权力、规则与秩序：一个分析框架 …………… 224
　　三、构建多元三角：中国作为英欧变局过程中的显著第三方
　　　………………………………………………………… 226
　　四、追踪规则谈判：中国在"后英国脱欧"秩序下的注意力转换
　　　………………………………………………………… 230

五、助推秩序建构：中国在英欧新关系生成中的路径选择
　　　　………………………………………………………………… 234
　　六、结论 ………………………………………………… 238

"新战略"背景下欧盟的亚太安全政策 ………………… 239
　　一、背景介绍 …………………………………………… 239
　　二、欧盟安全战略框架中的亚太政策脉络 …………… 240
　　三、欧盟之亚太政策调整的原因 ……………………… 243
　　四、欧盟亚太政策调整的基本特征 …………………… 246
　　五、欧盟亚太政策框架面临的限制因素 ……………… 251
　　六、结语 ………………………………………………… 254

下篇　现实关怀 ………………………………………… 255

"修昔底德陷阱"再议：不对称建构与非常规解构 …… 257

造就"疑似"战争和实现最长和平 ……………………… 262

新世界的碰撞与逻辑 …………………………………… 270

才智战略：亚投行发展的新方向 ……………………… 276

另一个世界是可能的吗？ ……………………………… 281

困境中的边缘舞者:国际舞台上的全球治理 …………………… 288

贸易规则大调整时代到来 …………………………………………… 293

安全感、稳定性与不折腾:"安吉老妈"的权力之路…………… 297

德国难民危机:担当抱负与能力局限 …………………………… 301

饮鸩止渴的欧盟—土耳其难民协议 …………………………… 307

求证政治学研究之"科学"特征 …………………………………… 312

国际制度研究需要准确的翻译 …………………………………… 319

东亚史观的建立需从长计议 ……………………………………… 322

后　记 ……………………………………………………………… 325

上 篇

理论探索

灾难外交:一种新的外交方式?*

【内容提要】 身处灾难发生频繁的世界,如何处理受灾国和其他国家的关系、使外交发挥更佳功效便被提上议程。对受灾国和其他国家而言,灾难外交是一种可供选择的外交方式;灾难外交实践对国家利益和国际公共利益凸显重要的现实价值。灾难外交具有灵活性、形式多样性和不确定性等特点,体现了外交的文明和技巧要求,但其实践过程却存在不少制约因素。灾难外交能够推动中国"负责任大国"角色的实现。我们将结合印度洋海啸后的国家活动展开分析。

【关键词】 灾难 灾难外交 人道主义 安全 印度洋地震海啸

2004 年岁末,印度洋爆发地震海啸,沿岸多国遭受肆虐袭击,这可能是"世界近 200 多年来死伤最惨重的海啸灾难"。[①] 灾难发生后,各国政府、民众与众多国际组织积极开展人力、物力和财力等各方面救援,同受灾国一道面对困境。由此,国家间开展了一场景象独特且集外交

---

* 本文原发表于《世界经济与政治》2005 年第 6 期(第 55 - 60 页),合作者为现华东师范大学政治学研究所阙天舒博士;收入本文集时做了一些文字和技术性改动。
① 《资料:百年以来死亡人数过千的七次大海啸》,http://news.sina.com.cn/w/2004 - 12 - 29/15274662532s.shtml。

文明特质和娴熟技艺于一体的独特的国家交往方式。

一、问题提出与学者初述

世界范围内自然灾害、贫困、疾病等跨国问题日益加剧,其危害超越一国范围,极大威胁着世界稳定和人类安全。如何控制灾难或使灾难危害最小化,为国民乃至全人类创造良好的生存环境便被提上议程。毋庸讳言,这需要各方共同努力,需要各行为主体间的通力合作。正是对灾难的关注为人们呵护生存环境提供了驱动,也为处理国家间关系提供了契机——以灾难为媒介的国家交往方式——灾难外交频现。

2000年2月18日,美国国家大气研究中心(National Center for Atmospheric Research)的迈克尔·格兰茨(Michael Glantz)教授在"跨越时空的飓风(Hurricanes Through Time)"研讨会上提出"灾难外交"。此前他曾研究"与气候相关的爆发点(climax-related flashpoint)"对国内外政治形势、人权和政治的影响。①

英国剑桥大学学者伊兰·凯尔曼(Ilan Kelman)和西奥·库克斯(Theo Koukis)最先开始对灾难外交进行综合研究,并联合詹姆斯·柯-林德塞(James Ker-Lindsay)、迈克尔·格兰茨、阿尔萨·胡鲁维(Ailsa Holloway)和路易丝·康福特(Louise Comfort)等展开合作研究,对1999年希腊和土耳其"地震外交(earthquake diplomacy)"、古巴的气候性灾难、南部非洲20世纪90年代的干旱灾害等展开案例考究,并在2000年《剑桥国际事务评论(第14卷)》(*Cambridge Review of International Affairs*)上发表关于灾难外交研究状况的成果。他们认

---

① "Hurricanes Through Time: From Pre-Columbian Beliefs in the Caribbean to Modern Scientific Discovery," http://www.esig.ucar.edu/sig-nal/14/past.htm#lmeeting_04.

为,灾难外交是对灾难的一种"激进阐释(radical interpretation)",它直面"灾难能诱发敌对国家间的国际合作吗"的诘问,寻求突破国家间的"霍布斯情景";其研究关注面对国际交往障碍时,如何改善灾难管理活动并试图发现灾难在国际事务中的实际作用,同时关注将这些原则和方法应用于国内政治形势。① 关于灾难外交的定位,他们申明灾难在国家交往过程中拥有"切实但并非高于一切"的影响,它能影响外交过程,但是其自身并不能产生新的外交倡议(diplomacy initiative);② 它是"外交的催化剂",而非"外交创造者";③ 灾难外交的潜在思想是确认处于共同自然灾难影响下的冲突国家间形成的外交合作领域。④ 康福特认为,灾难外交概念基于"对共担风险(shared risk)予以科学理解的基础上",确认国家间的共同利益并引发所有蒙受威胁的国家间的共同责任。⑤ 印度洋海啸后,国内学者也纷纷提出"灾难外交"、"救灾外交"和"海啸外交"等概念。⑥

灾难是"导致严重的损失、毁坏、苦难、苦恼或死亡的破坏性或毁灭性事件"。⑦ 它具有突发性、紧迫性、严重性和持续性等特征。灾难大致可以分为自然灾难(如地震、海啸等)和人为灾难(如恐怖主义、核污

---

① http://www.arct.cam.ac.uk/disasterdiplomacy/publications.html#intro.
② http://www.arct.cam.ac.uk/disasterdiplomacy/publications.html#intro.
③ "Supplementary Material," http://www.arct.cam.ac.uk/disasterdiplomacy/publications.html.
④ "ESIG Annual Scientific Report 2001: Protection of Life and Property," http://www.esig.ucar.edu/asr01/protection.html.
⑤ Louise K. Comfort, "Disaster: Agent of Diplomacy or Change in International Affairs?" Cambridge Review of International Affairs, Vol. XIV, No.1, July 2000, pp. 277 - 279.
⑥ 刘莉:《5亿人民币背后是负责任的中国》,载《东方早报》,2005年1月1日;韩轩:《中国式关怀良好的开端》,载《国际先驱导报》,2005年1月6日;刘卫东:《西方大国的"海啸外交"》,载《南方周末》,2005年1月13日。
⑦ Microsoft Encarta Dictionary.

染等)。诚然,灾难是人类面临的一种危机,但如果处理得当,危机会变成"危险加机遇",成为"转机与恶化的分水岭"。[1] 自然灾难的威胁和突发性为推动冲突国家间的合作创造了机会。为共同应对灾难,国家可能捐弃前嫌,超越阻碍。[2] 同时,灾难可能会颠覆现存国家间的规范和实践,为重新认识人类的脆弱生命和共同人性创造(瞬间的)机会。缘于灾难,每个国家皆被接受为世界共同体成员。[3]

可见,从全球视角考察,灾难为国家共同合作提供了一种契机。基于此,国家可共同发挥主观能动性,弱化并解决灾难危害,从而促成国际秩序的有序化。

本文的基本假设是,作为事件的灾难具有推动国家间关系合理化并促进其良性发展的价值。由此,灾难外交实际上是国家和非国家行为体以灾难为契机处理彼此交往,从而促使国家间关系正常化或深化国家间关系,以此建立或增强国家互信和认同的过程,这也可理解为国家在灾难管理过程中对外的一种选择方式。

二、框架建构和理论阐释

主权国家是世界政治的主要行为体,国家力量构成国际交往的中坚,各国政府是灾难外交的主要行为者。开展各种方式的援助和协作是各国政府推行灾难外交的表现,其核心目的在于"保护受害百姓,尽

---

[1] 薛澜等:《危机管理》,北京:清华大学出版社,2003年版,第24页。
[2] Ilan Kelman and Theo Koukis, "Disaster Diplomacy: Discord Disintegrated?" *Cambridge Review of International Affairs*, Vol. XIV, No.1, July 2000, p.214.
[3] Louise K. Comfort, "Disaster: Agent of Diplomacy or Change in International Affairs?" p.277.

量减少他们的痛苦,让他们在冲突中生存下去……有机会重新开始生活"。①

对免于灾难的国家而言,它们可以通过国家元首或相关方面负责人对受灾国予以慰问或道义支持,并对罹难民众致以各种方式的悼念以推动政治宣传,塑造本国的良好国家形象,影响国际舆论;推行物品资金支持、派遣医疗队和援建队,积极参与包括技术、人力在内的人道主义援助;派遣特别使团(special envoys)直接处理与灾难相关的国内外事务;就灾难预防或救助达成政府间协议,积极参加与之相关的各级别会议,与受灾国患难与共;针对灾难发起某种试图预防或解决灾难的国际倡议,并倡导灾难易发国参加;响应受灾国照会和请求,为受灾国侨民提供外交手续方面的方便、庇护或者绿色通道;为本国滞留灾区公民提供保障;鼓励民间或其他组织积极参与,淡化政治色彩,等等。②

受灾国应该从人权角度出发,接受人道主义援助,最大限度地促进援助的实现,以保障、维护基本人权,制定有关规则用以调整灾难情况下的活动及物资的分配。此后,受灾国政府应发表感谢声明,对相关国家提供的援助表示感谢或回应,实现国家间信息互动;积极开展重建,展现从灾难中恢复的信心,展示本国民众士气和国家尊严;调查灾难原因,建立学习机制,并对将来可能的灾难冲击做好准备;发起或积极参加与灾难相关的各项国际倡议;妥善处理外国罹难者事务;保证外国人的生命财产安全,或为遇难外国人员家属提供良好的后事料理条件;对遭受灾难更严重的国家予以适度的帮助。③ 灾难发生后,免于灾难的

---

① 威胁、挑战和改革问题高级别小组:《一个更安全的世界:我们的共同责任》,第 234 条,参见联合国中文网站:http://www.un.org/chinese/secureworld/index.html。
② 当面对恐怖主义等人为灾难时,免于灾难的国家可以支持或与受灾国一起反击灾难制造者。
③ 针对恐怖主义等人为灾难,受灾国应该主动联络其他国家反击灾难制造者。

国家和受灾国共同支撑起救灾和重建工作应该成为必需。①

除了国家担当主要角色外,伴随全球社会的培育,许多非国家行为体也尽显风采。联合国是最显著的例子,其工作领域之一就是致力于提高国际人道主义援助的速度和效率,加强国家防备和应付紧急情势的能力;它"在防灾、救灾、备灾方面优势明显,在政策制定、方案设计和实施等方面经验丰富,机制完善"。② 重大灾难发生后,只有协调处理好计划、后勤、外交和募集资金等方面,才能有效进行国际援助。其他国际人道主义组织如国际移民组织(IOM)、红十字会和红新会(League of Red Cross and Red Crescent Societies)在国家忽略或敏感的领域发挥特定作用。它们可以凭借自身的特殊定位,积极游说、呼吁、寻求援助,在国家间牵线搭桥,作为第三方督促国内冲突各方实现一定程度的和解,等等。

国家利益是外交的终极目的和主要驱动,灾难外交充分体现了外交的文明性和技巧性,它成为国家间关系正常化的"润滑剂"。鉴于国际政治现状和国家现实利益,适时诉诸灾难外交具有出奇制胜的效果。

第一,灾难打开了对话之门。灾难及其威胁为促成国家间团结提供了"机会窗",由灾难之类的"低级政治"着手,进而涉及"高级政治",促成国家间的互信与认同,实现关系缓和。长期争议或敌对的国家在都不妥协的前提下,可能会以危机为契机展开谈判。③ 即使是处于灾难的民族间的"旧怨的(暂时)搁置",也可以为决策者深入理解各国需

---

① 具体国家行为可参见:"印尼苏门答腊发生强震"专题,http://www.xinhuanet.com/world/zt050301/。
② 《中国政府特别代表、外交部部长助理沈国放在联合国地震海啸灾害认捐国际会议上的讲话》,外交部网站,http://www.fmprc.gov.cn/chn/ziliao/wzzt/tsunami/t179365.htm;联合国网站:http://www.un.org/chinese/work/ha/general.htm。
③ Nick Cater, "When Disaster Opens the Door to Dialogue," December 30, 2003, http://www.alertnet.org/thefacts/reliefresources/107278473896.htm.

要,重新界定现存冲突,对公共目标做出更具建设性意义的解释提供可能。① 具体而言,援助国通过灾难外交可宣示其"负责任的国家态度"②或"责任需求";③扩大交流机会,与受灾国缔结较良好关系,为关系深化创造条件。这实际上是对本国社会安全负责。④ 国家间合作首先要应对最为紧迫的威胁,符合国家利益并能降低政治风险;同时,做出支持比支持本身更为重要,如此可以得到受灾国的认同,提升在该地区发挥作用的"软权力"。对受灾国而言,灾难外交在某种程度上也是灾难治理,积极推行灾难外交可以减轻本国民众承受的痛苦;利用各种援助,可以降低本国成本,积极开展重建,保证国内政治稳定和政权稳固。

第二,非传统安全议程的存在构成灾难外交的前提条件。我们生活在"疯狂地球(crazy earth)"之中,⑤自然和人为灾难频繁发生,严重威胁着国家安全和人的安全。人类生存环境中存在着时刻威胁、危害人类生存的"天灾";同时,在人类开发自然的过程中,许多难以调和的矛盾得以展现,"我们不要过分陶醉于我们对自然界的胜利。对于每一次这样的胜利,自然界都报复了我们"。⑥ 漠视自然的行为在为人类挖掘着"坟墓","人祸"屡见不鲜。我们的生存环境并不和谐:"贫穷、传染

---

① Louise K. Comfort, "Disaster: Agent of Diplomacy or Change in International Affairs?" p. 277.
② 参见《救灾是全球公共外交新契机》,http://www.bj.chinanews.com.cn/news/2004/2005-01-05/1/382.html。
③ 王逸舟:《全球政治与中国外交》,北京:世界知识出版社,2003年版,第317-323页。
④ [英]巴瑞·布赞、[丹麦]奥利·维夫、[丹麦]迪·怀尔德著:《新安全论》,朱宁译,杭州:浙江人民出版社,2003年版,第159-189页。作者对社会安全进行了深入分析,并指出因移民而导致的社会动荡或贫困等原因可能威胁认同,从而引发社会崩溃;威胁致使社会全面崩溃的话,这些问题就上升到社会安全议程。
⑤ 马会端:《环境日,普罗米修斯的困惑》,载《科技日报》,2002年6月11日。
⑥ [德]弗·恩格斯:《自然辩证法》,载马克思、恩格斯:《马克思恩格斯选集》第4卷,北京:人民出版社,1995年版,第383页。

病、环境退化和战争,相互助长,形成了一个极为可怕的循环。"①

第三,共同的价值和利害关系成为灾难外交的必要条件。全球化使人类真正成为一个整体,维护整体就是维护自身,威胁不分国界,国际性的灾难是全人类应该共同应对的课题。② 现实中,国际利益与国家利益并不相互排斥,某些国家对灾难的不当处理损害了本国和人类整体的利益。伴随国家交往的扩大,边界内灾难会扩展,"国国为敌"的丛林法则会诱发以邻为壑或隔岸观火等行为。"今天,各种威胁相互交织在一起,对一国的威胁便是对所有国家的威胁,这种情况比以往任何时候都更为突出。弱者和强者均有弱点暴露给对方。"③每次灾难都可能超越人们的控制能力,这显然不利于问题的解决。尼科松(Harold Nicolson)认为,只有"共同的外在威胁"的推动,并克服自私心理和地域偏见,外交才能从"排他的国家权利观念"发展到"共同国际利益的观念"。④ 面对每况愈下的世界前景和遭受侵蚀的全球利益,"着手探求我们以及其他人难题的政治解决方式是应时之需"。⑤

第四,"灾难外交是外交本身适应现实、拓展空间的内在需要。国家应随时代发展诉诸新的思维与形式,灾难外交内蕴外交的文明技巧的要求,符合外交内容扩展和国家利益导向的要求。如卢梭所言:'政治体……依存于它所处的整个环境,它必须对所有发生的事

---

① 威胁、挑战和改革问题高级别小组:《一个更安全的世界:我们的共同责任》,第22条。
② 《外交部副部长武大伟2005年1月21日与公众在线交流答问全文》,http://www.fmprc.gov.cn/chn/ziliao/wzzt/tsunami/t180691.htm。
③ 威胁、挑战和改革问题高级别小组:《一个更安全的世界:我们的共同责任》,第17条。
④ 王福春、张学斌主编:《西方外交思想史》,北京:北京大学出版社,2002年版,第十一章第四节。
⑤ Robert Cooper, *The Breaking of Nations: Order and Chaos in the Twenty-first Century*, London: Atlantic Monthly Press, 2003, p.83.

情感兴趣。'"① 外交的关切对象逐渐从重视"军事政治"转为"高级政治"和"低级政治"并重,内容日益扩展,"今天外交的构成已超出已往赋予外交……的略显狭窄的政治—战略概念",② 传统外交日益"贬值"。鉴于外交的零散化弊端,摩根索(Hans J. Morgenthau)认为国家应"创造和维护新的制度和程序,各国通过这些新的制度和程序便可以去追求它们的新的共同利益"。③ 开辟更广范围或注重以往忽视的外交内容和方法,推进外交之培养友好关系(engendering goodwill)等功效,④ 对维护国家利益和处置国家间关系意义重大。

随着时代发展,灾难外交凭借其独特魅力和灵活的形式,必将成为外交行为中不可分割的一部分。但灾难外交实践并非一帆风顺,它会遇到若干制约因素,从而影响灾难外交的顺利推行。

第一,实力和利益对外交具有关键影响。推行灾难外交不能超越本国能力,它是意愿与能力的统一,"有心"也需要"有力"。⑤ 援助国和受灾国都必须权衡利弊,不能脱离本国利益和国情,否则只会适得其反。同时,地缘政治因素也影响一国援助的力度,灾难外交一般偏重于地区内的邻近国家。⑥

第二,政治、意识形态因素和存在于民族潜意识中的"敌人意向"以及"自我预言的实现"会将援助等行为解读为从灾难中渔利的工具,被

---

① 转引自周启朋、杨闯等编译:《国外外交学》,北京:中国人民公安大学出版社,1990年版,第2页。
② [英]巴斯顿著:《现代外交(第二版)》,赵怀普、周启朋、刘超译,北京:世界知识出版社,2002年版,第1页。
③ [美]汉斯·摩根索著:《国家间政治:寻求权力与和平的斗争》,徐昕等译,北京:中国人民公安大学出版社,1990年版,第659、673、665页。
④ G. R. Berridge, *Diplomacy: Theory and Practice*, 2nd ed., New York: Palgrave, 2002, p.1.
⑤ 陈娟:《国际援助:我国"有心"也"有力"》,载《人民日报》,2005年1月4日,第5版。
⑥ Frank Ching, "Geopolitical Jockeying Leads to More Aid," The Japan Times, January 15, 2005.

斥为"阴谋诡计(gimmick)"。① 尽管国际法要求实施人道主义援助不得附带政治条件,但往往其中掺入政治动机,对受灾国形成一定威胁。② 援助国即使出于好意,也可能被受灾国赋予威胁指向的政治解读,使国家间关系雪上加霜。两国谅解和信息流动对国家行为体而言非常关键。③

第三,没有法律强制一国必须对受灾国予以援助,因此,受灾国若要获得援助则应该使援助国感知到某种利益预期,或存在制度化的设置。鉴于政治意图和两难困境,学者对灾难外交的前景也产生忧虑和反思——"反思灾难外交(mirror disaster diplomacy)"或"灾难无外交(disaster undiplomacy)"或"灾难外交已死(disaster diplomacy is dead!)"也见诸学界。④

综上所述,尽管灾难外交"可能或不可能在实际形势下运作",但人们依旧可以"从概念审视中汲取未来行动的教训"。⑤ 为此,我们认为:

1. 灾难外交是以国家为主的行为体处理灾难的综合过程,在实际运行过程中,需要全方位地考虑利益、实力等各方面因素。外交可以涉及所有国际事务,地区层次和全球层次议题的差异(contrast)与重叠

---

① 印度洋海啸中,泰国、印度、印尼等国就一定程度上的拒绝援助称:"最好把资金拨给受灾更严重的国家。"http://news.xinhuanet.com/world/2005-01/12/content_2448417.htm。其他事例可以参见:http://www.disasterdiplomacy.org。
② 姜长斌、赵毅等:《海啸援助演绎大国博弈,隐藏复杂政治及军事考虑》,http://news.sina.com.cn/w/2005-01-11/10284787479s.shtml。
③ Louise K. Comfort, "Disaster: Agent of Diplomacy or Change in International Affairs?" p.287.
④ Ilan Kelman, "Mirror Disaster Diplomacy: Proposal," May 11, 2004, http://www.arct.cam.ac.uk/disasterdiplomacy/proposals.html; Ilan Kelman, "Disaster Diplomacy Is Dead! Long Live Diplomacy!" January 13, 2004, http://www.scoop.co.nz/mason/stories/HL0401/S00038.htm.
⑤ Ilan Kelman, "Implementing and Applying Disaster Diplomacy," http://www.arct.cam.ac.uk/disasterdiplomacy/implementation.html.

(interchange)可在扩展的灾难外交中予以讨论。① 减少灾难危害、推动冲突国家间的合作需要"关于共同目标的更宽泛概念",并涉及地方、国家和非国家行为体等多层次主体的实践参与。②

2. 外交本身就是一种制度设置,灾难外交也应是一个制度化过程。"灾难"应扩展为日常发展的挑战(day-to-day development challenges),③各国则应随之设置相关机制以更好地服务于国家交往和利益互动。灾难或灾难威胁为国家间团结提供了机会,但是"适应的性能和机制必须为更有效的结果而存在或发展"。④

3. 灾难外交目前仅是一种外交分析框架或"概念性的模型(conceptual model)",⑤不能根本解决冲突或创造外交,灾难外交的成功只是国家间关系正常的开始。并非仅仅是灾难,而是"处于遭受毁灭威胁或改变的境遇中的国家合作类型和协作模式",营造了冲突国家间关系变化的可能。⑥ 所以,关于灾难外交的功效需要有清醒的估计和评价。

三、海啸之后:"负责任大国"的外交发展

当然,无人向往灾难,最优结果永远是无灾难的外交。然而,现实

---

① Ilan Kelman, "Beyond Disaster, Beyond Diplomacy," in Pelling Mark, ed., *Natural Disasters and Development in a Globalizing World*, London: Routledge, 2003, pp.110-123.
② Louise K. Comfort, "Disaster: Agent of Diplomacy or Change in International Affairs?" p.282.
③ Ilan Kelman, "Beyond Disaster, Beyond Diplomacy," Chapter 7.
④ Louise K. Comfort, "Disaster: Agent of Diplomacy or Change in International Affairs?" p.292.
⑤ Ilan Kelman, "Implementing and Applying Disaster Diplomacy," http://www.arct.cam.ac.uk/disasterdiplomacy/implementation.html.
⑥ Louise K. Comfort, "Disaster: Agent of Diplomacy or Change in International Affairs?" p.278.

并不如人愿,我们需要选择灾难外交。中国处于全球化与区域化过程中,因而发展内容应是中国、世界与地区间更紧密合理的互动。作为秉承"与邻为善、与邻为伴"外交政策的亚洲大国,中国应积极承担国际责任和地区责任,寻求"亚洲认同"与"亚洲身份";同时,积极拓展外交领域以增加互信和认同感。近年来尤其是东亚金融风暴以来,中国积极参与国际救援,"负责任大国"的形象凸显。[1]

印度洋海啸发生后,国家主席胡锦涛及时致电印尼等七国领导人,代表中国政府和人民对他们表示慰问。温家宝总理和李肇星外长积极参与救灾会议,并承诺提供物质援助,开展救援、疾病预防等工作,推动了有史以来最大规模的国际人道主义援助工作。针对人力与技术匮乏的问题,中国政府派遣多支医疗队和其他技术援助队参与救灾并"第一时间"抵达印尼,与泰国合作进行遇难者 DNA 样本检测。北京还主办中国—东盟地震海啸预警研讨会,签署《建立地震海啸预警系统技术平台的行动计划》。此外,外交部副部长武大伟率领特别考察团访问受灾国,探讨救灾和灾后重建问题。我国驻外使馆也开通热线电话,并开设"海啸救援专栏"网页。驻泰使馆和泰国华人各界还举办赈灾义演,并将现场筹得的善款转交泰国政府。[2]

救灾过程中,"中国速度"和"中国式关怀"得到国际传媒和当地民众的交口称赞。[3] 这象征着中国这个亚洲大国在自己所在区域内发生灾难时,积极承担国际责任。"中国威胁论"正在被"中国机遇论"所取

---

[1] 刘莉:《5亿人民币背后是负责任的中国》,载《东方早报》,2005年1月1日。
[2] 参阅中国外交部网站"中国关注海啸灾情积极参加救援行动"专题,http://www.fmprc.gov.cn/chn/ziliao/wzzt/tsunami/default.htm。
[3] 翟伟、袁原等:《印度洋海啸救援的中国速度和中国式关怀》,载《国际先驱导报》,2005年1月6日。

代,中国正从"令人疑虑的国家"变为"可以靠近交往的对象"。①

所以,中国要提升国际活动能力和影响力,塑造本国形象,增强国家"软权力",外交内容和方式必然被要求注入新元素。展现中国式关怀或推行灾难外交应该作为日常工作,而且应该超越人道主义救助层面,上升到外交策略的高度去思考,加强灾难外交的问题解决功能,提升灾难外交的技巧性,排除各种干扰因素,量力而行,并使灾难外交与国家利益和国力紧密结合,实现功效最大化和制度化发展。②

印度洋海啸之后,中国的灾难外交策略实际取得巨大成效,极大改善了中国在东南亚的国际形象,提升了在本地区的号召力。但是,我们也应该发现,中国传统外交一直高度集中在所谓"高级政治"上,非传统的、新型的国际事务则是中国外交陌生的领域。③ 面对当前国际全球化、多边化、制度化和非传统安全事务的上升趋势,中国应以印度洋海啸为契机积极从事建设性的外交,在"以人为本"外交理念的基础上进一步拓展外交内涵、扩大外交领域,体现中国外交的全球政治意义,发掘其独特魅力,在传承中凸显创新精神。

首先,中国外交应重新界定国家利益。中国国家利益并不仅仅是军事、经济层面,也包括非军事、社会福利等方面的利益。④ 中国外交应关注全球范围内灾难频繁发生的客观事实,依托国际社会成员的观念,致力于外交中的正义性、道德性和合法性建设,充分展现区别于强权外交的鲜明个性,分享共同的利益、价值、规则、规范和制度。

其次,中国外交应注重构建国际合作体制。"安全逻辑很少在因违

---

① 李辉、陈向阳等:《我国在东南亚威信提高,"中国威胁论"被机遇论取代》,载《环球时报》,2005 年 1 月 14 日,第 7 版。
② 韩轩:《中国式关怀良好的开端》,载《国际先驱导报》,2005 年 1 月 6 日。
③ 庞中英:《中国与亚洲》,上海:上海社会科学院出版社,2004 年版,第 204 页。
④ 庞中英:《中国与亚洲》,第 249 页。

反自然规律而应负担何种责任方面发生作用,相反,它更多是在因人类制度系统失灵而被视为应负有责任方面发生效力。"① 建立有效的国际合作体制功莫大焉,"如果把目前救灾的钱用于事前的技术研究和防范,把'灾难外交'变成'灾前预防外交',也许就不会有十几万生灵就此消逝。印度洋海啸灾难从反面提醒人类,国家因存在经济、政治、文化等差异而不进行防灾合作,是多么的狭隘甚至可悲,后果又是多么严重"。② 国际社会应寻求建立防范重大自然灾难的合作体制。

最后,中国外交应该推进自身改革与绩效提升。面对全球化的冲击,中国外交改革应该早日提上议事日程。这种改革是为了更好地在全球化世界中生存与发展。③ 随着安全议程的拓宽以及非传统问题的涌现,中国外交要妥善处理"高级政治"与"低级政治"间的关系,将"低级政治"问题纳入外交事务。针对问题领域中出现的危机,要强化危机意识,加强危机管理能力,强化组织、资源和信息的整合,尽快建立反应迅速、动作灵敏的外交应急体系,把危机变为契机。同时,新型的外交应更多地以公众为中心,维护国际、社会与每个公民的安全、利益、价值与形象,而不再是狭义的国家安全。

总之,尽管灾难外交的探索和推行面临若干困境,但是伴随各国对非传统安全议程的关注,加之灾难外交方式本身蕴含的文明技巧特质,运用灾难外交改变国民间的隔阂态度和敌对观念,进而改善国家间关系,不失为一种明智的选择。对中国而言,这也是坚持负责任大国之路和维护国家利益的一种高明的外交策略。

---

① [英]巴瑞·布赞、[丹麦]奥利·维夫、[丹麦]迪·怀尔德:《新安全论》,第111页。
② 周峰:《灾前预防外交更重要》,载《国际在线——世界新闻报》,2005年3月18日。
③ 庞中英:《中国与亚洲》,第205页。

国际责任的行为逻辑变迁:信念、责任与关怀[*]

【内容提要】 国际责任已成为当前国际关系理论研究关注的新兴议题。但是,其理论化工作面临着来自理论框架解释力、历史维度的内涵变化,以及不同视角的伦理争议等方面的挑战。作为试图调和国际政治与道德伦理张力的一种努力,本研究运用多年来政治与道德伦理论争研究成果中关于责任问题的知识资源,在更为一般意义上寻求支配国家履行国际责任的基本逻辑,并分析不同行为逻辑之下国家履行国际责任的多种表现与因果机制。在履行国际责任的历史过程中,国家行为体经历了从信念伦理指导、到责任伦理指导、再到关怀伦理指导的演化过程,同时这也是一个从价值理性(上帝与正义),到工具理性,再到价值理性(关怀)的螺旋进程。这种从传统到现代的演化过程展示了国家履行国际责任过程中由外及里的责任来源,日益全面的相关行为体,与不断加深的责任履行程度等。

【关键词】 国际责任　信念伦理　责任伦理　关怀伦理

---

[*] 本文原发表于《当代亚太》2013年第5期(第22－58页);收入本文集时做了一些文字和技术性改动。

一、问题的提出

"责任"研究已经成为国际学术界的一个研究热点,近年来对责任进行关注的文献大量增多。根据"JSTOR 过刊数据库"统计,[①]从 1919 年到 2012 年"责任(responsibility)"和"国际责任(international responsibility)"等关键词汇在政治科学期刊和社会科学期刊中出现的频率,呈现稳定上升趋势。特别自 20 世纪 80 年来以来,这种趋势更为明显。

同时,伴随中国崛起,"中国责任论"逐渐兴起并在国内外获得广泛讨论。[②] 暂且不论"中国责任论"是不是"中国威胁论"等论调的衍生说辞,[③]对中国责任予以关注和剖析的确是因应中国崛起发展、走向国际舞台和融入国际社会的必由之路。[④] 总而言之,"责任"视角越来越成为国内外学者对中国等国家外交行为及国家间关系进行分析的一种新

[①] Jstor, JSTOR's Data for Research (DfR), edited by ITHAKA, 2012.
[②] Rosemary Foot, "Chinese Power and The Idea of A Responsible State", *The China Journal*, No. 45, 2001, pp. 1 – 19; Robert B. Zoellick, "Whither China: From Membership to Responsibility?" *NBR Analysis*, Vol. 16, No. 4, 2005, pp. 5 – 14.
[③] 刘建飞:《中国责任论:挑战还是机遇》,载《瞭望新闻周刊》,2007 年第 23 期,第 64 页;刘鸣:《中国国际责任论评析》,载《毛泽东邓小平理论研究》,2008 年第 1 期,第 50 – 55 页;马振岗:《中国的责任与"中国责任论"》,载《国际问题研究》,2007 年第 3 期,第 1 – 3 页。
[④] Xuetong Yan, "How Assertive Should a Great Power Be?" *New York Times*, March 31, 2011;刘飞涛:《权力、责任与大国认同:兼论中国应对国际社会责任的应有态度》,载《太平洋学报》,2004 年第 12 期,第 25 – 34 页;刘宏松:《声誉、责任与公正:中国多边外交的三种需求》,载《国际观察》,2004 年第 4 期,第 26 – 32 页;任晓:《研究和理解中国的国际责任》,载《社会科学》,2007 年第 12 期,第 24 – 27 页;王公龙:《国家利益、共有利益与国际责任观:兼论中国国际观的构建》,载《世界经济与政治》,2008 年第 9 期,第 21 – 28 页;王逸舟:《面向 21 世纪的中国外交:三种需求的寻求及其平衡》,载《战略与管理》,1999 年第 6 期,第 18 – 27 页。

兴路径。但是,这一视角需要进一步予以完善,这也是改进国际责任理论框架、涵括历史属性的变化、澄清道德伦理争议的必然要求。

首先,针对责任与义务的研究依旧称不上是伦理与国际关系文献中的"主导性议题"。[1] 虽然国内外学界对国际责任进行的国际关系视角的审视与讨论已经形成了基本的分析框架,但是这些研究和分析框架在理论化、一般化和实证化方面依旧面临较大的改进空间,大多关注于片段或者"零散"的案例,国际责任的内涵、评判标准尚未达成一致,国际责任研究在学理上也缺乏系统分析。[2] 因此,研究者需要进一步提升国际责任研究的理论化水平,发掘国际责任议题更深层次的动力与逻辑,从而能够将零散、短时的多样研究整合到一个总体解释框架下,"内化"当前的各种争议,厘清与国际责任议题相关的各种问题。

其次,国际责任具有浓厚的历史属性。杰克逊(Robert H. Jackson)认为,历史上最"突出"的国际义务与责任包括:"维护国际社会、支撑权力平衡、遵守国际法、适应国际贸易与商业,以及尊重人权等。"[3]国际责任并非在当前时代方才产生,它从近代国家体系建立那一刻起便已经存在,当前对国际责任主题的集中关注只是在一定情势

---

[1] Harry Gould, "Categorical Obligation in International Law", *International Theory*, Vol. 3, No. 2, 2011, p. 257.

[2] 李宝俊、徐正源:《冷战后中国负责任大国身份的建构》,载《教学与研究》,2006年第1期,第49-56页;刘飞涛:《权力、责任与大国认同:兼论中国应对国际社会责任的应有态度》,第25-34页;潘忠岐、郑力:《中国国际责任与国际战略的理论思考:中国外交与国际关系理论2006年度青年研讨会综述》,载《国际观察》,2007年第1期,第22-28页;任晓:《研究和理解中国的国际责任》,第24-27页;吴兵:《身份与责任:中国国际责任观研究》,载《社会主义研究》,2011年第2期,第138-141页;肖欢容:《中国的大国责任与地区主义战略》,载《世界经济与政治》,2003年第1期,第46-51页。

[3] Robert H. Jackson, *Classical and Modern Thought on International Relations: From Anarchy to Cosmopolis*, New York: Palgrave Macmillan, 2005, pp. 101-119.

之下对国际责任议题的重新"复兴"而已。恰如托克维尔(Alexis de Tocqueville)所言,"令人难以置信的是,若干道德与政治体系持续地经历了被发现,被遗忘,再次被发现,再次被遗忘,稍后重现的过程,其每一次出现都光彩熠熠且令人惊奇,如全然崭新地一般;它所见证的并非是人类精神的丰富,而是世人之无知"。① 在这个方面,研究者需要继续追问,国际责任议题历次"复兴"的内在动力及其外在特征是否有不同之处。因此,国际责任的理论化工程也需要展现出国际关系史中国际责任议题的嬗变,从而有助于从历史角度有效把握并建构国际责任的要义。

最后,"国际责任"等理念及其理论发展并不被人们全部接受,它在大国政治与意识形态影响下面临着多方面指摘。特别是若干批评者依旧将这一理念纳入大国帝国主义行为之下,从而使国际责任行为面临着正当性的拷问。就传统大国责任而言,其中的确存在大国对外扩张的企图,如布尔(Hedley Bull)将国际责任与势力范围、利益和殖民等结合起来使用。② 即使是当前得到各国普遍接受的"保护的责任(Responsibility to Protect)"议题,也被某些批评者指责为一种损害国家主权与弱国政治自主性的"花言巧语式"的"危险的帝国主义信条"。③ 作为一种具有浓厚伦理倾向的议题,对国际责任的价值判定无法摆脱当下时代伦理主流观点的影响。这些价值判断一方面体现出不同时代对国际责任具体行为的不同评价标准,另一方面也展现出同一国际责任行为在不同伦理之下所彰显出的冲突特征。因此,我们可以

---

① 转引自 Robert H. Jackson, *Classical and Modern Thought on International Relations: From Anarchy to Cosmopolis*, p.1.
② Hedley Bull, *The Anarchical Society: A Study of Order in World Politics*, New York: Columbia University Press, 2002, pp.212-218.
③ Alex J. Bellamy, "The Responsibility to Protect—Five Years on", *Ethics and International Affairs*, Vol.24, No.2, 2010, p.144.

推断国际责任将同时具有不同的价值面向与伦理特征,这也要求当前的国际责任理论化工作应该致力于厘清不同情境下的具体价值面向与伦理特征,展现其内在变化脉络。对此,国际责任研究需要建构一种更具包容性的分析框架,能够容纳基于不同价值判断的各种见解。

基于前文所述,本文希望借重政治与道德伦理研究关于责任问题的发展脉络,在更为一般化的意义上探求一系列支配国家履行国际责任的行为逻辑,并分析不同行为逻辑与不同结构动力之下,国家履行国际责任所展现的不同特征等。

二、文献综述

在政治思想史上,政治与道德伦理之间的关系一直处于争论之中。在国际关系研究中,道德伦理与政治之间的张力进一步加剧,但是道德伦理在政治中的角色却越来越明显。对此,国际关系研究者更是需要关注这个问题,即"伦理原则是否适用于国际政治以及如何调和它与政治需求之间的困境"。[①]

尽管外交政策被认为是"去道德化的",但是国家利益从来不是完全价值中立的。以恰当的方式追逐适当的国家利益有助于国家长远利益的维护。即使是对道德最不友善的现实主义阵营也无法否认道德伦理在其理论中的显著地位。卡尔(E. H. Carr)很早就提出,"彻底的现实主义"排除了四种"切实可行的政治思想中最具实际性的内容",即终极目标、感召力、道德判断的权利和行动的依据;并且"政治行动的基础必须是道德和权力的协调平衡……在政治中,忽视权力与忽视道德都

---

① 姚自强、石斌:《权力·权威·责任:马克斯·韦伯国际关系思想浅析》,载《外交评论》,2008 年第 6 期,第 61 页。

是致命的弱点"。① 摩根索(Hans J. Morgenthau)强调"国家利益的道德尊严(moral dignity)",认为国家利益与道德原则之间并非不相容,需要的只是在一些道德原则与另一些道德原则之间进行取舍。② 尼布尔(Reinhold Niebuhr)指出不可能将人完全从"道德责任的领域"驱赶到"不道德本性的领域"中。③ 当然,有学者认为,摩根索眼中的道德困境是一种道德与政治之间的冲突,而尼布尔却认为"政治领域的道德模糊性并未剥夺其道德内容",即这种道德困境并非介于道德与政治之间,而是一种"政治之内(within politics)"的冲突。④

不少学者也积极基于主流国际关系理论吸收道德伦理因素,寻求一种调和的理论框架。⑤ 例如,勒博(Richard Ned Lebow)提出通过伦理政策维护国家安全是否可能的问题,他认为,尽管存在过"肮脏之手的辩论(dirty hands debate)"和道德困境情形,但是"正义与安全、利益与伦理"可以在"一个更为基础的层次上"得到调和。他将伦理行为、正义与现实政治(*Realpolitik*)相融合,认为权力、认同、正义与影响之间是"相互构成"的关系,道德伦理实际上更为有助于国家利益与国家追求;虽然在理论层面上,伦理可以无关紧要,但是对决策者而言,伦理与正当性相关,"在最好的情况下能够为……政策提供有用的合理化理

---

① [英]爱德华·卡尔:《20年危机:国际关系研究导论》,中译本,北京:世界知识出版社,2005年版,第85,93页。
② Hans J. Morgenthau, *In Defense of the National Interest: A Critical Examination of American Foreign Policy*, New York: Alfred A. Knopf, 1952, pp.33-35.
③ Reinhold Niebuhr, *The Nature and Destiny of Man: A Christian Interpretation*, New York: Charles Screibner's Sons, 1951, p.256.
④ James Childress, "Niebuhr's Realistic-Pragmatic Approach to War," in Richard Harries, ed., *Reinhold Niebuhr and the Issues of Our Time*, London & Oxford: Mowbray, 1986, p.123-124, 139-140.
⑤ Richard Ned Lebow, *The Tragic Vision of Politics: Ethics, Interests and Orders*, Cambridge, UK: Cambridge University Press, 2003;[美]莱茵霍尔德·尼布尔:《道德的人与不道德的社会》,中译本,贵阳:贵州人民出版社,1998年版。

由(rationalization),在最差的情况下则能够施加因他们缺乏实力而忽略的各种限制"。①

同时,即使在现实主义强力主导的冷战对峙时期,还是有一批学者坚持从伦理和道德角度寻找规范大国行为、缓解国际紧张局势,以及规范核威慑的相关良方,并形成了与主流国际关系理论截然不同的理论流派。②

作为一个新的富有争议性的关注点,国际责任议题也不可避免地涉及现实政治与道德伦理两个领域。在国际责任与国际关系的理论化方面,国外学者也从偏重规范理论和哲学探讨的视角方面,对其进行了有益探索。华纳(Daniel Warner)将韦伯(Max Weber)的"责任伦理(Ethic of Responsibility)"概念引入国际关系理论,并以其为主题进行剖析。在区分"终极目标伦理(Ethic of Ultimate Ends)"或"信念伦理"与"责任伦理"的基础上,他指出,人们面对的任务需要合作,因此国际

---

① Richard Ned Lebow, *The Tragic Vision of Politics: Ethics, Interests and Orders*, pp. xi-xii.

② Luigi Bonanate, *Ethics and International Politics*, Cambridge, UK: Polity Press, 1995; Jean-Marc Coicaud and Daneil Warner, eds., *Ethics and International Affairs: Extent and Limits*, Tokyo, Japan: United Nations University Press, 2001; Jean-Marc Coicaud and Nicholas J. Wheeler, eds., *National Interest and International Solidarity: Particular and Universal Ethics in International Life*, Tokyo, Japan: United Nations University, 2008; Howard Davis, ed., *Ethics and Defence: Power and Responsibility in Nuclear Age*, Oxford, UK: Basil Blackwell Ltd., 1986; Anthony Ellis, ed., *Ethics and International Relations*, Manchester, UK: Manchester University Press, 1986; Mervyn Frost, *Ethics in International Relations: A Constitutive Theory*, Cambridge University Press, 1996; David B. MacDonald, Robert G. Patman, and Betty Mason-Parker, eds., *The Ethics of Foreign Policy*, Hampshire, UK: Ashgate Publishing Limited, 2007; Joel H. Rosenthal and Christian Barry, eds., *Ethics and International Affairs: A Reader*, Washington, D. C., USA: Georgetown University Press, 2009; Andrew Valls, ed., *Ethics in International Affairs: Theories and Cases*, Maryland, US: Rowman & Littlefiedld Publishers, INC., 2000;国内代表性成果可见余潇枫:《伦理视域中的国际关系》,载《世界经济与政治》,2005年第1期,第19-25页。

政治共同体就应具有道德权力(moral power),恰是"任务的全球性(globalness of tasks)"形成了道德义务和全球责任;鉴于个人和民族国家无法解决相关问题,现代世界中的全球任务本质要求一种"共同意图"和"共同责任",因此任务、责任和共同体之间的联结便被确立起来。华纳最后指出,责任会随行动和后果不同而不同,也会随时间和地点变化而变化。[1] 也有学者基于"风险社会"到来,[2]对人类应对风险的思维和措施提出了更高要求,即行动者需要将"自我责任全球化",诉诸"责任伦理"或"在全球化语境下树立责任意识";[3]试图用"责任伦理"来"治愈这个支离破碎的世界"。[4] 贾布里(Vivienne Jabri)认为,在当前全球化背景之下责任具有多重的"位置和类型(sites and styles)",而现存国际关系理论的伦理话语并不能对其予以涵括,因此贾布里希望基于批判性社会理论和后结构主义理论,重构国际责任的规范理论。[5] 针对全球正义和责任问题中的结构性社会不公平,杨(Iris Marion Young)提出不同于一般的"义务模型(liability model)"的"社会联系(social connection)模型",即指行为体通过其行动塑造了结构过程。而恰是结构过程导致了不公正,其中,所有的行为体都有责任来纠正这

---

[1] Daniel Warner, "An Ethic of Responsibility in International Relations and the Limits of Responsibility/Community", *Alternatives*, Vol.18, No.4, 1993, pp.431–452.
[2] [德]乌尔里希·贝克:《风险社会》,中译本,南京:译林出版社,2004年版。
[3] [德]乌尔里希·贝克:《世界主义的观点:战争即和平》,中译本,上海:华东师范大学出版社,2008年版;薛晓源:《代序:全球化与风险社会研究》,载[德]乌尔里希·贝克:《世界主义的观点:战争即和平》,第1–7页。
[4] Rabbi Jonathan Sacks, *To Heal a Fractured World: The Ethics of Responsibility*, New York: Schocken Books, 2005.
[5] Vivienne Jabri, "Restyling the Subject of Responsibility in International Relations", *Millennium: Journal of International Studies*, Vol.27, No.3, 1998, pp.591–611.

些不公正现象。①

国内学者主要从国际关系理论关键要素(即权力、制度、身份认同、利益、主权、道义)等角度试图探寻国际责任(更多聚焦于中国国际责任)的动力机制与运行框架。首先,在责任与权力相关联方面,刘飞涛从中英词源方面梳理了责任的基本内涵,即责任是权力的正当运用,他聚焦责任、权力与大国三个概念之间的关系,指出权力与责任共同构成大国认同的前提,沿袭一种"大国认知模式"。他认为法律责任、政治责任和道义责任共同组成国际政治伦理的责任,但是"责任"一词经常沦为"霸权即公理"的外衣,并且面临着国际法与国际伦理的不合法性苛责。② 任晓也基于权力给出责任的评价标准,即一国在国际社会中处于什么样的位置,相应地它承担的责任是什么,这个位置与国家权力、权力地位对应的身份角色紧密相关。③ 刘振华反转责任与权力之间的关系,认为大国责任也是一种权力,并且它与国家利益相辅相成。④ 唐昊认为,一国国际责任涵盖其对国际社会所负的经济、政治、安全、道义等多方面责任,这实际上是"国家权力的正当运用",也意味着这是一种与其国家能力相匹配的贡献。他从责任承担强度方面将国际责任分为基本国际责任和大国国际责任,而大国国际责任源自"国际社会要求"

---

① Iris Marion Young, "Responsibility and Global Justice: A Social Connetion Model", *Social Philosophy and Policy*, Vol. 23, No. 1, 2006, pp. 102 - 130. 社会联系模型也得到佩利佐尼(Luigi Pellizzoni)与于勒宁(Marja Ylönen)的认可和运用,见 Luigi Pellizzoni and Marja Ylönen, "Responsibility in Uncertain Times: An Institutional Perspective on Precaution", *Global Environmental Politics*, Vol. 8, No. 3, 2008, pp. 51 - 73.
② 刘飞涛:《权力、责任与大国认同:兼论中国应对国际社会责任的应有态度》,第 25 - 34 页。
③ 任晓:《研究和理解中国的国际责任》,第 24 - 27 页。
④ 刘振华:《大国责任与中国的国家利益》,载《法制与社会》,2009 年第 5 期(下),第 193 - 194 页。

和"大国自身需求"两个方面。①

其次,在责任与制度方面,刘宏松认为,大国的领导责任是创建和维持国际机制,并解决公共物品供给不足问题;同时,面对国际机制成员间偏好异质化程度高的问题,大国应该主动承担责任,积极供给公共物品,既对整体利益也对本国利益负责。② 周鑫宇将国际责任与国际秩序和规范相连接,并以此区分为三个层次,即遵从国际规范的责任(基础责任)、维护国际规范的责任(有限责任)、革新国际规范的责任(领袖责任)。③

第三,责任与身份认同也有密切关系。李宝俊、徐正源认为"责任"和"负责任"是具有明显道德含义的概念,除布尔所言大国维护国际秩序的最低限度共识外,对负责任大国行为进行评价的标准并不存在,"责任"深受各国文化和意识形态等主观判断影响。④ 牛海彬认为国际责任是国家作为国际社会成员的派生属性,大小国家均应承担一定国际责任。⑤ 王存刚、王瑞领通过结构与单元层次解释了中国负责任国家身份的建构问题。⑥ 吴兵则将身份认同视为最关键变量,通过国家身份建构国际责任的分析框架对中国的国际责任观进行了研究。⑦

第四,还有的学者将国际责任与国家利益或者国际利益关联起来。任晓认为,中国确立国际责任的原则还应该包括对本国民众和公共利

---

① 唐昊:《和平发展战略中的中国国际责任问题》,载《湖湘论坛》,2007年第1期,第111-112页。
② 刘宏松:《声誉、责任与公正:中国多边外交的三种需求》,第26-32页。
③ 周鑫宇:《中国国际责任的层次分析》,载《国际论坛》,2011年第6期,第6-11页。
④ 李宝俊、徐正源:《冷战后中国负责任大国身份的建构》,第49-56页。
⑤ 牛海彬:《中国责任论析论》,载《现代国际关系》,2007年第3期,第46-50页。
⑥ 王存刚、王瑞领:《论中国负责任大国身份的建构:基于结构——单元模式的研究》,载《世界经济与政治论坛》,2008年第1期,第14-23页。
⑦ 吴兵:《身份与责任:中国国际责任观研究》,第138-141页。

益负责、优先解决中国问题、责权一致原则,以及努力提供公共物品等等。[1] 成向东认为,国际责任是国际社会共同利益和国家利益的客观诉求与战略选择。国际社会成员都对世界有一份责任,维护国际秩序,保护人类和地球生存。[2] 李杰认为广义国际责任是"责、权、利"的统一。[3] 按照王公龙的观点,国际责任是国际社会成员对整个国际社会在"经济、政治、安全、道义等方面所应承担的国际义务",是"一个国家对外部世界所作出的贡献",国际责任以"共有利益"作为构建的理论基础。[4]

第五,另有学者从主权概念解析角度将国际责任视为这一国际关系原则的内在特质。梁凯音将一个主权国家所要承担的责任分为三种,即"因其所处的国际关系中的实际地位而产生的相应责任","由其所参与签署的国际法而获得的并需要承担的相关法律责任"和"在国际关系中的主权国家还应承担国际社会公认的道义责任"。[5] 赵洲认为主权不仅仅是权力或权利,也是国家承担对国内人民与国际社会的责任。[6] 刘宏松则通过将"主权"解析为"共享型的"、"问题导向的"主权来看待国际责任。[7]

---

[1] 任晓:《研究和理解中国的国际责任》,第 24 - 27 页。
[2] 成向东:《中国国家利益和国际责任的现实性分析》,载《社会科学论坛》,2008 年第 10 期,第 55 - 57 页。
[3] 李杰:《从责任论透视国际体系转型》,载《国际问题研究》,2008 年第 1 期,第 36 - 41,47 页。
[4] 王公龙:《国家利益、共有利益与国际责任观:兼论中国国际观的构建》,第 21 - 28 页。
[5] 梁凯音:《论当前国际关系新变化下中国责任大国的定位》,载《中国青年政治学院学报》,2010 年第 4 期,第 102 - 07 页。
[6] 赵洲:《迈向责任理念的中国主权及其实践》,载《南京社会科学》,2009 年第 5 期,第 112 - 17 页。
[7] 刘宏松:《中国在国际治理中的责任承担:行为表现与实践成效》,载《社会科学》,2010 年第 10 期,第 13 - 20 页。

最后,还有学者聚焦在国际责任的道义性方面,关注道德价值与国际责任之间的联系。刘鸣认为,承担大国责任是"承担超越本国狭隘利益和战略目标的国际性义务",承担责任就是应采取"符合道义性、法理性、公平性、贡献性、分担性和正义性的政策和行动"。① 石文龙认为,国际责任是一种政治话语,不同于国际法上的法律责任或国家责任,其偏重于国际义务,却比国际义务使用范围广泛,是一种特殊的国际义务,富有道义色彩,国际责任范围随国家实力和国际环境的变化而变化。② 周方银将国际责任区分为"作为道德规范的国际责任"与"作为大国政治工具的国际责任",他特别指出不同国际责任的背后逻辑与所要求的行为方式存在根本不同。③

综上所述,当前国内外相关文献确认了道德伦理在政治领域与国际关系领域中的独特角色与协调作用,并介绍了当前国际责任理论化进程中的国内外研究重要进展。这些研究一方面从结构与过程角度展现了国际责任产生的源泉与国际责任行为运行的约束因素,包括任务的全球性、意图、共同体、位置与类型,以及行动与后果考量等;另一方面,这些研究进展也从国家行为体属性方面厘清了一系列相关的影响因素,例如权力、制度、身份认同、利益、主权与道义等。

但是,国际责任之理论化进程依旧面临着至少三个问题。首先,当

---

① 刘鸣:《中国国际责任论评析》,载《毛泽东邓小平理论研究》,2008 年第 1 期,第 50 - 55 页。张骥、康文中也认可国际责任的多维度及其贡献特征,并强调国家应该对国际问题采取"符合道义性、公平性、分担性和正义性"的政策和行动。见张骥、康文中:《改革开放以来中国承担国际责任的战略思考》,载《当代世界社会主义问题》,2008 年第 4 期,第 33 - 39 页。
② 石文龙:《和谐世界与中国国际责任理论之构建》,载《2008 全国博士生学术论坛(国际法)论文集》,国务院学位委员会办公室(教育部学位管理与研究生教育司)、武汉大学,2008 年,第 289 - 294 页。
③ 周方银:《中国的世界秩序理念与国际责任》,载《国际经济评论》,2011 年第 3 期,第 46 页。

前国际责任研究过于倚重韦伯的"责任伦理"指导,也同时形成了一种难以超越的桎梏,这种"霸权"也在一定程度上阻碍了学者从其他的道德伦理发展中寻找智力资源。其次,恰如华纳与贾布里所述,国际责任具有多重位置与多样类型,也会因时空变化而不同,更会随行动与后果变动而变动,当前的国际关系理论难以涵括这种多维度的变更。最后,国际责任理论化还面临着如何调和以及在何种程度上调和政治与道德伦理关系的问题。完全从道德伦理出发的国际责任研究可能会遁入哲学玄思与后现代主义的"自说自话",但是完全从实证角度出发的国际责任研究则可能无法把握国际责任的伦理与道德侧面。因此,国际责任理论化必须在一个解释框架之内中和政治与"将道德伦理找回来"之间的张力,实现实证性与价值性的统一。

三、政治与道德伦理联结中的行为逻辑演进

道德伦理一直是政治学特别是国际关系研究中不可忽视的主题,其显著地位在"行为革命"之后的学者反思潮中变得更为突出。在政治与道德伦理论争过程中,若干学者致力于协调政治与道德伦理之间的关系,探寻适合政治之道德伦理框架。研究者的多年论争为国际责任理论化提供了厚实的智识资源,其中最为显著的政治伦理当属马克斯·韦伯之"信念伦理"与"责任伦理"分类,与近年来逐渐崛起的"关怀伦理"路径,这三种政治伦理为本文建构国际责任的行为逻辑框架奠定了基础。

1. 信念伦理与责任伦理之辩

马克斯·韦伯不仅对道德与政治关系进行了深入分析,更是对责任问题进行了富有开创性的解释,推动了责任研究的现代转折,促进了

后来学者对责任的关注。同时,韦伯也是国际关系思想史上一位"承前启后的重要人物",惠及国际关系研究良多,包括推崇"价值中立",提供理性工具,定义国家与政治、民族斗争、民族主义、领导权问题,特别是区分了与本研究息息相关的"信念伦理"与"责任伦理"等。这种区分"极富影响力",因此他也被称为国际关系理论中"最为重要的人物";特别是对现实主义理论影响深入;其思想甚至被称为"现实主义之名副其实的主旋律(veritable leitmotif)"。①

1919 年,韦伯在慕尼黑发表了《以政治为业》的著名演说。当谈及政治与道德关系时,韦伯提出并区分了两种行为逻辑或政治伦理:②

> 我们必须明白一个事实,一切有伦理取向的行为,都可以是受两种准则中的一个支配,这两种准则有着本质的不同,并且势不两立。行为的准则,可以是"信念伦理(*Gesinnungsethik*)",也可以是"责任伦理(*Verantwortungsethik*)"。这并不是说,信念伦理等于不负责任,或责任伦理就等于毫无信念的机会主义。当然不存在这样的问题。但是,恪守信念伦理的行为,即宗教意义上的"基督行公正,让上帝管结果",同遵循责任伦理的行为,即必须顾及自己行为的可能后果,这两者之间却有着极其深刻的对立。

---

① Michael Joseph Smith, *Realist thought from Weber to Kissinger*, Baton Rouge, La.: Louisiana State University Press, 1986, pp. 15 – 16; Rob B. J. Walker, *Inside/Outside: International Relations as Political Theory*, Cambridge: Cambridge University Press, 1993, p. 110; Daniel Warner, "An Ethic of Responsibility in International Relations and the Limits of Responsibility/ Community", pp. 431–552;姚自强、石斌:《权力·权威·责任:马克斯·韦伯国际关系思想浅析》,第 57 – 64 页。
② [德]马克斯·韦伯:《学术与政治:韦伯的两篇演说》,中译本,北京:生活·读书·新知三联书店,1998 年版,第 107 页。

对于政治与道德伦理的争论,就韦伯而言,问题并不在于"是否政治能够或应该是伦理性的",而在于"哪一种的伦理框架对政治生活更为适合"。① 在国际关系研究中,这个问题也已经得到关注。有学者认为,霍夫曼(Stanley Hoffmann)与摩根索(Hans J. Morgenthau)等学者对"纯粹的权力政治"感到"焦虑",因此他们试图"在韦伯'责任伦理'之下寻求庇护"。② 从某种意义上说,韦伯的"责任伦理"恰恰满足了"现实主义'非道德'政治论的'道德'诉求"。③ 勒博(Richard Ned Lebow)试图探讨伦理政策是否可能维护国家安全的问题,并认为伦理事实上对国家利益具有"实质"作用。④

一般而言,两种政治伦理被解读为"水火不容"的关系,其区别主要在于是否关注"控制行动的后果"。信念伦理(ethics of conviction)立足于一种"价值理性(value-rationality)",它不问后果如何,其唯一的"责任"是"盯住信念之火,不要让它熄灭",即不管最终后果如何,人们相信行为的"无条件价值(unconditional value)"。责任伦理(ethics of responsibility)则基于一种"工具理性(instrumentalrationality)"或"手段—目的理性(means-ends rationality)"。责任伦理"不但要求为自己的目标做出决定,而且敢于为行为的后果承担其责任",即基于达成目标的条件或手段,评估我们行动的"可预见后果",并且对这些后果负责。⑤ 此处的"理性

---

① Bradley E. Starr, "The Structure of Max Weber's Ethic of Resonsibility", *The Journal of Religious Ethics*, Vol. 27, No. 3, 1999, p. 408.
② Rob B. J. Walker, *Inside/Outside: International Relations as Political Theory*, p. 32.
③ 姚自强、石斌:《权力·权威·责任:马克斯·韦伯国际关系思想浅析》,第 64 页。
④ Richard Ned Lebow, *The Tragic Vision of Politics: Ethics, Interests and Orders*, 2003.
⑤ 冯克利:《时代中的韦伯:代译序》,载[德]马克斯·韦伯:《学术与政治:韦伯的两篇演说》,第 8 页;Bradley E. Starr, "The Structure of Max Weber's Ethic of Resonsibility", pp. 407 - 434; Luigi Pellizzoni and Marja Ylönen, "Responsibility in Uncertain Times: An Institutional Perspective on Precaution", pp. 66 - 68;姚自强、石斌:《权力·权威·责任:马克斯·韦伯国际关系思想浅析》,第 57 - 64 页。

(rationality)"可以定义为"通过信息处理(information-processing)来控制世界的能力";"价值"可以定义为"关于行为与目标可欲性(desirability)的共享且稳定信念"。①

对于两种政治伦理及两种理性之间的关系,也有学者提出截然不同的看法。他们并不认同责任伦理与信念伦理之间是一种"不可调和的对立"关系。沃尔克(Rob B. J. Walker)在研究韦伯对于国际关系理论之影响时,指出责任伦理一方面不同于信念伦理,另一方面也反对"对手段之完全工具性的关注"。韦伯试图将"计算某种行动后果的能力"与"对某种原因的热情执着"相结合,即"价值理性与工具理性相结合"。根据斯塔尔(Bradley E. Starr)的看法,韦伯本人最终改变了其最初的想法并认为两种伦理实际上是一种"互为补充"的关系,"在各种组合中",价值理性与工具理性都被不同程度地囊括进这两种伦理世界观中。两种理性非但不是"对立的理性形式",而在"实质上和谐"相处。②

一般情况下,韦伯高度推崇"责任伦理"观,认为责任伦理在"行动的领域"里具有"优先性",并将其视为"理性化世界中的规则"。③ 如斯塔尔所持观点,加之在责任伦理中依然有一席之地,虽然各种价值"不足以指导我们",然而"缺乏对价值的信仰,我们也不可能成为伦理人格"。"责任伦理"恰是韦伯为这个问题提供的答案。在"责任伦理"指

---

① Luigi Pellizzoni and Marja Ylönen, "Responsibility in Uncertain Times: An Institutional Perspective on Precaution", 51 - 73.
② Rob B. J. Walker, *Inside/Outside: International Relations as Political Theory*, pp. 57 - 58; Bradley E. Starr, "The Structure of Max Weber's Ethic of Resonsibility", pp. 409, 424, 429.
③ 冯克利:《时代中的韦伯:代译序》,第 8 页;Luigi Pellizzoni and Marja Ylönen, "Responsibility in Uncertain Times: An Institutional Perspective on Precaution", pp. 66 - 67.

导下的个体需要考虑"所有的各种类型的主观与客观的理性",考虑"各种价值的需求",让其影响自身的行为,并最终需要为自身与具体的行动后果(包括有意的和无意的后果)负起全部责任。① 因此,"责任伦理"包括两项核心主题,即必须涉及某种理念,并且施动者"不得不对自己行动的可预见后果有所考虑"。依此逻辑,如果希望一项行动在责任伦理角度上具有"道德地位",则必须同时满足两个条件:一方面,这项行动必须产生于道德理念,这包含一种"信念价值";另一方面,它必须认识到其自身处于"非理性的世界的泥沼之中","善"可能最终导致"恶",这是一种"效果价值"。施动者的行动"不仅必须从道德信念的角度证明自身的正当性,而且还得从对可预见后果的评估方面证明自身的正当性"。也就是说,责任伦理的准则要求"在采取行动之前,就从伦理的角度出发,对各种可彼此替换的善作细致的衡量",这种要求是信念伦理所不包含的。② 这也是一种"审时度势"的态度,它要求"做出环境所允许的最佳道德选择"。③

当然,韦伯只是开启了"责任伦理"的研究,其基本的内容、类型框架与其应用并不明确,对韦伯责任伦理的批评与深化也从未停止。例如,史密斯(Michael Joseph Smith)便批评韦伯著作中关于责任伦理的"实际内容"是"不清晰的"。④

其次,有学者质疑,韦伯的伦理观存在一个无法克服的缺陷,其责任伦理与信念伦理的"二元划分"属于伦理层面的概念区分,他却试图

---

① Bradley E. Starr, "The Structure of Max Weber's Ethic of Resonsibility", pp. 424 – 426, 430 – 431.
② [德]施路赫特:《信念与责任:马克斯·韦伯论伦理》,载李猛编:《韦伯:法律与价值》,中译本,上海:上海人民出版社,2001年版,第313 – 315页。
③ 冯克利:《时代中的韦伯:代译序》,第8页。姚自强、石斌:《权力·权威·责任:马克斯·韦伯国际关系思想浅析》,第64页。
④ Michael Joseph Smith, *Realist thought from Weber to Kissinger*, p.16.

用理性方式对道德之信念进行论证。① 并且,信念伦理与责任伦理之分"只是出于论争之需",其实质关系"远比通常所认为的来得复杂"。②

第三,与二元划分的不足相联系,"责任伦理"与"信念伦理"并不是非此即彼的对立,它们之间存在相当大的空间,还可以有第三种选择。如何怀宏试图建构一种"底线的规范伦理(minimalist ethic of norm)"。这种伦理认为,行为者除目的意识外,还应该具有一种规则意识,它将"可普遍化原则"当作一种"排除原则而非构成原则"。③

第四,在责任理论的实际应用方面也存在着适用性问题,特别对国际关系研究而言。沃尔克指出在国际关系研究的武器领域中存在着"确立责任伦理的不可能性",因为在武器方面"目的与手段之间的任何均衡性都不可能得到计算",这也随之给与核威慑相关的"正义战争"问题带来挑战。④

除此之外,在韦伯"责任伦理"研究的基础上,还有若干学者希望建构具有不同内涵的多元"责任伦理",丰富了责任研究的内涵。如华纳(Daniel Warner)在分析中提到,在当前背景下的责任伦理"更加复杂",尽管当前存在着自由主义与社群主义的论争,但是无论是韦伯之责任伦理还是社群主义的责任伦理都不适合当前的国际环境;他希望建构一种"后自由主义"也是"后社群主义"的新责任伦理观。⑤ 列维纳斯(Emmanuel Levinas)通过建立责任伦理而"试图挑战自由主义的个

---

① 转引自姚自强、石斌:《权力·权威·责任:马克斯·韦伯国际关系思想浅析》,第64页。
② [德]施路赫特:《信念与责任:马克斯·韦伯论伦理》,第243,331 - 332页。
③ 何怀宏:《政治家的责任伦理》,载《伦理学研究》,2005年第1期,第10 - 13页。
④ Rob B. J. Walker, *Inside/Outside: International Relations as Political Theory*, p. 76.
⑤ Daniel Warner, "An Ethic of Responsibility in International Relations and the Limits of Responsibility/Community", pp. 447 - 449.

人主义哲学",建构"面对面(face-to-face)"的关系,并将"道德他者纳入视野"。① 约纳斯(Hans Jonas)反思科学技术,将人类生存作为首要目标,将自然视为一个有目的的存在,呼唤人们为这个存在承担责任,并将节制、审慎的行动纳入责任伦理学的核心。②

伦理学理论形态众多,但是归纳起来主要存在两种基本"学理进路",即一种是义务论或道义论;另一种是目的论或结果论。③ 除此之外,也有学者认为当前西方伦理学体系中还存在着契约论、美德论或德性论等多种新的理论。④ 如果我们将韦伯之"信念伦理"与"责任伦理"两个类型放到伦理学体系中,我们可以发现"信念伦理"偏向于"义务论",而"责任伦理"则具有"目的论"的特征。根据施路赫特(Wolfgang Schluchter)的观点,价值取向的行动遵循"绝对命令,是受观念利益驱动的规范性原则",这属于规范—实践性行动的领域,但是效果取向的行动属于技术—实践性行动的领域,是一种属于功利主义原则的领域。当然,这两个领域的分化也是一个历史过程,在功利观念与义务观念之间原本存在一种互赖共生的关系(symbiosis),只是到后来才归于消解。⑤ 当然,这种区分实际上是一种粗略意义上的划分。何怀宏指出,

---

① David Knights and Majella O'Leary, "Leadership, Ethics and Responsibility to the Other", *Journal of Business Ethics*, Vol. 67, No. 2, 2006, p. 133; Kawehau Hoskins, Betsa Martin, and Maria Humphries, "The Power of Relational Responsibility", *Electronic Journal of Business Ethics and Organization Studies*, Vol. 16, No. 2, 2011, pp. 22 - 27;顾红亮:《责任与他者:列维纳斯的责任观》,载《社会科学研究》,2006 年第 1 期,第 37 - 40 页。
② 方秋明:《汉斯·约纳斯的责任伦理学研究》,复旦大学博士论文,2004 年 5 月。
③ 何怀宏:《伦理学是什么》,北京:北京大学出版社,2002 年版,第 64 - 69 页;万俊人:《论道德目的论与伦理道义论》,载《学术月刊》,2003 年第 1 期,第 75 - 84 页;何怀宏:《政治家的责任伦理》,第 10 - 13 页。
④ 高国希:《当代西方的德性伦理学运动》,载《哲学动态》,2004 年第 5 期,第 30 - 33 页;高兆明:《道德责任:规范维度与美德维度》,载《南京师大学报(社会科学版)》,2009 年第 1 期,第 5 - 10 页。
⑤ [德]施路赫特:《信念与责任:马克斯·韦伯论伦理》,第 274 - 275,284 - 285 页。

不能用简单的义务论与结果论来衡量韦伯的分类,韦伯"责任伦理"中的顾及后果原则不是一种功利主义的政治伦理,实际上是一种"形式的义务论",一种形式上的"责任伦理"。韦伯之责任伦理与结果论之间具有注重或者顾及后果的共同点,但是实质上"责任伦理"是一种"事先"的顾及后果。①

2. "关怀伦理"之愿景

在二十世纪中,伦理学研究的一个最显著发展当属"关怀伦理(ethics of care or care ethics)"理论的出现,这种理论也为责任研究与政治哲学研究开拓了新的视野,林克莱特(Andrew Linklater)将"关怀与责任伦理(ethic of care and responsibility)"称为二十世纪后期社会与政治理论中"最富创新性的发展之一";②也有学者将关怀伦理视为继正义伦理之后的政治理论"范式"。③"关怀伦理"最初诞生于女权主义(feminism)研究领域,后来逐渐拓展到整个伦理学与政治哲学领域。④"关怀伦理"是一种道德观点,它旨在捍卫在人类关系之中面向特定他者的"关系性与个体性之关怀(relational and individual care)"、责任与回应性等的道德价值。在此,将人类视为处于"相互依赖且脆弱"状态之中,是对关系性与个体性关怀进行评价的"内在基本原理"。⑤ 当

---

① 何怀宏:《政治家的责任伦理》,第 10 - 13 页;[德国]施路赫特:《信念与责任:马克斯·韦伯论伦理》,第 242 - 336 页。
② Andrew Linklater, *The Problem of Harm in World Politics: Theoretical Investigations*, New York: Cambridge University Press, 2011, p.145.
③ Monique Deveaux, "Shifting Paradigms: Theorizing Care and Justice in Political Theory", *Hypatia: A Journal of Feminist Philosophy*, Vol.10, No.2, 1995, pp. 115 - 119.
④ [加]威尔·金里卡:《当代政治哲学》,中译本,上海:上海三联书店,2003 年版,第 711 - 752 页。
⑤ Per Nortvedt and Marita Nordhaug, "Justice and Proximity: Problems for an Ethics of Care", *Health Care Analysis*, Vol.19, No.1, 2011, pp. 3 - 14.

然,作为一种较新的理论,"关怀伦理"的定义与框架还在完善过程中。①

"关怀(care or caring)"是一个"本质上富有争议"的概念,它特别依赖于背景考虑,因此,在界定方面更是难上加难。在当前文献中,"关怀"大多与"实践"、"价值"、"性格"或"美德"等概念相关,并且这些概念之间实际上多有重合。例如赫尔德(Virginia Held)将"关怀"视为"实践与价值"的"集合簇"。特朗托(Joan Tronto)与菲舍(Bernice Fischer)将其主要视为一种"实践",即"一系列活动,包括我们试图维持、构成并修复我们'世界'的任何事情,从而我们可以尽可能地生活在其中。世界包括我们的身体、我们自己与我们的环境"。特朗托进一步将"关怀"概念细化为四个组成要素或阶段目标,即"(1)专注(attentiveness),了解需要的倾向;(2)责任(responsibility),回应并应对需要的意愿;(3)能力(competence),提供完好且成功关怀的技能;(4)回应性(responsiveness),认识到他者的地位以及滥用关怀的可能"等。在此,特朗托的概念承认文化变量,并将"关怀"超越家庭与国内区域。此外,其他研究者也提供了相关的概念,如关注自我关怀(self-care)、区分"服务(service)"、聚焦于具体化(embodiment)、侧重于动机或道德推理类型等。②

昂斯特(Daniel Engster)提供了一个更为综合的概念。昂斯特将"关怀"分为美德与实践两个维度,认为美德意义上的关怀侧重于内在倾向与动机,而实践意义上的关怀则关注人的外部行动与其后果。他

---

① Steven D. Edwards, "Three Versions of An Ethics of Care", *Nursing Philosophy*, Vol. 10, No. 4, 2009, pp. 231–240.
② 转引自 Maureen Sander-Staudt, "Care Ethics", in James Fieser and Bradley Dowden, eds., The Internet Encyclopedia of Philosophy, 2011. http://www.iep.utm.edu/care-eth/.

首先将"关怀"定义为一种实践,认为不同的个体要求不同类型的关怀,包括"满足其核心生物需要、发展并维持其内在能力、避免或减轻其痛苦与苦难",关怀的"终极目标"是"帮助个体在社会中生存、发展与展现功能,从而他们能尽可能多地关怀自身以及他者,并追求某种理念的善的生活"。其次,昂斯特进一步指出,关怀不仅应该包括上述三种需求,还应该根据"关怀的美德"予以行动,也将其他学者的观点纳入综合框架内。"关怀的美德"包括专注、回应与尊重。"专注"意味着"注意到其他人处于需求状态并适当应对";"回应"是指"与他者交流从而辨别其需求的真正性质,并监督他们对关怀的反应,从而确定他们是否接收到他们真正需要的关怀";"尊重"是指"无论是对自己还是对他者而言,以不贬低他者的方式来对待被关怀者,从而利用好他们拥有的能力"。简言之,昂斯特认为,"关怀"是指,"以专注、反应灵敏且尊重的方式"来"直接帮助他者从而满足其核心生物需要、开发或维持其内在能力,并减轻其不必要痛苦与苦难的任何事情"。①

在与传统伦理理论进行对比的过程中,关怀伦理逐渐展现出自己的优势。赫尔德认为,尽管传统的伦理理论(如康德伦理学与功利主义等)依旧"适用(suitable)",但是对于"嵌入在人类关系广泛网络"中的法律或政治议题而言,这些主流理论在试图重构"综合理论"时难以"令人满意"。她进一步指出,对于"较长时段的评估"而言,特别是涉及政治机制与实践、族群与暴力,包括全球社会在内的"宽泛社会"等问题,

---

① 斜体处原文强调,见 Daniel Engster, *The Heart of Justice: Care Ethics and Political Theory*, New York: Oxford University Press, 2007, pp. 21, 25 – 36.

关怀伦理"更加富有前途"。同时,相对于德性伦理学,①赫尔德指出,关怀伦理之优势在于其关注"相互依赖性(interdependency)"。特别是,关怀伦理能够为"地区与全球冲突中的暴力"提供一种"非暴力评价(valuing of nonviolence over violence)"的基础知识,这恰是关注"给定国家国民彼此间互动"之传统政治伦理理论所相对缺乏之处。②

立足于探求不同于当前主流正义与权利的伦理,是女性主义者推崇并探析关怀伦理的起点。女性主义者认为,不同性别与不同的道德任务相关联,正义与权利构成了男性的规范、价值与品德,而关怀与责任界定了女性的规范、价值与品德。吉立甘(Carol Gilligan)认为,前者是一种"形式化的抽象思维模式",被称为"正义伦理","只有对权利与规则有了理解,才会有道德发展";后者是一种"情景性的叙事思维模式",这是一种"关怀伦理","只有对责任和关系有了理解,才会有道德发展"。吉立甘进一步指出,正义伦理与关怀伦理在道德能力与道德思维方面的区别,即前者关注"学习道德原则",后者则注重"发展道德气质";前者"通过寻求具有普遍意义的原则来解决道德问题",而后者试

---

① 赫尔德具体总结出五个方面以区别关怀伦理与义务论、目的论以及德性论等其他传统伦理理论。首先,关怀伦理起始于满足我们承担责任的"特殊他者"的需要,立足在"接受关怀"与"关怀的普遍经验"。第二,关怀伦理将各种道德情感,如"同情、同鸣、敏感与回应",作为理解道德的原因。第三,与普遍规则相比,关怀伦理更加重视"特殊他者的强烈的道德呼吁"。第四,关怀伦理重新将"公域"与"私域"传统二分法概念化。第五,关怀伦理将人们视为"关系性的与相互依赖的",而不是"自我满足"、"独立"、"自我利益的"或"理性自主行为体"等。见 Virginia Held, *The Ethics of Care: Personal, Political, and Global*, Oxford: Oxford University Press, 2006,转引自 Marilyn Friedman, "Care Ethics and Moral Theory: Review Essay of Virginia Held, The Ethics of Care", *Philosophy and Phenomenological Research*, Vol. LXXVII, No. 2, 2008, p.539.

② Virginia Held, "Military Intervention and the Ethics of Care", *The Southern Journal of Philosophy*, Vol. XLVI, 2008, pp. 1 - 2; Marilyn Friedman, "Care Ethics and Moral Theory: Review Essay of Virginia Held, The Ethics of Care", p. 552.

图"在特殊情境中寻求适当的回应"。① 因此,如果跳出男女性别区分的窠臼,"正义伦理"实际上关注的是能动性的正义与权利(goodness and rightness of agency),如目的论与义务论等;而"关怀伦理"则关注施动者的"背景(context)",包括"性格"、"认同"与"关系"等,它具有浓厚的存在主义、女权主义与现代德性伦理学的特征。关怀伦理恰是"这种哲学转向"的一个成果。② 若干学者认为"关怀伦理"可以解释各种"额外的行动(supererrogatory actions)",这些行动可能"在道德上值得表扬"却不是"权利性与义务性的"。③

随着关怀伦理研究的进展,学界进一步打破了吉立甘所言的正义伦理与关怀伦理"无法协调"之论断。爱德华(Steven D. Edwards)将关怀伦理区分为三个不同的版本,包括以吉立甘(1982)为代表的第一代关怀伦理观,以特朗托(1993)为代表的第二代关怀伦理观,以及以葛斯特曼斯(Chris Gastmans)(2006)与利特尔(Margaret Olivia Little)(1998)为代表的第三代关怀伦理观等。④ 与吉立甘不同,特朗托并未在关怀伦理中排除正义,而是将正义与关怀相结合,并坚持"普遍性道德原则"的重要性。有学者明确指出"道德上有效的关怀形式和共同体形式要以在先的正义条件和正义判断为前提"。金里卡(Will Kymlicka)更是指出"对关怀的分配本身就属于正义问题"。⑤

基于关怀伦理的界定与框架,我们可以发现"责任"在"关怀伦理"中扮演重要角色。一方面,责任已经成为关怀伦理的题中应有之义及

---

① [加]威尔·金里卡:《当代政治哲学》,第711-713,715页。
② Jens Erik Paulsen, "A Narrative Ethics of Care", *Health Care Analysis*, Vol. 19, No. 1, 2011, p. 28.
③ Per Nortvedt, "Ethics of Care and Responsibility: Normative Fragments", *Health Care Analysis*, Vol. 19, No. 1, 2011, pp. 1-2.
④ Steven D. Edwards, "Three Versions of An Ethics of Care", pp. 231-240.
⑤ [加]威尔·金里卡:《当代政治哲学》,第713,737,749页。

特色之处。吉立甘强调只有了解"责任与关系"才会有道德发展。特朗托将责任视为关怀的四个要件之一,同时强调回应的重要性,关注应对需求的意愿及其反馈。昂斯特也从"回应"角度来审视关怀的整个过程并做出反思。金里卡认为,每种伦理对于人们承担的责任是"有差异的",关怀伦理更加关注主观伤害,并将其作为道德要求的基础。[①] 同时,在关怀伦理中,消极责任与积极责任都得以囊括,即作为一种核心的规范价值,关怀伦理包括两重要义,即与"不伤害原则(non-maleficence)"相关的"对剥削与伤害的普世谴责";以及与"行善原则(beneficence)"相关的对人类繁荣(human flourishing)的普世承诺。"不伤害原则"是指克制自身不对他者造成伤害,而"行善原则"则是指不限制人们产生善的义务承担。[②]

另一方面,关怀伦理代表一种新的正义途径,或"正义之心",[③]它进一步拓宽了责任研究的视野,并为责任研究提供了新的资源。从上面讨论可以看出,关怀伦理超越了传统"正义伦理"的视野,将"关怀"视为一种德行,或将"正义"与"关怀"至少同等看待,它更为关注背景的影响,推崇"尊重"行为体交流方式,强调行为体的关系性与相互依赖性,进一步丰富了源自"信念伦理"与"责任伦理"的相关责任研究。

"关怀伦理"研究也已经被运用到政治学研究之中。在政治学中,关怀伦理学者已经将关怀伦理与一系列政治概念相连接。关怀伦理主要关注社会正义与公平问题,包括社会福利与负担分配、立法、治理、权利、福利政策、全球商业、政治能动性,以及恢复性正义等。其中,最新

---

① [加]威尔·金里卡:《当代政治哲学》,第 711-713,732-733 页;Daniel Engster, *The Heart of Justice: Care Ethics and Political Theory*, pp. 21, 25-36;转引自 Maureen Sander-Staudt, "Care Ethics".
② Tove Pettersen, "The Ethics of Care: Normative Structures and Empirical Implications", *Health Care Analysis*, Vol. 19, No. 1, 2011, p. 54.
③ Daniel Engster, *The Heart of Justice: Care Ethics and Political Theory*.

的成果当属昂斯特的研究。昂斯特认为,首先,"关怀的义务"并非来自人类自身的需要或人类内在尊严的哲学呼吁,而是源自"我们对他者不可避免的依赖性与容纳我们的关怀关系网络";这种"对他者的依赖性"使我们有义务遵守基本道德,这恰是其他正义理论所匮乏的。其次,"当今工业社会的新物质条件"也要求关怀伦理能够提供框架来面对这一社会现实,从而使面临"关怀危机(crisis of care)"的社会与个体能够在社会中"生存、发展与发挥功能"。第三,关怀伦理最终应该提供一个"最低的基本道德",从而能够在相互依赖的社会中,调和不同人群之间的文化、宗教与道德差异,也为不同的文化、宗教与道德团体所接受。昂斯特也指出,关怀伦理作为一种政治理论具有普遍适用性,但是这并不要求所有群体以相同的方式履行关怀。① 这种"最低的基本道德"与何怀宏之"底线伦理"有异曲同工之处。②

当然,关怀伦理也面临着多个方面的批评。一方面,批评者质疑处于更为亲密关系之下的人们的道德是否会对关系疏离的"遥远的陌生人"持有"强烈的道德责任";另一方面,关怀伦理是否"必然"与"道德本位主义(moral parochialism)"相关联。也正是因为这些疑问,批评者认为关怀伦理必须经由"对普世道德原则的承诺"来予以评估,特别是需要通过为免于危害而提供保障的"对话伦理(dialogic ethic)"来进行评价。③

---

① Daniel Engster, *The Heart of Justice: Care Ethics and Political Theory*, pp. 12 - 16; Maureen Sander-Staudt, "Care Ethics".
② 何怀宏:《底线伦理》,沈阳:辽宁人民出版社,1998年版。
③ Andrew Linklater, *The Problem of Harm in World Politics: Theoretical Investigations*, p. 148.

四、国际责任之行为逻辑脉络:信念、责任与关怀

"现代世界的概念、价值和词汇主宰着人们对国家关系的思维。"[①] 作为一种具有浓厚伦理色彩的行为,国家履行国际责任的行为逻辑大多源自信念伦理、责任伦理与关怀伦理等三个方面。需要指出的是,由于国家履行国际责任是一个非常复杂的过程,受到若干变量因素的影响,其所诉诸的理念也可能是混合性质的,不止包括一种行为逻辑。从总体上而言,在国家履行国际责任过程中,信念、责任与关怀等三种伦理也可能同时存在,其区分只是三种行为逻辑之间的组合及其运行程度。本部分将分别介绍三种不同行为逻辑的基本框架,分析不同伦理下国家履行国际责任的基本流程,并辅之以相关学者论述与历史事例加以论证。不同行为逻辑下的国际责任主要特征可见表1。但是,为了厘清不同行为逻辑对国际责任的影响,本研究更倾向于将三种行为逻辑之区分视为一种分析性的理想类型。

表1 不同行为逻辑下的国际责任结构

行为逻辑	信念伦理	责任伦理	关怀伦理
责任角色	副产品	工具	价值
责任来源	上帝等传统因素	自身与行动后果(事先)	内在属性
责任程度	消极责任	消极责任	积极责任
结构特征	传统因素相关	权力利益主导	行为体互相依赖

---

① Robert Cooper, *The Breaking of Nations: Order and Chaos in the Twenty-first Century*, London: Atlantic Books, 2003, p.22.

续　表

行为逻辑	信念伦理	责任伦理	关怀伦理
关键要素	信念 价值	价值 行动 后果估量(事先)	价值 后果关注(事先与事后) 行动 环境 专注、反应灵敏、尊重 关系性

1. 信念伦理下的国际责任

"信念伦理"指导下的国际责任是指国家行为体履行国际责任的意图或动机源自某种信念或信仰;在某种信念或意图的指导下,国家行为体选择履行国际责任的对象、议题与匹配方式。在信念伦理之下,国家履行国际责任时,并不刻意苛求最终后果(价值后果或者政策后果),也不愿对其后果承担责任,而是主要甚至完全从所持有的"价值理性"出发,确信自身行为具有的价值与正当性。坚持信念伦理并不是不要责任,而是将这种责任委于信念及信念中的价值。如杰克逊归纳出历史上的四类义务原则之一便是基于信仰(fideism)的义务。[①]

国家行为体的信念包括多种类型,它可能是宗教性质的,如伊斯兰教与基督教等;或者是一种文明或文化认同,如东正教文明、西方文明与中华文明等;也可能是一种政治倾向与意识形态,如资本主义与社会主义;还可能是一种政体价值,如自由民主政体的价值与专制独裁政体的价值等等;若干国际规则也可能通过内化而成为一国行使国际责任的信念,如若干国家对传统主权原则的坚持,对其新发展的排斥,以及对集体安全的信守等。

---

① Robert H. Jackson, *Classical and Modern Thought on International Relations: From Anarchy to Cosmopolis*, pp. 101 – 119.

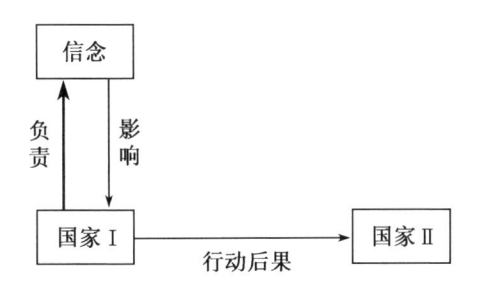

图 1 信念伦理之国际责任履行

除此之外,国家行为体也可能针对特定的议题而形成一种信念,如对人类权利与尊严追求,或者是特定国家希望成为大国的追求等;也可能围绕某个特定地区而在历史上形成一种共同命运的信念,如安全或命运共同体理念等;还有一种情况是,国家可以针对某一特定国家而一般持有一种敌对的信念,其代表如"中国威胁论"与反美主义等。一个国家可能持有多重的竞争性信念,恰如勒博所言,"基于多种方式阐释的公正、平等、对称及其他原则,国家显现出竞争性的正义观念,包括世俗的与宗教的"。①

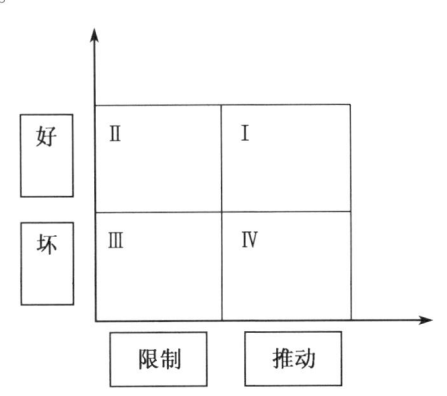

图 2 国际责任中的信念:性质与机制

---

① Richard Ned. Lebow, *A Cultural Theory of International Relations*, Cambridge: Cambridge University Press, 2008, p.560.

上篇 理论探索　　45

信念可以从其性质上区分为"好"的信念与"坏"的信念。① 按照这个逻辑,在国际责任中,"信念"可以粗略划分为好与坏等相对概念。同时,"信念"对国家行为体履行国际责任又拥有两重机制,即推动作用与限制作用,当然这两种很可能会混合在一起发挥作用。这些信念一方面可能强化国际责任施动者的意图与能动性,从而推动国家针对特定对象在某种议题方面履行国际责任的意愿。但是,另一方面,信念可能过于教条化、理想化与极端化,则可能会限制甚至阻碍某种国际责任的履行,甚至会对本国、国际社会与其他国家都造成危害,即使信念正当也可能"好心办坏事"。冷战时代,意识形态狂热对峙,资本主义阵营与社会主义阵营下大国一方面对本阵营下国家履行国际责任,另一方面却对敌对阵营"剑拔弩张"。信念主导下的国际机构无视相关国家的责任需求,一定程度上阻碍了国际责任的有效承担。在这个方面,诚如达恩(John Dunn)所提出的"感谢的政治义务"实际上就是一种信念伦理的体现,它在"本质上……痴迷地(obsessively)"关注过去,或者过去的承诺与忠诚,面临着被"明确有害"未来结果抵消的危险。②

同时,信念本身也是一种历史概念,它会伴随时间而发生变化,但是信念对国家责任行为影响又具有"黏性"效应,可能在时空发生变化一段时间后,信念依旧不变,这种情况也使得信念可能会扭曲一国国际责任履行的效果,甚至走向反面。因此,国家需要伴随时空环境的变化适时调整自己的信念。中国与朝鲜的历史渊源颇为深远,近代的中朝友谊更是被冠以"唇亡齿寒"或"户破堂危"的描述,中国对朝鲜以及对整个东北亚的国际责任一般都是基于这种信念而萌发的。但是,时代已经变化,中国面临的国际环境已经发生变化,这种信念指导下的国际

---

① 何怀宏:《政治家的责任伦理》,第 10-13 页。
② John Dunn, *The History of Political Theory and Other Essays*, Cambridge, Cambridge University Press, 1996, pp. 66-90.

责任是否适合面临冲突性国际经验的检验。鉴于此,有学者已经提出"走出历史",重新思考中国对朝政策,这更有助于中国对外政策的战略。①

因此,经过性质与机制的相互作用,产生出四种结果,即加强好信念(Ⅰ)、削弱好信念(Ⅱ)、削弱坏信念(Ⅲ),以及加强坏的信念(Ⅳ)等。在信念好或动机好的前提下,国家履行国际责任并不一定会得到好的结果,好心也可能办坏事,损害自己的国家利益与国际利益。当然,实际上,现代意义上的国家一般都被视为理性行为体,很少国家能够完全依照"信念"来决定自己的行为。

2. 责任伦理下的国际责任

在现代理性化社会中,信念伦理对责任行为解释的不足使人们将视野关注到"责任伦理"方面。当前的大多数国际责任研究都是依附于责任伦理一脉。"责任伦理"要求行为者需要理性地估计并且勇于承担其政策后果,细言之,行为者除对道德坚信外,还应该在行动之前在能力所及的范围内考量与行动相关的各种要素,还得对行为后果承担责任。②

基于此,本研究假定,责任伦理指导下的国际责任履行则会将意图、行动与行动后果都纳入考量,而不仅仅是由信念支配。它要求国家行为体需要具有国际责任履行的动机,并同时应该注意自身行动对国际社会以及其他成员造成的影响。其中,价值信念与行动效果缺一

---

① 牛军:《中国对朝鲜政策需要走出历史》,载《阳光》,2012 年总第 119 期,http://www.cnsunlight.net/template/news_page.asp? id=2829。
② Bradley E. Starr, "The Structure of Max Weber's Ethic of Resonsibility", pp. 407 - 434;姚自强、石斌:《权力·权威·责任:马克斯·韦伯国际关系思想浅析》,第 57 - 64 页。

不可。

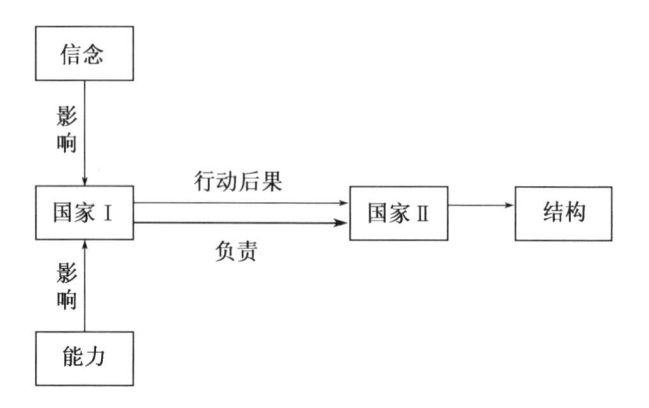

图 3　责任伦理之国际责任履行

根据框架图,我们可以发现,好的国际责任动机可能最终带来好的结果(Ⅰ),也可能带来不好的效果(Ⅳ);而坏的国际责任动机可能带来不好的结果(Ⅲ),但是也可能带来好的结果(Ⅱ)。特别是在政治领域中,"政治伦理实际上是一种行邪恶之事的伦理……既然邪恶肯定存在……最后的依靠是,在几个可能的结果中,选择最不邪恶的(least evil)"。①

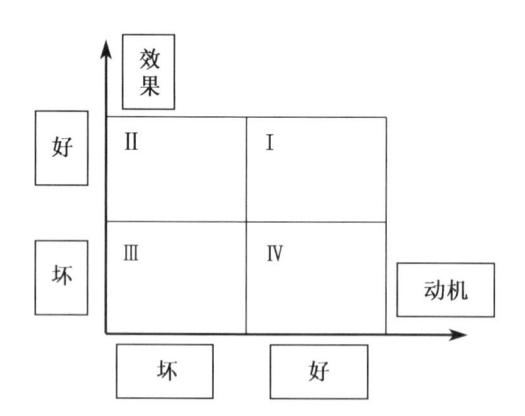

图 4　国际责任中的责任伦理:信念与行动

---

① Hans J. Morgenthau, *Scientific Man vs. Power Politics*, Chicago, Illinois: The University of Chicago Press. 1952, p.202.

因此,对国家行为体而言,"责任伦理"要求国家在履行国际责任时能够"审时度势",恪守"审慎"原则,将国际责任的后果纳入权衡中。这种审慎原则必须将以下几种要素,包括情景、能力、与他者关系等考虑在内。

在传统主权的时代中,"均势"与维持国际秩序是一般大国履行国际责任的动机所在。欧洲协调的诞生便伴随着一种对欧洲之"团结(solidarity)与负责的真正意识"。① 欧洲大国协调时期,其秩序展现了"地位、权利、尊严、责任及满意度"。尽管各大国的具体信念各不相同,但是各国实际上遵循了"责任伦理"的逻辑,自我克制,试图"树立一个正义、和谐与节制的榜样",将自身的能力、对他者的影响,以及不同情境纳入理性权衡之中,防止毁灭性的后果,"多边和自我克制"成为问题处理方法的优先选择,依据团队愿望"'扼杀'利己行为"。正是如此,欧洲大国之间的和平得以较长时间地维持下来。② 一个相关联的反例是,奥匈帝国为"执拗地试图证明自身依旧是不容忽视的大国",在这一信念与不计后果之下,它最终卷入第一次世界大战而走向分崩离析。③

当然,责任伦理指导下的国际责任行为也有若干不足之处。首先,责任伦理指导下的国际责任履行强调行动后果并对后果负责,但是国家行为体的考量依旧是立足于自身,行动后果所涉及的国家行为体与国际社会只是"被动"地纳入了责任施动者的权衡范围,缺乏两者之间

---

① Richard B. Elrod, "The Concert of Europe: A Fresh Look at an International System", *World Politics*, Vol. 28, No. 2, 1976, p. 162.
② [美]K·J·霍尔斯蒂:《没有政府的治理:19世纪欧洲国际政治中的多头政治》,载[美]詹姆斯·罗西瑙编:《没有政府的治理》,中译本,南昌:江西人民出版社,2001年版,第37,50页;郑先武:《大国协调与国际安全治理》,载《世界经济与政治》,2010年第5期,第49-65页。
③ Robert Cooper, *The Breaking of Nations: Order and Chaos in the Twenty-first Century*, p. 133.

的互动。对此,埃尔罗德(Richard B. Elrod)特意用凯南(George Kennan)之"贴切言语"来提醒,"负责任的国家必须以……'园丁(gardeners)而非机械(mechanics)'……来处理国际事务"。①

其次,责任伦理下的国际责任一般将国际责任施动者与责任对象之间的关系置于"不平等"的地位之上。在此,韦伯与摩根索都警告"权力之行使包括一个行为体对另一个行为体的服从"。较高地位国家"被期望"协助"依附于"他们的国家,同时,较低地位国家"有义务"为高地位国家服务。②

第三,责任伦理下的国际责任履行一般侧重于偏向消极的责任概念,这种责任的履行大多是立足于国家权力与国家利益的衡量。

第四,责任伦理虽然强调后果影响,但是诚如前文所言,这是一种事前的关注与考量,缺乏对后果的事后处置态度。达恩之"审慎的义务"便是面向未来,并且这是人们可通过行动有能力影响的"唯一背景(sole setting)",它在运行过程中展现出理性、现代与功利等特征。③

3. 关怀伦理下的国际责任

除了在履行国际责任时纳入信念与后果考量外,"关怀伦理"进一步拓展了国际责任履行的思路与关联因素。马尔内斯(Raino Malnes)认为,一旦两个行为体之间"(至少)一方亏欠另一方的关怀、关心或者协助",责任关系就会存在。④ 本研究将国家行为体假定为关系性且相互依赖的行为体。首先,与责任伦理重视行动结果与能力一样,关怀伦

---

① Richard B. Elrod, "The Concert of Europe: A Fresh Look at an International System", p.166.
② Richard Ned. Lebow, *A Cultural Theory of International Relations*, pp.515, 555.
③ John Dunn, *The History of Political Theory and Other Essays*, pp.66 - 90.
④ Raino Malnes, *National Interests, Morality and International Law*, Oslo, Norway: Scandinavian University Press, 1994, p.29.

理逻辑之下的国际责任更加具有开放与积极态度。它一方面在内部意义上强调信念,将关怀作为一种美德,认为国际责任本身便是一种与国际正义相并列的价值;另一方面它也重视关怀的实践维度,关注国际责任行动及其后果。

更进一步的是,责任本质上是"关系性的",[①]关怀伦理更加注重国际社会成员(关怀提供者与关怀接受者)之间的关系与沟通,尤其依赖国际社会与成员之间的相互依赖性与关怀的背景。它一方面强调事先专注地了解关怀的需求,也注意事后受关怀者的回应与反馈。另一方面,强调彼此之间以专注、灵敏且主客观尊重的方式来提供关怀,满足各个层次的需要。除满足各个层次的需要之外,关怀伦理下的国际责任也相应地强调满足国际责任对象的"生存、发展与发挥功能"的能力。

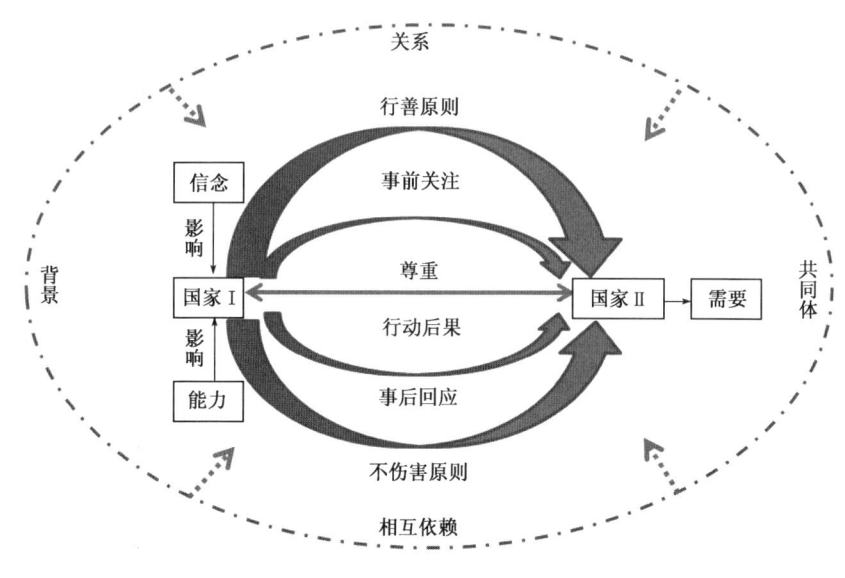

图 5 关怀伦理之国际责任履行

---

① Rabbi Jonathan Sacks, *To Heal a Fractured World: The Ethics of Responsibility*, p.144.

第三,作为一个涵括性的行为逻辑,关怀伦理下的国际责任不仅要求国家行为体克服消极意义上的"不伤害原则",也要求其追求积极意义上的"行善原则",为共同体与其他国家行为体创造更多的利益。杰克逊认为,"当关心超出我们自己的其他者时","注意不去伤害他者"也就成为一种"政治美德",因此国家行为体必须将"所有可能被伤害"的行为体纳入考量,以担负全部责任。[1] 特别对大国而言,他们是潜在的国际领导者,这些原则为大国履行国际责任提供了一个基础。大国关于领导权的"主张"与"施展"必须建立在"正义的分享观念"上,如此其他国家行为体才能"确信"其领导权被用作谋取"作为一个整体的共同体的福利"。[2]

第四,关怀伦理强调道德情感(emotions),包括"同情、共鸣、敏感与回应",并认为这些情感是理解道德的原因,与其他普遍规则相比,关怀伦理更加重视"特殊他者的强烈的道德呼吁"。[3] 在政治学中,情感问题也已经得到较长时间的关注,但是其侧重点一般是情感的"负面"影响。勒博呼吁应该进一步研究"情感的正面贡献,从而有助于理性、秩序与合作"。[4] 关怀伦理指导下的国际责任恰好为这个研究需求提供了关注点。

简而言之,关怀伦理指导下的国际责任发生于以相互关系与相互依赖为特征的共同体背景之下。在这一结构背景之下,国际责任施动者国家Ⅰ根据其信念与能力与作为国际责任对象的国家Ⅱ展开良性互动,以尊重的方式,通过事前关注与接受事后回应,从而承担行动及其

---

[1] Robert H. Jackson, *The Global Covenant: Human Conduct in a World of States*, Oxford: Oxford University Press, 2003, pp.20, 154.
[2] Richard Ned. Lebow, *A Cultural Theory of International Relations*, p.556.
[3] 转引自 Marilyn Friedman, "Care Ethics and Moral Theory: Review Essay of Virginia Held, The Ethics of Care", p.539.
[4] Richard Ned. Lebow, *A Cultural Theory of International Relations*, p.515.

后果的责任,最终帮助国家Ⅱ实现其"生存、发展与发挥功能"的需要。关怀伦理下的国家行为体主要通过两个原则来履行国际责任,即积极意义上的"行善原则"与消极意义上的"不伤害原则"。

在全球关怀需求以及国际关怀供需的背景之下,关怀伦理也被运用到国际关系研究中,并且大多是以国际关系女性主义研究的名义进入这个领域的。关怀伦理被用于从女性主义视角来分析并解释人道主义援助、多边维和、发展援助、对外安全政策、人权保护以及其他全球问题等。① 有学者曾经将"批判性的"关怀伦理运用到分析全球层面上的依赖与脆弱关系等问题,从而提议使用"对他者差别富有回应性与关注性的关怀伦理"来解决当前国际关系中的不平等现象。②

赫尔德认为,关怀伦理可以通过注意国家行为之间的"男性文化建构",并通过利用合作价值来替代各种等级制,从而改变国家之间的国际关系。③ 赫尔德还用关怀伦理分析了军事干涉、恐怖主义挑战、国际法等问题,她认为与其依赖军事干涉对违反国际法者予以惩罚,关怀伦理建议通过"预防性的参与和措施"来扭转违反以及削弱惩罚的需要。④

特朗托认为,维和行动便是一种典型的"关怀工作",并且从规范性框架下强调从"干涉的权利(right to intervene)"转向"保护的责任(responsibility to protect)",她认为这种转变正是国际事务从"正义伦

---

① Kimberly Hutchings, "Towards a Feminist International Ethics", *Review of International Studies*, Vol. 26, No. 5, 2000, 111 – 130; Jacqui True, "The Ethics of Feminism", in Christian Reus-Smit and Duncan Snidal, eds., *The Oxford Handbook of International Relations*, Oxford: Oxford University Press, 2008, p. 416.
② Fiona Robinson, *Globalizing Care: Ethics, Feminist Theory, and International Relations*, Boulder, CO: West View Press. 1999.
③ 转引自 Maureen Sander-Staudt, "Care Ethics".
④ Virginia Held, "Military Intervention and the Ethics of Care", pp. 1 – 20.

理"或"自由伦理"向"关怀伦理"转变的一个体现。①

针对国际关系中"造成伤害的能力(power to hurt)"的"决定性角色",林克莱特讨论了世界政治中运用关怀伦理的"潜力"。他从大西洋奴隶贸易与19世纪西方与非西方(特别是澳大利亚)民众的碰撞等事例出发,认为关怀伦理已经"不仅仅是一种伦理理想";关怀伦理与"避免伤害他者的意愿"以及"无人被伤害或伤害无必要"的冲突解决方式相关。林克莱特指出,国际关系学者已经"暗示性地"认识到关怀的重要性,一方面,当敌对者掌握了彼此伤害的潜能时,现实主义者将"对正当(legitimate)恐惧与利益"的"相互敏感性(mutual sensitivity)"视为一种关键因素,当然,现实主义者依旧将战争视为"关怀伦理的试金石";另一方面,英国学派则强调"某种程度的同情、相互理解,以及自我克制"对国际社会的维持至关重要。林克莱特总结认为,鉴于"全球关联性(global interconnectedness)"程度的提升,以及人类共同面对的脆弱性及其相互关联特征,"关怀伦理"在世界政治组织中变得"比以往更为重要",将"责任与关怀伦理全球化"也成为国际关系学者需要研究的课题,同时这也为在国际事务中植入"世界性伤害协议(cosmopolitan harm conventions)"提供了"前所未有"的机遇。②

昂斯特在系统探讨关怀伦理与国际关系时认为,"关怀他者"已经被全世界广泛认可为人类道德的一种"基本认知",并能够跨社会、文化与宗教团体而提供"一个广泛接受的正义标准"。在国际关系中"关怀他者"可以采用多种形式或策略,例如"对较远的他者提供临时的应急援助;提供贷款、馈赠、技术援助来帮助他国基础设施与公共服务建设;

---

① 参考自 Jacqui True, "The Ethics of Feminism", p. 416; Virginia Held, "Military Intervention and the Ethics of Care", pp. 1 – 20.
② Andrew Linklater, *The Problem of Harm in World Politics: Theoretical Investigations*, pp. 145 – 153.

改革国家法律与国际法从而使国外人关怀的能力不受削弱；或者诉诸军事力量保护民众免于他国、本国政府与其他团体的无理由攻击"等。昂斯特强调，这些行动的目标是"支持个体的生存、发展与展现功能"并"最终使民众更可能多地关怀他们自身。"①

与信念伦理和责任伦理相比，关怀伦理为国家行为体履行国际责任提供了一个范围上更为广泛、程度上更富有张扬性的框架。首先，关怀伦理将国际责任从消极角度提升到积极角度，或者至少消极责任与积极责任并存的层面。其次，关怀伦理纳入关系性与共同体对国际责任的制约作用。第三，它将"关怀"与"责任"作为一种价值提升到与"正义"和"权利"相同的地位上，并将其"内化"为一种德行。第四，在国际责任主体与对象之间的关系方面，关怀伦理强调两者之间无论是在客观角度还是主观角度抑或主体间性方面都秉持尊重原则。

但是，在具体实践方面，关怀伦理指导下的国际责任则带有强烈的理想主义"乌托邦"色彩。在当前国际政治现实中，政治色彩浓厚的权力与利益依然是衡量国家对外行为的两把最重要的标尺。就前文中当前学者通过关怀伦理剖析的实例来看，这些实例实际上也依旧可以通过韦伯之责任伦理与国家利益等框架进行分析，只不过加上了一些关怀伦理角度上的追问。

当然，国际政治中的文化认同与价值因素也越来越展现出重要角色。就国际责任中的关怀伦理脉络而言，一方面，它至少可以充当一种批判的框架，来展现当前国际责任履行存在的问题或欠缺的价值；另一方面，这种伦理可以充当一种理想主义的追求或者未来蓝图。

---

① Daniel Engster, *The Heart of Justice: Care Ethics and Political Theory*, pp. 159 – 196.

4. 国际责任行为逻辑变迁下的中国足迹

除了针对国家利益的考量之外,自 1949 年之后,中国对国际责任行为的强调一方面源自中国传统文化中的责任关怀,一方面则是中国共产主义意识对全人类关注的形态。中国传统文化无论对"责"和"任"都有明确的偏好。赵轶峰将"责"称为"既古老又新颖"的概念,并展现了"责"在中国传统经典(如《尚书》、《孟子》、《春秋》与《周易》)中的使用情况与大体含义。[①] 肖金依据文渊阁本《四库全书》将中国传统文化语境中的"责"概括为政治视野中的责任、社会生活中的责任、家庭伦理中的责任,以及个人修养中的责任等四大类,其中包含 24 小类具体责任。[②] 《孟子·万章下》推崇"其自任以天下之重也",及其影响之《南史·孔休源传》、《隋书·高颎传》与《宋史·范仲淹传》中"以天下为己任"的宣示更是贯穿中国政治文化始终。20 世纪 70 年代末之前,中国共产党及最高领袖基于共产主义与国际主义宣示应该"对人类有较大的贡献",[③]并在此号召之下开展了国际层面上的一系列支援、援助与革命输出活动,对世界与中国造成了巨大却也有所争议的影响。[④]

本部分将以中国对外援助为主线简要分析中国履行国际责任的行为逻辑脉络。在中国改革开放之前,共产主义意识形态及其紧密联系

---

① 赵轶峰编:《当代中国思想探索中的"责任"观(2001—2009)》,长春:东北师范大学出版社,2010 年版。
② 肖金:《中国传统文化语境中"责(责任)"观念资料辑录》,长春:东北师范大学亚洲文明研究院,见 http://sohac.nenu.edu.cn/kyss/asia/The%20Charter%20of%20Human%20Responsibilites/4.htm。
③ 郑熙文:《对世界更大的贡献》,载《人民日报》,2010 年 5 月 17 日,第 3 版。
④ 牛军:《毛泽东时期外交的教训》,新浪历史,2013 年 7 月 15 日,见 http://history.sina.com.cn/his/zl/2013-07-15/095250383.shtml?bsh_bid=259548300。

的国际主义思潮严重影响了当时中国外交政策决策者的思维,[1]并在两超级大国冷战对峙结构之下"过高估计"了中国对世界的影响,超出能力地履行基于共产主义的国际责任成为当时中国的外交价值之一,因此一方面对其他社会主义国家或第三世界国家进行超出国力的大力援助,另一方面则对东南亚等地"输出革命",最终使本国民众承担恶果,某些年份中国外援数额甚至占当年财政收入的6%~7%。[2]但结果却是,"兄弟"国家索要无度并最终交恶,并同时与周边国家关系紧张。[3]鉴于此,若干学者从责任伦理方面提出,中国援外应该从理性与自身现实出发,遵守"尽力而为"、"量力而行"、"力所能及"等原则。[4]

中国实施改革开放政策之后,新的领导集体根据国情国力及时转换了对外履行国际责任的思路,在一定程度上调整了外援的规模、布局、结构和领域,也突出重点,关注经济效益与长远效果,施行更为灵活的援助方式。[5]在这个阶段,尽管中国依然坚持共产主义意识形态,但是这一理念已经不再对中国外交政策拥有主宰性的作用,中国外交开

---

[1] 郭学堂:《国际主义与中国外交的价值回归》,载《国际观察》,2005年第1期,第35-39页;邓淑华、尹占文:《当代中国外交的国际主义》,载《社会科学研究》,2006年第5期,第17-21页。

[2] 钱亚平:《60年,我们援助了谁》,载《瞭望东方周刊》,2011年第21期,第28页。

[3] 牛军:《毛泽东时期外交的教训》,新浪历史,2013年7月15日,见http://history.sina.com.cn/his/zl/2013-07-15/095250383.shtml? bsh_bid=259548300;薛琳:《对改革开放前中国援助非洲的战略反思》,载《当代世界社会主义问题》,2013年第1期,第103-115页。

[4] 舒云:《纠正与国力不符的对外援助——中国外援往事》,载《同舟共进》,2009年第1期,第40-44页;梅俊杰:《国际责任始于国内》,载《社会科学报》,2009年3月5日,第1版;杨鸿玺、陈开明:《中国对外援助:成就、教训和良性发展》,载《国际展望》,2010年第1期,第46-56页;庞中英:《中国援外政策的'三力'原则》,载《瞭望》,2010年第35期,第64页。

[5] 国务院新闻办公室:《中国的对外援助白皮书》,新华社,2011年4月,见http://politics.people.com.cn/GB/1026/14450711.html。

始从意识形态独大转向注重实用主义与国家利益至上。[1] 这一转型也深刻影响了中国履行国际责任行为的思维,即恪守责任伦理,将国际责任如对外援助的意图、行动与其可能的行动后果都纳入政策制定与执行的考量范围,弱化意识形态,推行务实且量力而行的对外援助。[2] 不仅如此,即使对处于争议的"人道主义干涉"行为,中国政府也在外交政策调整与更深层次地融入国际社会过程中逐渐由意识形态导向转向实用主义考虑,开始松动主权完全不可侵犯以及将人道主义干涉视为西方阴谋的信念,务实地有选择地履行中国在人道主义干涉及相关维和行动中的责任,特别采用"保护的责任"。[3] 国际责任之责任伦理的推行,伴随中国综合国力的提升,使得中国日益成为国际舞台上不可忽视的国际责任承担者,中国之"负责任大国"形象也得到展现。这一阶段的国际责任履行更多承担工具性的功能,为中国的和平发展创造了良好的外部环境。但是,作为一种大国崛起的必然承受之"恶",中国的国际责任履行也面临着"新殖民主义"、"中国威胁论",以及大国扩张等论调的批评。这固然存在西方国家的失落与担忧等因素,但是也反映出中国履行国际责任存在着不少细节性问题,对中国的国际责任履行提

---

[1] Lucian W. Pye, "On Chinese Pragmatism in the 1980s", *The China Quarterly*, No. 106, 1986, pp. 207 - 234; Ji-Quandt Chan, The Dynamics of Chinese Foreign Policy: An Interplay of Ideology and Pragmatism, A Thesis for the Honours Degree of Bachelor of Arts (International Studies), The University of Adelaide Australia, 1999; Suisheng Zhao, "Chinese Foreign Policy: Pragmatism and Strategic Behavior", in Suisheng Zhao, ed., *Chinese Foreign Policy: Pragmatism and Strategic Behavior*, Armonk, NY and London: M. E. Sharpe, 2004, pp. 3 - 22.

[2] 周弘:"中国对外援助与改革开放 30 年",载《世界经济与政治》,2008 年第 11 期,第 33 - 43 页;杨鸿玺、陈开明:"中国对外援助:成就、教训和良性发展",载《国际展望》,2010 年第 1 期,第 46 - 56 页。

[3] Jonathan E. Davis, "From Ideology to Pragmatism: China's Position on Humanitarian Intervention in the Post-Cold War Era", *Vanderbilt Journal of Transnational Law*, Vol. 44, No. 2, 2011, pp. 217 - 283.

出了更高、更为细腻的要求。

以昂斯特之国际关系中"关怀他者"的形式与策略而言,[1]当前中国的国际责任行为已经大体覆盖了如今"关怀伦理"所涉及的主要范围;特别是中国在人道主义援助、多边维和、发展援助、国际安全、人权保护及全球性问题等方面都有着突出的表现。自进入 21 世纪以来,中国履行国际责任的"关怀伦理"逻辑痕迹变得更为显著,"负责任"重新成为中国大国崛起过程中的必然要素。最起码从政策宣示上,中国的对外援助政策已经触及"关怀伦理"所要求的大部分构件,例如注重互相尊重与平等、关注互相依赖与关系性背景、共同体本位、以人为本、奉行行善原则、突出受援国需要、尊重多样性、坚持长期追踪等。[2] 特别是在一些"低级政治"议题上,中国的"负责任大国"风采更为亮丽,例如在印度洋海啸等自然灾难爆发的背景之下,中国基于国际社会与地区共同体的利害关系,对东南亚国家积极进行各个层面的多种形式的援助,力求帮助东南亚国家与受灾民众渡过难关,并改善与东南亚国家之间的关系,[3]积极推动恢复受灾害影响的国家之生存、发展及发挥功能的能力。当然,不可否认的是,中国的对外援助行为在某种意义上忽视了关怀伦理所要求的"不伤害原则"与积极的"事后回应",这也是当前各国对非洲等不发达地区援助的通病。[4] 中国多年来的对非援助和发展投资缺乏相关国内法律政策的规范,其事前的关注与强调对受援国

---

[1] Daniel Engster, *The Heart of Justice: Care Ethics and Political Theory*, pp. 159 - 196.
[2] 国务院新闻办公室:《中国的对外援助白皮书》,新华社,2011 年 4 月。
[3] 毛维准、阙天舒:"灾难外交:一种新的外交方式?",载《世界经济与政治》,2005 年第 6 期,第 59 - 60 页。
[4] Henri Astier, "Can aid do more harm than good?" *BBC*, 1 February 2006, available at http://news.bbc.co.uk/2/hi/africa/4185550.stm; Dambisa Moyo, "Why Foreign Aid is Hurting Africa", *The Wall Street Journal*, March 21, 2009, available at http://online.wsj.com/article/SB123758895999200083.html.

家的尊重与平等等价值最终因项目结果不尽人意而大打折扣;中国援助虽然在数量方面令人瞩目,有些项目(特别是大型工程如水坝项目)却被指责对当地环境与在地人群造成许多不良影响甚至危害。①

综上所述,六十多年来,中国履行国际责任大致沿袭了从信念伦理到责任伦理,并逐渐迈向关怀伦理的行为逻辑路径。当然,需要指出的是,在我国履行国际责任的历史过程中,这三种行为逻辑在某个时期可能会同时存在,其区别主要在于不同行为逻辑在支配国家国际责任行为方面所拥有的主导性程度不同。尽管"责任伦理"的逻辑也可以解释当前中国对外援助、履行国际责任的大部分行为,但是"关怀伦理"的应用与借鉴可以从批判性的视角展现中国实施对外援助与履行国际责任过程中所具有的若干容易被忽视的问题,为打造中国特色国际责任模式、缓解中国崛起造成的周边忧虑而提供一个更富有前景性的选择。

五、结　论

综上所述,本文聚焦于当前国际责任理论化工作中在理论框架解释力、历史维度的内涵变化,以及不同视角的伦理争议等方面的不足,试图应用多年来政治与道德伦理研究成果中关于责任问题的知识脉络,在勒博之"一个更为基础的层次上"寻求支配国家履行国际责任的基本逻辑,并试图建构行为逻辑、国家属性与结构特征之间的关联机制及其对国际责任的影响等,从而形成一种能够解释国际责任多样性、变化性与历史性的分析框架。当然,需要指出的是,本文试图建构的"信

---

① Barry Sautman, Yan Hairong, "Friends and Interests: China's Distinctive Links with Africa", *African Studies Review*, Vol. 50, No. 3, 2007, pp. 75 – 114; Deborah Brautigam, *The Dragon's Gift: The Real Story of China in Africa*, Oxford University Press, 2011.

念—责任—关怀"行为逻辑只是国际责任体系中的一个维度,这个维度的建构主要沿袭政治与道德伦理研究的脉络;这个维度的行为逻辑并不能否认其他维度国际责任行为逻辑的建构。

本文发现,在履行国际责任的发展过程中,国家行为体经历了从信念伦理指导到责任伦理指导,再到关怀伦理指导的演化过程,这是一个从价值理性(上帝与正义)到工具理性,再到价值理性(关怀)的螺旋演化进程。

首先,在行为体方面,国际责任施动者最初只是受"上帝"等传统信念感召,而这种进程逐渐将"他者"、国际结构和共同体纳入其中,推动了国际行为体之间的互动,加强了责任主体与责任对象之间的沟通,也日益展现责任对象的回应力与能动性。

其次,在国际责任履行程度方面,信念伦理是一种关注自身且偏重意识形态解释的消极责任;责任伦理则是一种关注自身但将其他国家被动纳入,又偏重于利益与权力解释的消极责任;关怀伦理则是一种开放的积极责任框架,它将"关怀"视为一种与"正义"相辅的德行,将关系与共同体背景纳入责任考量,同时注重"事先"关注与"事后"回应相结合,以"尊重"的方式处理责任主体与责任对象之间的关系。

本文最终以六十多年来中国对外援助作为主线来简要展现三种逻辑之下中国履行国际责任行为的变迁与不同特征,并建议以关怀伦理各构成要素来审视乃至改进中国国际责任的履行,有助于形成更为细腻的富有中国特色的国际责任模式,从而缓解中国在大国崛起过程中面临的若干烦恼。

负责任主权：理论缘起、演化脉络与争议挑战*

【内容提要】"负责任主权"是当前国际关系主权理论面对的新议题，这是主权理论在时间与空间维度上嬗变的必然结果。它一方面源于主权概念之历史逻辑与内在的"正当性"要求，另一方面也是国家应对当前全球问题的一种理论选择。"负责任主权"理论并不是对传统主权理论的单纯挑战或背离。在从"权利"、"控制"与"能力"视角走向"责任"视角的过程中，"负责任主权"实际上与主权的特定历史传统（如"大国责任"）一脉相承；同时，它在概念建构过程中也逐渐丰富其内涵，从最初的"保护"、"预防"与"反应"功能扩充到"构建/重建"乃至于"关怀"功能。当前"负责任主权"研究逐渐呈现出"自由论"与"社群论"两种不同的责任观。作为一种新框架，"负责任主权"已经在结构、逻辑、标准、内容与层次方面展现出若干理论特征。尽管面临许多理论争议与实践

---

* 本文原发表于《国际安全研究》2014年第2期(第42-63页)，合作者为浙江行政学院卜永光博士；英文版本请见 Mao Weizhun and Bu Yongguang, "Sovereignty as Responsibility: Intellectual Sources, Evolving Paths and Theoretical Debates," *Journal of International Security Studies*, No. 2, 2016, pp. 95-119；收入本文集时做了一些文字和技术性改动。

挑战,"负责任主权"中的某些因素有助于推动中国主动地融入国际社会,缓解崛起过程中的困境,展现负责任的国际形象。

【关键词】 主权　负责任主权　责任　大国责任　国际责任

一、问题的提出

主权是国际政治研究的中心概念之一。无论是作为一种理念还是作为一种制度,主权都居于"空间与时间的……现代经验的心脏位置"。主权理念反映了国家与公民社会、政治权威与共同体之间的"演进关系",关系着政治权力如何施展或者应该如何施展的问题。同时,主权是我们世界"最为重要的制度之一",并在过去一两个世纪中成为全世界现代政治的"基石"。主权关注国家"在世界中行动的方式",它致力于"在一个混乱与失序的世界中确立秩序与条理"。①

正是因为主权的显著地位,学者对国际关系性质及其演变予以特别关注的一个出发点便是发掘或延伸主权观念,从而用于解释或适应变化的国际政治现实。随着全球化的深入,其对主权的侵蚀以及相应的主权内涵变迁受到广泛讨论,"主权过时论"、"主权弱化论"、"主权强化论"等各种论调不断出现。②"负责任主权(responsible sovereignty)"

---

① Joseph A. Camilleri and Jim Falk, *The End of Sovereignty? The Politics of a Shrinking and Fragmenting World*, Hants, UK: Edward Elgar, 1992, p. 11; Robert H. Jackson, *Classical and Modern Thought on International Relations: From Anarchy to Cosmopolis*, New York: Palgrave Macmillan, 2005, p.73.
② 关于全球化对主权冲击的讨论,参见[英]D. 赫尔德、[美]J. 罗西瑙等:《国将不国:西方著名学者论全球化与国家主权》,俞可平等译,南昌:江西人民出版社,2004年版;国内国际政治学界较早对这一问题进行系统考察的著作可参见王逸舟:《当代国际政治析论》,上海:上海人民出版社,1995年版,第47-85页;相关主权论调介绍可以参见俞可平:《论全球化与国家主权》,载《马克思主义与现实》,2004年第1期,第4-21页。

或者"作为责任的主权(sovereignty as responsibility)"理论便可以看作是当代学者试图解释当前国际政治现实、解决各种全球性问题,并因应相关理论进展,而提出的一种理念与政策选择。

但是,图克·皮帕瑞恩(Touko Piiparinen)批评认为,当前研究缺乏对"负责任主权"理念实际构成的系统性分析,并且"负责任主权"概念过于抽象而缺乏具体定义。[1]

国内学界对"负责任主权"的最初关注主要源自学者们对"保护的责任(responsibility to protect,R2P)"的讨论;[2]伴随布鲁斯·琼斯(Bruce Jones)等学者的《权力与责任》政策报告发布,国内学者已开始明确聚焦讨论"负责任主权"或"责任主权"概念。[3] 特别是张胜军对"负责任主权"的历史背景、概念辨析、跨国威胁的紧迫性、理论内涵与现实意义等方面予以初步分析,并从发展中国家角度对这一理念进行了进一步思考与建议。[4]

除对"负责任主权"进行专门关注之外,还有学者基于这一理念延

---

[1] Touko Piiparinen, "Sovereignty-building: Three Images of Positive Sovereignty Projected through Responsibility to Protect," *Global Change, Peace and Security*, Vol. 24, No. 3 (October 2012), pp. 406, 410.

[2] 实际上,在此之前已经有国内学者基于中国外交现实关注"责任"议题,比如王逸舟提出,除"发展需求"和"主权需求"之外,"责任需求"也是中国面向 21 世纪的基本需求,并认为从中国参与国际社会的实际经验来看,"责任"不可避免。参见王逸舟:《面向 21 世纪的中国外交:三种需求的寻求及其平衡》,载《战略与管理》,1999年第 6 期,第 18 - 27 页。

[3] 袁武:《试论中国在非洲内部冲突处理中的作用:从保护的责任理论谈起》,载《西亚非洲》,2008 年第 10 期,第 58 - 62 页;王燕、魏玲:《负责任主权、大国合作与国际秩序》,载《外交评论》,2009 年第 2 期,第 147 - 152 页;张胜军:《跨国威胁时代的"责任主权":一种发展中国家的视角》,载蔡拓、曹兴编:《公共权力与全球治理——"公共权力的国际向度"学术研讨会论文集》,北京:中国政法大学出版社,2011 年版,第 26 - 41 页。

[4] 张胜军:《跨国威胁时代的"责任主权":一种发展中国家的视角》,载蔡拓、曹兴编:《公共权力与全球治理——"公共权力的国际向度"学术研讨会论文集》,北京:中国政法大学出版社,2011 年版,第 26 - 41 页。

伸开来,并结合具体问题,试图为中国对外行为提供一种政策选择。一种思路沿袭国际责任议题并将其"放大"。这种思路下的大多数学者反对将"中国国际责任论"视为"阴谋论"的变种,主动倡导中国应对国际社会负责任,并试图构建中国之负责任大国的对外战略。① 另一种思路集中于"保护的责任"的延伸并"缩小"其意涵,从而与中国等发展中国家的现实条件相匹配。例如阮宗泽提出将"负责任的保护"作为中国对待"人道主义危机"的政策选择,从而区别于西方"新干涉主义"。②

问题在于,当前国内关于"负责任主权"的研究大体上仍限于引进概念,并基于美国学者提出的政策倡议对其进行解读。例如张胜军认为"负责任主权"与"保护的责任"等"实质上"是以"责任"形式对主权构成挑战。③ 这种看法其实割裂了主权与责任之间的传统联系,并将此种主权内涵的新发展与传统精义完全对立起来,忽视了其理念沿袭的一脉相承,也没有注意到"负责任主权"理念对主权的构建与发挥功能。

---

① 相关研究如刘飞涛:《权力、责任与大国认同:兼论中国应对国际社会责任的应有态度》,载《太平洋学报》,2004年第12期,第25-34页;李宝俊、徐正源:《冷战后中国负责任大国身份的建构》,载《教学与研究》,2006年第1期,第49-56页;潘忠岐、郑力:《中国国际责任与国际战略的理论思考:中国外交与国际关系理论2006年度青年研讨会综述》,载《国际观察》,2007年第1期,第22-28页;任晓:《研究和理解中国的国际责任》,载《社会科学》,2007年第12期,第24-27页;赵洲:《迈向责任理念的中国主权及其实践》,载《南京社会科学》,2009年第5期,第112-117页;李栩:《中国的国际责任观研讨会综述》,载《当代亚太》,2008年第6期,第150-55页;周方银:《中国的世界秩序理念与国际责任》,载《国际经济评论》,2011年第3期,第36-51页;金灿荣等:《大国的责任》,北京:中国人民大学出版社,2011年版;周鑫宇:《中国国际责任的层次分析》,载《国际论坛》,2011年第6期,第6-11页;李东燕:《从国际责任的认定与特征看中国的国际责任》,载《现代国际关系》,2011年第8期,第52-57页。
② 阮宗泽:《负责任的保护:建立更安全的世界》,载《国际问题研究》,2012年第3期,第9-22页。
③ 张胜军:《跨国威胁时代的"责任主权":一种发展中国家的视角》,载蔡拓、曹兴编:《公共权力与全球治理——"公共权力的国际向度"学术研讨会论文集》,北京:中国政法大学出版社,2011年版,第29页。

因而,当前国内研究实际上人为缩小了"负责任主权"的意涵。"负责任主权"前有"大国责任"之经验传承,后有"负责任主权"内在逻辑的扩充与新要素的逐步涉入,集中反映了全球性问题凸显背景下应对全球治理新挑战的要求,代表着主权理论在国际政治领域的最新趋势,也构成进一步讨论中国国际责任等问题的理论背景,因而有必要对其理论缘起、演化脉络与争议挑战予以更为细致的考察。

本文从简要介绍主权概念与历史属性出发,将"负责任主权"理念的产生置于主权"条件性"趋势的理论背景之下。随后,本文将"负责任主权"的线索延伸到传统主权理论中,在更为宽广的背景下,从主权理论与国家理论的本初论点中汲取资源,展现学者对"负责任主权"的关注,并在此讨论学者将"负责任主权"视为一种范式的趋势。在此基础上,本文将以最为普遍的"大国责任"为起点回顾主权与责任的基本关系变迁,探明"负责任主权"的历史渊源与演变路径,并展现"负责任主权"自身内涵的丰富与细化。最后,本文进一步介绍"负责任主权"理论中的两种责任观分支,即自由论与社群论,并简要讨论其不同的侧重点,随之归纳并讨论"负责任主权"理论的基本特征,并分析其在理论与实践方面面临的各种批评。

二、主权之"条件性":"负责任主权"产生的理论背景

无政府状态之下,国家遵守的最为显著的规则是主权制度。主权、领土完整与法理平等被看作是国际政治的"标志"。[①] 詹姆斯·布赖尔利(James Leslie Brierly)将主权规范归纳为"自我保存、独立、平等、尊

[①] Joseph A. Camilleri and Jim Falk, *The End of Sovereignty? The Politics of a Shrinking and Fragmenting World*, p. 29.

重与交流"。①

按照国际法的传统定义,主权是国家处理对内和对外事务的最高权力,它神圣不可侵犯;具有最高权威性、绝对性、排他性和不可分割性等特征,推崇主权独立、平等,以及不干涉内政等原则,主权构成了国际关系交往秩序的基石。② 对内的主权要求"至高无上",这是国家之内统治者与被统治者之间的一种基本权威关系;对外的主权要求平等与独立,这是国家之间的一种基本权威关系。就对外维度而言,罗伯特·杰克逊(Robert H. Jackson)等将主权视为国际社会最终依赖的"基本规范"与前提条件。③ 也由此可以推演出三项基本的国际行为规则,即主权国家不允许其他国家在未经其允许的情况下将他国规则运用到本国;主权国家有义务"不干涉其他国家内部事务或妥协其领土完整";无论人口、经济或战略环境如何,主权国家都享有主权上的平等权利与义务等。④ 正是因为"主权"对外的高度独立性、绝对性与排他性特征,它也经常被一国当作防止其他政府因其作为而向其问责的"挡箭牌(shield)"。⑤

斯蒂芬·克拉斯纳(Stephen D. Krasner)关注主权的"复杂性",并提出一种多维主权框架。他试图对主权概念进行全面囊括,将其划

---

① 转引自 Robert H. Jackson, *Classical and Modern Thought on International Relations: From Anarchy to Cosmopolis*, p.75。
② Thomas J. Biersteker, "State, Sovereignty and Territory," in Walter E. Carlsnaes, Thomas Risse, and Beth A. Simmons, eds., *Handbook of International Relations*, London: Sage Publications Ltd., 2002, p.157.
③ Robert H. Jackson, *Classical and Modern Thought on International Relations: From Anarchy to Cosmopolis*, p.75.
④ Joseph A. Camilleri and Jim Falk, *The End of Sovereignty? The Politics of a Shrinking and Fragmenting World*, p.29.
⑤ Bruce Jones, Carlos Pascual and Stephen John Stedman, *Power and Responsibility: Building International Order in an Era of Transnational Threats*, Washington, D.C.: The Brookings Institution, 2009, p.9.

分为"国际法理主权"、"威斯特伐利亚主权"、"内政主权"和"相互依赖主权"等。国家便是在主权网络中按照一般规则行事,并利用这些维度来评价自身行为的效果。同时,不同维度的主权在当前全球化的国际现实中具有不同表现,如"相互依赖主权"被认为一定程度上面临着"弱化"风险,但是对全面意义上的主权而言却并非如此,克拉斯纳认为主权国家消亡的论调是极其错误的,相反,"主权从未如今日这般生机勃勃"。①

克拉斯纳的主权分类实际上是一种静态框架。然而,主权理念与机制并不是从来就有且一成不变的。② 主权概念伴随"时间与空间"而变化,界定何谓主权总是必须考察"时间和空间构成的环境",因为它"完全是一个需要根据加诸国家行为之上的诸多限制因素而不断进行重新阐释"的概念。③ 主权并不是绝对现象,其背后是一种与背景紧密

---

① "国际法理主权"以各国相互认同为基础,其实践经常被应用于"正式的法理独立的"领土实体之间,其关注点是权威性和正当性。"威斯特伐利亚主权"是在既定领土之内针对其他行为体的排他性的一种政治权威,譬如不干涉内政原则等,它也关注权威性和正当性。"内政主权"侧重在国家之内的正式政治权威和公共权威在其整体边界之内行使有效控制权的能力,它关注权威性和控制力。"相互依赖主权"强调控制力,亦即公共权威管制跨越国家边界的信息、理念、商品、人员、污染源和资本流动的能力。参见 Stephen D. Krasner, *Sovereignty: Organized Hypocrisy*, Princeton, New Jersey: Princeton University Press, 1999, pp. 3 - 4; Stephen D. Krasner, "Sovereignty," *Foreign Policy*, Vol. 122 (January—February 2001), pp. 20 - 29。
② Thomas J. Biersteker, "State, Sovereignty and Territory," in Walter E. Carlsnaes, Thomas Risse, and Beth A. Simmons, eds., *Handbook of International Relations*, p. 162; David A. Lake, "The State and International Relations," in Christian Reus-Smit and Duncan Snidal, eds., *The Oxford Handbook of International Relations*, Oxford: Oxford University Press, 2008, p. 49.
③ Jens Bartelson, "The Concept of Sovereignty Revisited," *The European Journal of International Law*, Vol. 17, No. 2 (April 2006), pp. 463 - 464; Paul Taylor, "The United Nations in the 1990s: Proactive Cosmopolitanism and the Issue of Sovereignty," *Political Studies*, Vol. 47, No. 3 (Special Issue, 1999), p. 563.

相连的"历史逻辑",主权概念与历史进化及国家性质演变紧密相连。①鉴于20世纪以来发生的"社会与政治景象的深邃转型",重新考虑主权的概念与实践具有一种"迫切的紧要性"。②

主权概念的时间维度与空间维度实质上是一种"历史与社会过程"。"社会契约的社会特质(The 'social' of the social contract)"是将时空维度与主权之权力及权威要素相关联的"关键结合点"。③ 首先,从时间维度看,主权理念已经超越特定领土上之"至高权力"的传统界定,并逐渐涵括诸如"正当性、合法性、服从与义务"等要素。④ 本文借用道格拉斯·诺思(Douglass North)的定义,将"时间"界定为"理念、制度与信念演进的维度"。⑤

国际社会对主权国家的"认可标准"可以更为明确地展现出主权内涵在时间维度上的变更,这些嬗变通过传播理念、建构制度与塑造信念等方式,无论是对"国家的性质自身"还是对整个国际政治特征都产生了一定影响。托马斯·毕尔斯特克(Thomas J. Biersteker)认为,近代国际体系形成之后,主权的"认可标准"至少改变过五次。最初的主权认定标准是国家能够有效控制领土空间。其后,这一领土控制维度的标准开始将某种形式的正当性(如公共意志)纳入考量。随后,在20世

---

① Joseph A. Camilleri and Jim Falk, *The End of Sovereignty? The Politics of a Shrinking and Fragmenting World*, pp. 11 – 15.
② Joseph A. Camilleri and Jim Falk, *The End of Sovereignty? The Politics of a Shrinking and Fragmenting World*, p. 11.
③ Robert Hassan, "Time and The Politics of Sovereignty," *Contemporary Political Theory*, Vol. 12, No. 3 (August 2013), p. 218.
④ Nathan Widder, "The Temporal Structure of Sovereignty," *Contemporary Political Theory*, Vol. 12, No. 3 (August 2013), p. 241.
⑤ Douglass C. North, "In Anticipation of the Marriage of Political and Economic Theory," in James E. Alt, Margaret Levi, and Elinor Ostrom, eds., *Competition and Cooperation: Conversations with Nobelists about Economics and Political Science*, New York: Russel Sage Foundation, 1999, p. 316.

纪之前,国家"能够"履行国际承诺与义务成为人们对主权国家予以认可的新标准。再到冷战结束之后,民主治理及相关机制日益成为国家认可的前提条件。最后,国际社会近来越来越关切以前被认为是国内事务的相关议题,并且有成为主权认可新标准的趋势。诸如领土控制、正当性、国际责任行为能力、民主治理、关涉国内事务等标准的变更源自跨越时间长河的一系列"实践活动的持续论争",其中更是同时充斥着不同行为体对当时"正当性实践活动之边界"标准的大力推动抑或百般抵制;此外,国际体系紧张程度也会影响国家对某种标准的采纳与否。例如民主治理曾经在20世纪20年代成为某些地区的主权国家认可标准之一,但是在其后的"冷战"时期,主权国家认可标准"退化"为领土控制、国际责任履行以及冷战联盟等,直到冷战结束,民主治理才重新成为主权认可标准。①。

除时间维度外,主权概念更是与空间维度紧密关联,有学者认为主权"最为明确与显著地与空间相联"。② 进而言之,空间由"主权在历史上和政治上的多变形式"构成,离开空间谈论主权是"不可想象的"。③

空间维度对主权概念的影响主要基于三种方式,即领土、空间互动(spatial interaction)与场所塑造(place-making)。④ 首先,领土意义上的空间维度是最为传统的一种视角,在这种视角下,主权是对特定领土的一种绝对控制;实际上,此处的"空间"含有"稀缺(scarcity)"或"有限

---

① Thomas J. Biersteker, "State, Sovereignty and Territory," in Walter E. Carlsnaes, Thomas Risse, and Beth A. Simmons, eds., *Handbook of International Relations*, pp. 162–164.
② Nathan Widder, "The Temporal Structure of Sovereignty," *Contemporary Political Theory*, Vol. 12, No. 3 (August 2013), p. 241.
③ Robert Hassan, "Time and The Politics of Sovereignty," *Contemporary Political Theory*, Vol. 12, No. 3 (August 2013), pp. 217–218.
④ John A. Agnew, *Globalization and Sovereignty*, Lanham, Md.: Rowman & Littlefield, 2009, pp. 21–40.

(finiteness)"的意思。全球化冲击下主权概念面临的挑战便是源于这个意义上的空间危机。① 同时,基于领土原则的国家并不是同质行为体,即使在同一时间内,主权对发达国家与不发达国家的意涵存在若干区别。② 其次,尽管领土依旧重要,但是"主权的真正故事"远非如此。③ 伴随科技手段进步与交通发达,世界成为一个包含若干行为体在内的网络(例如狩猎部落、城市国家、领土国家、势力范围、联盟、贸易伙伴与海运帝国等),这些行为体占据空间却"不拥有相邻的领土"。在空间互动的形式下,主权也可以跨越空间网络而在"非领土或由某种因素连接的零散区域中"得到施展。④ 从空间互动来看,主权概念主要受国家之外因素的冲击,由此国家行为体必须与国际组织等分享主权。⑤最后,作为空间维度最基本的单位,场所塑造则将聚焦于国界之下,关注主权向次国家以及地方层面的分散以及内部变量对主权的影响。⑥因此,国际社会行为体的扩展及其成员互动的频繁,使主权置身于一个与历史迥然不同的空间环境中,还包括全球化进程中出现的数量更为巨大的超国家与国内行为体。这种空间影响的介入,也构成了对主权的"条件性"限制,并最终使主权的争论变得更为复杂。

此外,主权是一种"社会建构(social construct)",其组成要素,如权威、身份甚至领土,实际上都属于社会建构范畴;人们对主权地位的

---

① Robert Hassan, "Time and The Politics of Sovereignty," *Contemporary Political Theory*, Vol. 12, No. 3 (August 2013), p. 218.
② Thomas J. Biersteker, "State, Sovereignty and Territory," in Walter E. Carlsnaes, Thomas Risse, and Beth A. Simmons, eds., *Handbook of International Relations*, pp. 163 – 164.
③ John A. Agnew, *Globalization and Sovereignty*, p. 99.
④ John A. Agnew, *Globalization and Sovereignty*, pp. 29 – 35, 113.
⑤ Jens Bartelson, "The Concept of Sovereignty Revisited," *The European Journal of International Law*, Vol. 17, No. 2 (April 2006), pp. 465 – 467.
⑥ John A. Agnew, *Globalization and Sovereignty*, pp. 35 – 39, 43; Jens Bartelson, "The Concept of Sovereignty Revisited," pp. 465 – 467.

宣示基于那些经由"主体间性调和"的共有"理解"与"预期",宣示内容也伴随时间而变动。① 在当前的研究中,道德权威、新型施动者的民主问责、人权议题,及"分解(de-link)"国家与主权关系等,也都成为学者重新审视主权的重要议题。②

主权的"条件性"还体现在对主权进行的道德维度区分上。基于"保护的责任"理论,皮帕瑞恩更为激进地将主权理念区分为"积极主权(positive sovereignty)"与传统"消极主权(negative sovereignty)"两类。其中,消极主权关注国家行为体应免于不正当且非法的国外干涉,其"硬核"是保护国际关系中的多元化;而积极主权则指民众(而非国家)应该享有"追求民之所欲的国内外政策目标的自由",特别是弱势群体与少数民族"免于政府与次国家团体的侵害"。③

简言之,主权越来越成为一种"条件性(conditional)"主权。④ 主权之所以"'充当一个国家'(practice as a state)的通行证,是以承载起其

---

① Thomas J. Biersteker, "State, Sovereignty and Territory," in Walter E. Carlsnaes, Thomas Risse, and Beth A. Simmons, eds., *Handbook of International Relations*, p. 171; Luke Glanville, "The Antecedents of Sovereignty as Responsibility," *European Journal of International Relations*, Vol. 17, No. 2 (June 2011), pp. 235 – 237.
② Thomas J. Biersteker, "State, Sovereignty and Territory," in Walter E. Carlsnaes, Thomas Risse, and Beth A. Simmons, eds., *Handbook of International Relations*, p. 171.
③ Touko Piiparinen, "Sovereignty-building: Three Images of Positive Sovereignty Projected through Responsibility to Protect," *Global Change, Peace and Security*, Vol. 24, No. 3 (October 2012), pp. 405 – 410.
④ Touko Piiparinen, "Sovereignty-building: Three Images of Positive Sovereignty Projected through Responsibility to Protect," *Global Change, Peace and Security*, Vol. 2 4, No. 3 (October 2012), pp. 163 – 164; Thomas J. Biersteker, "State, Sovereignty and Territory," in Walter E. Carlsnaes, Thomas Risse, and Beth A. Simmons, eds., *Handbook of International Relations*, p. 163.

政府打算做的让国际社会满意的宣示为条件的"。[1] 阿米泰·埃齐奥尼(Amitai Etzioni)将这种"条件性主权"定义为,"只有当国家满足其对民众与国际共同体的责任时,它才能维持其主权"。[2] 主权开始试图摆脱领土限制与其封闭特征,走向开放维度;国家行为体的"独大"特征开始减弱,并逐渐涉及价值判断、国家行为体互动、非国家行为体浮现、国内外议题关联、身份认同与权威关系重塑,以及全球性跨国性问题增多等议题。例如罗伯特·杰克逊归纳提炼出当前主权理念所蕴含的六大类"核心价值",即国家之间的国际秩序、国际社会的会员资格与参与、政治体系的共存、国家的法律平等、国家的政治自由,以及对全世界不同团体民众的多元生活方式的尊重等。[3]

"负责任主权"正是在主权概念转型中结合其历史变迁与社会建构而形成的新理念。本文将"负责任主权"定义为,主权国家在确保本国公民安全与福祉等要求的基础上,有义务通过某种特定程序对整个国际体系的安全稳定、弱小国家的能力与功能建设以及其他国家中面临人道主义危机却无法获得本国救助的民众承担基本的安全保护与发展扶助之责任;需要指出的是,"负责任主权"的具体责任对象及议题优先次序可能伴随当时的主权逻辑与相应的正当性要求变化并出现不同。

---

[1] Paul Taylor, "The United Nations in the 1990s: Proactive Cosmopolitanism and the Issue of Sovereignty," *Political Studies*, Vol. 47, No. 3 (Special Issue, 1999) p.564.

[2] Amitai Etzioni, "From Right to Responsibility, the Definition of Sovereignty is Changing," *The Interdependent*: *United Nations Foundation*, December 16, 2005, p.35; Amitai Etzioni, "Sovereignty as Responsibility," *ORBIS*: *A Journal of World Affairs*, Vol. 50, No. 1 (Winter 2006), p.72.

[3] Robert H. Jackson, *Classical and Modern Thought on International Relations: From Anarchy to Cosmopolis*, pp.97 - 99.

三、"作为责任的主权":主权逻辑演变与正当性要求

对近代主权理论奠基者让·博丹(Jean Bodin)和对外主权的最早阐释者胡果·格劳修斯(Hugo Grotius)而言,主权本身均为一种绝对和永恒的权力。然而,他们都区分了"主权"与"主权者(sovereign representative)"两个不同概念,博丹认为主权者受"神法或自然法、统治形式、契约"三种限制;①对格劳修斯而言,这种限制至少还要加上国际法。托马斯·霍布斯(Thomas Hobbes)、约翰·洛克(John Locke)和让-雅克·卢梭(Jean-Jacques Rousseau)等人则把对"主权者"的限制进行了更为严格的界定。其中,在因为《利维坦》一书而几乎背负了"主权拜物教"恶名的霍布斯那里,"责任"对主权的渗入反而体现得尤为明显。除"主权者的权利"外,霍布斯还专辟一章论述"主权者的职责"。在他看来,主权者的职责"取决于人们赋予主权时所要达到的目的,那便是为人民求得安全"。② 霍布斯更进一步地将"主权者"受到的制约延伸到了主权本身:他虽然高度推崇主权至上,要求人们服从主权,但认为这种"服从"存在前提"但书(proviso)",即"除非生命受到威胁或者主权者丧失了保护他们的能力"。③ 霍布斯坚持"利维坦"在"任何时候都不能触及或者侵犯"个人的两种权利,即个人生存的权利与思想自由的权利。④

当然,把责任从"主权者"扩展到主权本身,或将主权对民众的内向

---

① [挪]拖布约尔·克努成:《国际关系理论史导论》,余万里、何宗强译,天津:天津人民出版社,2004年版,第76-77页。
② [英]霍布斯:《利维坦》,黎思复、黎廷弼译,北京:商务印书馆,1997年版,第260页。
③ 潘亚玲、时殷弘:《论霍布斯的国际关系哲学》,载《欧洲》,1999年第6期,第16页。
④ 冯小茫:《利维坦的命运——从霍布斯到施密特》,载《科学·经济·社会》,2011年第3期,第101页。

责任扩展到国际责任,在逻辑上并非没有障碍,但其内在关联已足以表明主权概念中的"责任"要义在历史上从未缺位。在历史考察与文本阐释的基础上,卢克·格兰维尔(Luke Glanville)反对将"负责任主权"理念视为对传统主权概念的"急剧"背离。他认为,主权权威从产生之时便涉及"多变且演化的责任",而非仅仅关注主权的"权利"。他进一步指出,早期的主权理论尽管强调"绝对权威",但也认识到"遵从神法与自然法"以及保护民众安全的义务。① 事实上,即便是"主权者"对国内民众的责任,也是当今"负责任主权"所关注的重要内容:"主权者"成功承担对内责任(如民众的基本安全与福利得到保障)是一国履行国际责任的基础,而其失败(可以看作是国家无能力或拒绝负担民众的基本安全与福利要求从而造成人道主义灾难)则往往成为国际社会履行"保护的责任"之肇始。因此,与其说"负责任主权"构成对传统主权至上理念的挑战,不如说是主权对内责的延伸、放大和面临失败时的一种救助思路。因而,尽管"负责任主权"理念近来才得以明确提出,但其对"责任"的侧重展现出对传统主权理念内在逻辑上的某种继承和扩展。

这种继承和扩展并非只在观念领域进行。在国际政治实践中,随着国际规范、制度生成与更新,作为联系日益紧密的国际社会之成员的国家的主权,也逐渐从对国内民众负责的内向维度,扩展到还要向国际社会乃至他国负责的双向维度。有学者指出国际政治历史中存在着试图建构"作为责任的主权"的"相当多"的历史证据。② 例如欧洲协调制

---

① Luke Glanville, "The Antecedents of Sovereignty as Responsibility," *European Journal of International Relations*, Vol. 17, No. 2 (June 2011), pp. 233 - 255.
② Matthew Weinert, "Ethics and Sovereignty," in Robert A. Denemark, ed., *The International Studies Encyclopedia*, Malden, MA: Wiley-Blackwell, 2010, p. 1650.

度的出现便伴随着一种对欧洲之"团结(solidarity)与负责的真正意识",①其秩序展现了"地位、权利、尊严、责任及满意度"。正是如此,欧洲大国之间的和平得以较长时间地维持下来。② 从《威斯特伐利亚和约》到《国际联盟盟约》,再到《联合国宪章》等国际条约,无一不显现出责任议题在国家间交往中的重要性,同时也展现出广义上的"负责任主权"内涵在历史长河中的嬗变历程。在几个世纪之中,"权利"与"责任"张力下的主权理念也展现出日益演化的特征。③

恰如蒂埃里·蒙布里亚尔(Thierry de Montbrial)的观点,20世纪后半期国家主权原则面临的局限虽然不断增加,"但这些局限原则上是契约性的,即理论上具有可逆转性",比如,国家可以通过退出国际制度规避责任。然而,随着某些国家和地区组织具备了部分"超国家"特性,强调权利的契约性原则正在被改变。④ 在这种背景下,"主权日益被视为施加于国家之上的对国际社会负责的义务",⑤"从权利(right)到责任(responsibility)的转向"或"作为责任的主权",已经成为主权内涵演

---

① Richard B. Elrod, "The Concert of Europe: A Fresh Look at an International System," *World Politics*, Vol. 28, No. 2 (January 1976), p.162.
② [美]霍尔斯蒂:《没有政府的治理:19世纪欧洲国际政治中的多头政治》,载[美]詹姆斯·罗西瑙编:《没有政府的治理》,张胜军、刘小林等译,南昌:江西人民出版社,2001年版,第37、50页;郑先武:《大国协调与国际安全治理》,载《世界经济与政治》,2010年第5期,第49-65页。
③ Luke Glanville, "The Antecedents of Sovereignty as Responsibility," *European Journal of International Relations*, Vol. 17, No. 2 (June 2011), pp.233-255.
④ [法]蒂埃里·蒙布里亚尔:《行动与世界体系》,庄晨燕译,北京:北京大学出版社,2007年版,第407页。需要指出的是,蒙布里亚尔所说的"契约"对主权而言已是相对于国际社会和他国的、外向维度的,而非早期契约论者强调的相对民众的内向维度。
⑤ Paul Taylor, "The United Nations in the 1990s: Proactive Cosmopolitanism and the Issue of Sovereignty," p.564.

化过程中的一个显著趋势。①

这种"责任"导向的转变除了源自主权概念自身的演化之外,更是源自当前棘手的全球问题,即重新确立国际秩序的需要。就其现实性而言,布鲁斯·琼斯等人认为,"作为责任的主权"并不是要"淘汰"主权,而是要"加强"并"提升"主权,并将其作为国际秩序的"关键",因为当今现实是,国家依然是国际政治的基本单位。每个国家必须认识到"在其国境之内实施保护的唯一方法是对那些影响超出国境的国家行动负责"。②

同时,"负责任主权"理念有助于提升主权的"正当性"。马修·韦纳特(Matthew Weinert)把"负责任主权"视为主权"正当性"问题的范畴,将新的研究进展称为主权的"责任范式(responsibility paradigm)"或者"作为责任的主权的逻辑",即一种"用于满足诸如经济发展等社会需要以及保护民众免于军事攻击的机制"。③ 马修·韦纳特进一步认为,这种"责任范式"有助于推动主权理论与国际关系理论的发展。在传统意义上,主权被视为一种由"精英"或"理性评估"驱使的"命令与控制组成的不可变结构"。"责任范式"将主权与传统解释"隔离",并联结"社会化过程"及"正当性认知支撑的规则结构",从而有助于国际关系

---

① Amitai Etzioni, "From Right to Responsibility, the Definition of Sovereignty is Changing" *The Interdependent*: *United Nations Foundation*, December 16, 2005, p. 35; Francis M. Deng, Sadikiel Kimaro, Terrence Lyons, Donald Rothchild, and I. William Zartman, *Sovereignty as Responsibility*: *Conflict Management in Africa*, Washington, D. C.: The Brookings Institution, 1996.
② Bruce Jones, Carlos Pascual and Stephen John Stedman, *Power and Responsibility*: *Building International Order in an Era of Transnational Threats*, pp. 13 - 14.
③ Janice E. Thomson, "State Sovereignty in International Relations: Bridging the Gap between Theory and Empirical Research," *International Studies Quarterly*, Vol. 39, No. 2 (1995), p. 216; Matthew Weinert, "Ethics and Sovereignty," in Robert A. Denemark, ed., *The International Studies Encyclopedia*, Malden, MA: Wiley-Blackwell, 2010, pp. 1639 - 1656.

的"规范性变化与发展"。进而言之,"负责任主权"带来的正当性可能提供一种"有用工具",从而将国内与国外的政治活动联系起来。[1] 就实践而言,戴维·钱德勒(David Chandler)指出,履行国际责任、推行伦理性外交政策就是为了提升国内的政治正当性,克服通过国内政策无法提升其"道德权威"的困境。[2]

四、责任的传承:从"大国责任"到"负责任主权"

传统观点强调主权是一种对内至高无上、对外独立自主不容许干涉的绝对权利,例如《联合国宪章》第2条与第51条展示了主权平等原则、不干涉原则与自卫权等权利。基于上文讨论,我们因此可以将主权概念的重要属性剖析出来,即"主权作为一种能力"、"主权作为一种权利",以及"主权作为一种控制"等。这些维度在注入道德、义务与责任等因素之后分别衍生出"主权作为一种责任"的不同类型。它们在责任主体、关注议题、责任对象、主权的侧重点,以及实施手段等方面也都各有不同。这些不同的路径最终构成了广义上"负责任主权"的大体轮廓(如图1)。

---

[1] Matthew Weinert, "Ethics and Sovereignty," in Robert A. Denemark, ed., *The International Studies Encyclopedia*, Malden, MA: Wiley-Blackwell, 2010, pp. 1639 – 1656.
[2] David Chandler, "Rhetoric without Responsibility: the Attraction of 'Ethical' Foreign Policy," *British Journal of Politics and International Relations*, Vol. 5, No. 3 (August 2003), pp. 295 – 316.

	主权		
维度	能力 ↓	权利 ↓	控制 ↓
类型	大国责任	负责任主权(狭义)	保护的责任
主体	大国	国际社会与国家行为体	国际社会与得到授权的国家与国际组织
议题	国际安全与秩序	全球性问题	严重人道主义危机
对象	势力范围国家、其他大国	受全球性问题威胁的国家及其民众	发生人道主义灾难的国家及其民众
侧重点	主权的外部功能	以主权外部功能应对内部功能,增强内外功能互动	以主权外部功能应对内部功能
手段	消极:强制为主	积极:预防、构建、关怀	从消极反应到积极预防、重建

↓ 主权作为一种责任/负责任主权

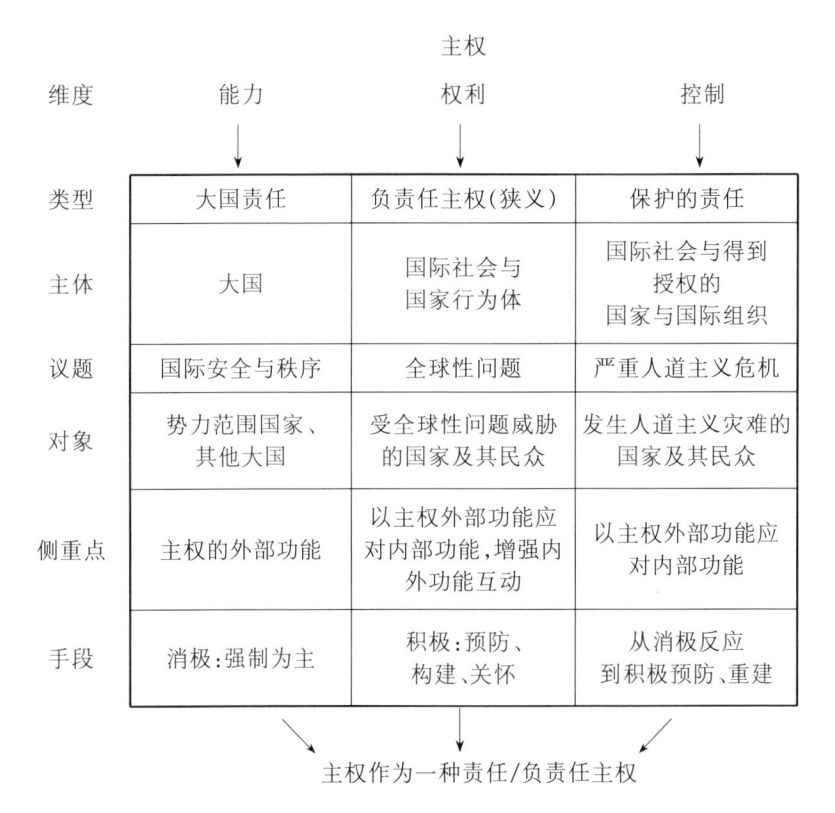

图 1　主权中的责任关注演化脉络

在国际政治实践中,实力原则压倒一切,主权在某种情况下会沦为某种"有组织的虚伪"。① 于是,在国际秩序维护以及国家之间关系互动之中,包含主权最低原则与实力现实的"大国责任(great powers responsibility)"便应运而生。大国的特殊权利与义务包含了实力的"等级原则",这可以视为"负责任主权"在传统国际政治中的最明显体现。

---

① Stephen D. Krasner, *Sovereignty: Organized Hypocrisy*, 1999.

上篇　理论探索　　79

20 世纪上半段,"大国责任"得到若干学者垂青,[1]如肯尼思·华尔兹(Kenneth N. Waltz)讨论国际事务管理中特别强调"最大能力者承担特别责任"。[2] 赫德利·布尔(Hedley Bull)对"大国责任"议题做了早期最系统的研究。他认为,无论是对其他国家而言,还是对大国领导人及民众而言,大国都承担"某种特殊权利与义务",并以某种角色决定着"影响国际体系和平与安全"的议题;大国也在事实上接受了这种义务,以自身承担的"管理责任"为基础来调整其政策。各大国一方面通过管理彼此间关系来推动国际秩序,包括维持实力的基本平衡、试图避免或控制彼此间的危机,以及试图限制或节制彼此间的战争等;另一方面,大国会通过"单边"利用其地区主导权,认可并尊重彼此的势力范围、利益范围和责任范围,以及联合行动或大国协调等方式来处理其与其他国家的关系。[3] 沿袭"大国责任"的脉络,伊尼斯·克劳德(Inis L. Claude)认为,大国责任的本质包括保护盟国、抗击外部敌人、辅助弱小国家、对其他大国负责等,并"不言自明"地对整个国际体系负责。[4] 亚当·汉弗莱斯(Adam Humphreys)与安德鲁·赫里尔(Andrew Hurrell)指出,大国可以通过下列方式来维持国际秩序,担负

---

[1] Charles G. Fenwick, "Neutrality and International Responsibility," *Annals of the American Academy of Political and Social Science* (*The United States and World War*), Vol. 192, No. 1 (July 1937), pp. 51 – 55; Herbert S. Agar, "Responsibilities of the Great Powers", *International Affairs*, Vol. 21, No. 4 (October 1945), pp. 431 – 436; William W. Kaufmann, "The Organization of Responsibility," *World Politics*, Vol. 1, No. 4 (July 1949), pp. 511 – 532.

[2] Kenneth N. Waltz, *Theory of International Politics*, Reading, Mass.: Addison-Wesley Publishing Company, Inc., 1979, p. 198.

[3] Hedley Bull, *The Anarchical Society: A Study of Order in World Politics*, New York, USA: Columbia University Press, 2002, pp. 196 – 220; Hedley Bull, "The Great Irresponsibles? The United States, the Soviet Union, and World Order," *International Journal*, Vol. 35, No. 3 (Summer 1980), pp. 437 – 447.

[4] Inis L. Claude, Jr., "The Common Defense and Great-Power Responsibilities," *Political Science Quarterly*, Vol. 101, No. 5 (December 1986), pp. 719 – 732.

责任,即与其他大国磋商基本规则从而构成正当对外行为,认可国际体系的主要行为者并寻找方法管理"俱乐部"进入者,管理全球性问题如核扩散等,以及管理弱小国家并在地区和议题范围内提供"等级秩序"等。①

尽管"大国责任"依然是主权之责任维度的主体,但是"负责任主权"理论也出现了偏离"高级"政治议题的趋势,并打破了国际与国内的藩篱。从20世纪90年代开始,卢旺达种族屠杀等灾难性事件使国际社会日益认识到"人道主义灾难"之严重性,不干涉内政原则得到深刻反思。学者们开始进入主权的禁脔地带,即与人道主义相关的国内议题,如路易吉·博纳纳特(Luigi Bonanate)所言,国家"拥有两个灵魂,一个是国内的,另一个是外部的,一个面向其国民,另一个面向其他国家",因此国家"通过多种议题"拥有多种责任,"不仅面对其自己的国民,也针对其他国家"。②

最初意义上的"负责任主权"便是在这种背景下产生的。1993年,鉴于传统主权原则限制了以国际力量救助饥荒与国内战争受害者的问题,弗朗西斯·邓(Francis Deng)提出"用责任调和主权(Reconciling Sovereignty with Responsibility)"的主张。③ 在此基础上,1996年,弗朗西斯·邓等学者继续明确提出"作为责任的主权"的概念,试图为针

---

① Adam Humphreys, Andrew Hurrell, "Concerts of Powers in History and Theory," presented at "The Post-Transatlantic Age: A Twenty-First Century Concert of Powers", Peace Research Institute Frankfurt, Frankfurt (M), Germany, 23/24 September 2011.

② Luigi Bonanate, *Ethics and International Politics*, Cambridge, UK: Polity Press, 1995, pp. vii, 110.

③ Francis M. Deng, *Protecting the Dispossessed: A Challenge for the International Community*, p. 14; Bruce Jones, Carlos Pascual and Stephen John Stedman, *Power and Responsibility: Building International Order in an Era of Transnational Threats*, p. 10.

对独立国家的干涉寻找道德与法律正当性,并将"负责任主权"定义为"国家政府有义务保证其公民的安全与社会福利的最低限度标准,并同时对国内公众与国际共同体负责"。尽管"负责任主权"原则并未在实践中成为一种普世规范,但"它作为主权的'中心装饰品'日益得到认可"。他们呼吁,主权国家对国内与外部的"责任与问责"必须得到"国家与国际秩序相互关联原则的肯定"。① 基于此,当一国不能以"国际公认标准"来管理国内事务时,其他国家不只有权利而且有义务予以干涉;不可否认的是,当前国际政治中的话语权具有强烈的西方色彩,与"负责任主权"相关联的国际公认标准在界定与接受方面上也深受其影响,如界定"失败国家"、人道主义危机标准以及人权保护等。这无疑会造成西方发达国家与中国等发展中国家在具体议题上的分歧。虽然存在争端,但各个国家依然可以在"最低标准"上寻找到一定共识。以人权为例,尽管中国与西方在人权首要责任主体与人权首要内容方面存在差异,但是中国近年来的人权事业进展较大,签署了一系列国际人权规范,也制定国内法规对人权予以保护等,这为中国与西方国家在"负责任主权"问题上的合作奠定了基础。当一个国家内部出现重大人道主义灾难,本国政府束手无策甚至为虎作伥从而无法保护民众的基本生存安全与福利时,虽然在一些个案上存在争议,但是包括中国在内的国际社会一般会通过联合国安理会等机构达成某种共识对这种现象予以关注,并在有必要时予以干预。

2001 年,"干涉与国家主权国际委员会(ICISS)"发布《保护的责任》报告,认为需要在内部功能与外部义务方面把"主权"理念从"作为

---

① Francis M. Deng, Sadikiel Kimaro, Terrence Lyons, Donald Rothchild, and I. William Zartman, *Sovereignty as Responsibility: Conflict Management in Africa*, pp. xvii – xviii, 211.

控制的主权(sovereignty as control)"转变为"作为责任的主权";[1]这种主权实质的转变恰是"保护的责任"路径的精义所在。[2] "保护的责任"将主权国家视作"民众身份认同与忠诚的主要源泉",并置于"道德工程"之下。[3] 它着重讨论通过各种方式对外部世界的人道主义危机进行干涉行动,认为国家主权的首要责任是保护公民的人身安全;面对人道主义威胁时,国际社会应该进行干预,从而预防更大规模人道主义危机爆发。当然,"保护的责任"理论的应用有严格限制条件,如对干预的正义意图、最后手段、均衡原则、合理前景原则等的考察。虽然它依然面临若干指责,如干涉他国内政或损害特定国家主权与弱国政治自主性等,但确实比单方面军事干涉行为进步许多,也给予和平冲突解决以较大空间。[4] 2005 年之后,"保护的责任"作为一项基本原则已经被

---

[1] ICISS, *The Responsibility to Protect: Report of the International Commission on Intervention and State Sovereignty*, Ottawa: International Development Research Centre, 2001, p. 13.

[2] Gareth Evans and Mohamed Sahnoun, "The Responsibility to Protect," *Foreign Affairs*, Vol. 81, No. 6 (November/December 2002), p. 101.

[3] Matthew Weinert, "Ethics and Sovereignty," in Robert A. Denemark, ed., *The International Studies Encyclopedia*, Malden, MA: Wiley-Blackwell, 2010, p. 1650.

[4] ICISS, *The Responsibility to Protect: Report of the International Commission on Intervention and State Sovereignty*; Alex J. Bellamy, "The Responsibility to Protect—Five Years on," *Ethics and International Affairs*, Vol. 24, No. 2 (Summer 2010), pp. 143 - 169; Gareth Evans and Mohamed Sahnoun, "The Responsibility to Protect," *Foreign Affairs*, Vol. 81, No. 6 (November/December 2002), pp. 99 - 110; Pang Zhongying, "China's Non-intervention Question," *Global Responsibility to Protect*, Vol. 1, No. 2 (March 2009), pp. 237 - 252; UN, *A More Secure World: Our Shared Responsibility*, Report of the High-level Panel on Threats, Challenges and Change, United Nations, 2004;袁武:《试论中国在非洲内部冲突处理中的作用:从保护的责任理论谈起》,载《西亚非洲》,2008 年第 10 期,第 58 - 62 页;韦宗友:《西方正义战争理论与人道主义干预》,载《世界经济与政治》,2012 年第 10 期,第 32 - 48 页。

国际社会所接受。① 截至 2010 年,"保护的责任"已经被不同程度地运用于苏丹达富尔危机、肯尼亚、格鲁吉亚、缅甸、加沙、斯里兰卡及民主刚果等多个案例中。②

"保护的责任"具体关注"负责任主权"众议题中最为棘手的人道主义危机问题,即种族灭绝、战争罪、种族清洗与反人类罪等;"保护的责任"要求各国都应防止这些暴行在自己治下发生,并且应该与其他国家一道预防这些罪行的出现。一旦某个国家无法保护其民众免于这些危机的侵害,那么国际社会及其成员就必须充当负责任的行为者采取集体行动予以干涉;其中,联合国安理会是实施或授权"保护的责任"的唯一权威,而武力干涉则是最后的手段。③ 当然,也有学者认为,"保护的责任"缺乏用于界定人道主义危机及严重危害的"清晰的标准",包括暴行所导致危害的具体程度、伤亡程度等的可接受范围,以及实现长久安全目标的手段等。这些标准的任意界定可能会损害对象国的国家主权。④

2004 年,联合国"威胁、挑战和改革问题高级别小组"发布《一个更安全的世界:我们的共同责任》,其中在探讨主权与责任关系时明确国家主权包括"一国保护本国人民福祉的义务,以及向更为广泛的国际社会履行责任之义务"。⑤ 这份报告同时也着重强调"预防"的责任,也就

---

① 李东燕:《从国际责任的认定与特征看中国的国际责任》,载《现代国际关系》,2011年第 8 期,第 56 页。
② Alex J. Bellamy, "The Responsibility to Protect—Five Years on," *Ethics and International Affairs*, Vol. 24, No. 2 (Summer 2010), pp. 143 – 169.
③ Aidan Hehir, *The Responsibility to Protect: Rhetoric, Reality and the Future of Humanitarian Intervention*, Palgrave Macmillan, 2012, pp. 54 – 56.
④ Robert A. Pape, "When Duty Calls: A Pragmatic Standard of Humanitarian Intervention", *International Security*, Vol. 37, No. 1 (Summer 2012), pp. 41 – 80.
⑤ UN, *A More Secure World: Our Shared Responsibility*.

是"预防的义务(duty to prevent)"。① 新进展细化并丰富了"负责任主权"的内涵。以上两种义务使主权成为一种"条件性"规则,国家不再是单纯的"自由施动者(free agents)",而是"国际共同体的成员"或"国际共同体的好公民",这种成员"被期望能够遵守共同体演进中的关于正当性的相关规范。"②

2009年,布鲁斯·琼斯等学者试图将"负责任主权"概念运用到解决跨国性问题的讨论中。他们相信"主权必须对其公民与其他主权国家承担责任与义务"是一项"基本原则";该原则能够为秩序提供"道德价值",为"国家跨越多重议题领域行动"提供凝聚力,并吸引"世界每个地区的多元人口"的参与,以及获得主要国家支持。③ 琼斯等将"负责任主权"视作"主权之最后的救命稻草(sovereignty's last best chance)"。他们认为,在21世纪,主权"只有通过其负责任实践"才能得到维护与救赎。他们在"负责的主权"框架下将核武器与不扩散、反恐怖主义、气候变化、生物安全、维和与经济安全等全球性问题纳入考虑。在这一框架之下,民主、人权及人类尊严被认为在国际体系中具有中心位置。琼斯等提出了"构建的责任(responsibility to build)",认为"负责任主权"隐含了一种"积极义务",即强大国家帮助并为弱小国家提供"负责施展其主权"的"有效国家能力",鼓励国家的稳定与良好治

---

① UN, *A More Secure World: Our Shared Responsibility*; Lee Feinstein, Anne-Marie Slaughter, "A Duty to Prevent", *Foreign Affairs*, Vol. 83, No. 1, 2004, pp. 136 – 150.

② Amitai Etzioni, "From Right to Responsibility, the Definition of Sovereignty is Changing," *The Interdependent: United Nations Foundation*, December 16, 2005, p. 35; Amitai Etzioni, "Sovereignty as Responsibility," *ORBIS: A Journal of World Affairs* Vol. 50, No. 1 (Winter 2006), p. 72.

③ Bruce Jones, Carlos Pascual and Stephen John Stedman, *Power and Responsibility: Building International Order in an Era of Transnational Threats*, pp. 8 – 15.

理,将民众从贫困中解救出来,"做国际体系之负责的利益攸关者"。①该理念进一步丰富了"负责任主权"意涵,学者们甚至将"主权构建(sovereignty building)"视为一种全球安全新范式。② 当然,皮帕瑞恩并不满足于"负责任主权"的过度抽象性,他在"积极主权"的基础上,将"主权构建"蕴涵的"目的论目标"具体化为:人民主权(popular sovereignty)、自发主权(spontaneous sovereignty),与不可分割主权(indivisible sovereignty)等。③

除此之外,还有学者从伦理学角度出发来佐证"负责任主权"理念。丹尼尔·昂斯特(Daniel Engster)从不同于"正义伦理"的"关怀伦理"角度来审视主权与责任的关系,并提出"关怀的责任(responsibility of care)"概念。一方面,他坚持本国政府拥有保护并关怀其民众的"主要责任";另一方面,他辩称,如果该国政府拒绝使其民众免于伤害甚至主动镇压民众,其他国家政府便应该承担保证这些民众安全的责任,并"将军事武力正当化"从而实施干涉。这是一种超出《世界人权宣言》传统要求的国际责任。相对于"主要责任",昂斯特将这种责任称为"剩余责任(residual responsibility)"。当然,对于"负责任主权",昂斯特认为存在"相当严格"的条件,人道主义干涉只能是"最后的手段(last resort)",需要国际社会代表机构的背书与授权,且这种行动并不必然

---

① Bruce Jones, Carlos Pascual and Stephen John Stedman, *Power and Responsibility: Building International Order in an Era of Transnational Threats*, pp. 8 - 15, 240.
② 需要指出的是,此处的"主权构建"是与"国家构建(state building)"相对的一个概念。与"国家构建"关注国家行为体不同,"主权构建"是以民众(people)或人口(population)为基本单位。参见 Touko Piiparinen, "Sovereignty-building: Three Images of Positive Sovereignty Projected through Responsibility to Protect," *Global Change, Peace and Security*, Vol. 24, No. 3 (October 2012), p. 405.
③ Touko Piiparinen, "Sovereignty-building: Three Images of Positive Sovereignty Projected through Responsibility to Protect," *Global Change, Peace and Security*, Vol. 24, No. 3 (October 2012), pp. 405 - 410.

具有"道德义务性",只是"锦上添花(supererogatory)"而已。[1]

从目前态势而言,"保护的责任"理论与"负责任主权"理论逐渐出现了"合流"的迹象;[2]"保护的责任"本身也是一个"囊括性概念(umbrella concept)",它不仅包含"反应的责任(responsibility to react)",还包括传统干涉思维所忽视的"预防的责任"与"重建的责任(responsibility to rebuild)"。[3] 因此,"保护的责任"概念的引入为"负责任主权"重新提供了生命力,这也在一定程度上减轻了环绕在"保护的责任"周围的各种争议。但是,这并非"负责任主权"发展的单一关注点,越来越多的学者开始超越政策层次对"负责任主权"进行"元理论"层次上的解读与构建。

五、"负责任主权":路径、特征与争议

"负责任主权"讨论并没有走向一个统一模式,而是出现分化趋势,并由此产生了侧重点不同的理论路径。根据阿米泰·埃齐奥尼的归纳,"负责任主权"可以简单划分为自由论(Libertarian)责任观与(新)社群论(Neo/Communitarianism)责任观。

阿米泰·埃齐奥尼认为,"自由论"将国家视为"自主行为体"。尽管国家可以充当"自由施动者",但其自由却是有限度的。以《保护的责

---

[1] Daniel Engster, *The Heart of Justice*: *Care Ethics and Political Theory*, New York: Oxford University Press, 2007, pp. 170 – 173, 192 – 195.
[2] 张胜军:《跨国威胁时代的"责任主权":一种发展中国家的视角》,载蔡拓、曹兴编:《公共权力与全球治理——"公共权力的国际向度"学术研讨会论文集》,北京:中国政法大学出版社,2011年版,第29页。
[3] Gareth Evans and Mohamed Sahnoun, "The Responsibility to Protect," *Foreign Affairs*, Vol. 81, No. 6 (November/December 2002), p. 101.

任》报告为例,各国必须在签字同意之后才能适用其条款。① 琼斯等关于全球问题的"负责任主权"主张也沿袭"自由论"路径,强调"负责任主权"的内容必须"予以磋商",而不是"被强加",或基于一种绝对道德准则。② 就实践而言,罗伯特·杰克逊从"国际义务"角度来展示主权国家面对的责任议题。他指出,在国际舞台上,一个必须面对的现实是,主权国家居于"主要"地位,国际义务居于其次且"附属于国家主权"。与国内义务相比,国际义务的范围也具有更大的"复杂性、含糊性与不确定性";国际义务的最大限制源自"主权国家独立且自利的政治意愿"具有的"脆弱性",国家遵守其国际义务并不是源于义务的约束力,而是将其视为一种"政策(a matter of policy)",国际义务必须反映主权国家的"自由意志(free will)与同意(content)",因此国家遵守国际条约并不会"减少"自身主权或将其"拱手相让",相反它们是在利用国际义务。③

总体而言,"自由论"责任观以国家行为体为出发点,其主张偏向于法理理念;其缺陷在于,它实际上没有认识到共同体中"共享道德规范"的重要性,④也未将不属于共同体或不同意相关条款的国家纳入考虑。该责任观并未改变以往国际制度对主权限制的"契约性"本质,因而是一种对既有主权理论的修正,而非理念上的根本变革。

---

① Amitai Etzioni, "Sovereignty as Responsibility," *ORBIS*: *A Journal of World Affairs*, Vol. 50, No. 1 (Winter 2006), pp. 77 - 79.
② Bruce Jones, Carlos Pascual and Stephen John Stedman, *Power and Responsibility*: *Building International Order in an Era of Transnational Threats*, pp. 8 - 15, 240.
③ 罗伯特·杰克逊认为,历史上最"突出"的国际义务包括:维持国际社会、支撑权力平衡、遵守国际法、适应国际贸易与商业,以及尊重人权等。见 Robert H. Jackson, *Classical and Modern Thought on International Relations*: *From Anarchy to Cosmopolis*, pp. 101 - 119.
④ Amitai Etzioni, "Sovereignty as Responsibility", *ORBIS*: *A Journal of World Affairs*, Vol. 50, No. 1 (Winter 2006), pp. 77 - 79.

考虑到"自由论"责任观的保守立场,阿米泰·埃齐奥尼提出一种更为激进的"社群论"责任观。他将责任视为当前国际社会需要遵守的"国际社群原则(international communitarian principle)",强调共同体成员对其他成员以及公共利益负有责任;同时关注个体与共同体间的互动,认为个体对共同体负有责任。由此,共同体随之"受委托来确保权利与责任是一种荣耀"。①

社群主义的运用平衡了国家对于国际共同体的权利与责任,挑战了传统主权观念。与"自由论"责任观相比,"社群论"责任观强调国家行为体是"共享纽带与道德承诺"的共同体成员,重视"共享道德规范"的显著性,甚至将道德规范的进展视作"主要的法理与制度发展"。这种"责任观"将种族清洗以及奴役等许多现象视为需要"根除"并制止之议题。这种激进立场并不是因为国家在议题上"自由签署条约以禁止",而恰是因为这些现象"与道德背离"。② 同时,"社群论"责任观与责任的"关系性(relational)"本质③又密切相关。在此,阿米泰·埃齐奥尼等试图建构一种更为重视共同体及道德规范的"负责任主权"范式,这种范式更加理想化、更为激进;也正是因此,"社群论"责任观尚停留在理念层面,而无法延伸到实践之中。

进一步言之,在主权维度由"权利"向"责任"的转变过程中,我们可以发现主权概念在责任结构、运行逻辑、评判标准、内容与层次方面的基本变迁以及由此形成的新主权倾向的特征。

首先,责任承担者从最初的大国与强国扩展到所有国家,至少在理

---

① Amitai Etzioni, "Sovereignty as Responsibility", *ORBIS*: *A Journal of World Affairs*, Vol. 50, No. 1 (Winter 2006), pp. 77 - 79.
② Amitai Etzioni, "Sovereignty as Responsibility," *ORBIS*: *A Journal of World Affairs* Vol. 50, No. 1 (Winter 2006), pp. 77 - 79.
③ Rabbi Jonathan Sacks, *To Heal a Fractured World*: *The Ethics of Responsibility*, New York: Schocken Books, 2005, p.144.

念上强调所有国家的责任感。不过,在国际政治实践中,大国仍因其能力,担当着"负责任主权"的主要施动者,小国或"失败国家"则往往成为这种转向的客体;高阶国家"被期望"成为他国的依靠,而低阶国家被认为"有义务"为高阶国家服务。① 同时,个体及社会作为"负责任主权"关注对象的趋势日益明显。

其次,主权"责任"逻辑也发生着变化。"负责任主权"的演化过程显示主权国家之责任经历着从单纯的维护国际秩序,到涵括保护、预防、构建,甚至关怀等多种要素在内的过程。同时,尽管"负责任主权"的等级色彩依然浓厚,但是其理论发展呼吁主体与对象之间应塑造一种更为平等的互动关系,而不是将责任对象被动地、机械地纳入责任主体的视野。理查德·埃尔罗德(Richard B. Elrod)以乔治·凯南(George Kennan)之"贴切言语"来提醒,"负责任的国家必须……以'园丁(gardeners)而非机械(mechanics)'方式……来处理国际事务"。②

再次,对主权"责任"的评判标准也出现分歧,"自由论"责任观更重视法律层面的责任标准以及立足于国家之自愿性,而"社群论"责任观则强调普世道德标准对各国的约束力。至于,主权责任到底是"道德义务性"作为,还仅是一种锦上添花之举也处在争议之中;其责任标准设定的归属问题也是分歧所在。③

最后,"负责任主权"关注的内容也日益扩展。在层次方面,从国际层面的大国秩序拓展到国内层次的相关议题,至少是国内议题与国际

---

① Richard Ned Lebow, *A Cultural Theory of International Relations*, Cambridge: Cambridge University Press, 2008, pp. 515, 555.
② Richard B. Elrod, "The Concert of Europe: A Fresh Look at an International System," *World Politics*, Vol. 28, No. 2 (January 1976), p. 166.
③ Bruce Jones, Carlos Pascual and Stephen John Stedman, *Power and Responsibility: Building International Order in an Era of Transnational Threats*, pp. 14 - 15.

议题并重;在议题内容方面,则从传统安全领域延伸到"非传统"安全等领域。

  与此同时,"负责任主权"理念面临着实践与理论方面的双重拷问。还有部分学者质疑,"并没有实证证据能够支撑"主权的"责任范式";① 并且,"负责任主权"概念"高度模糊",作为法律术语使用时"靠不住"。② 除概念本身,基于"负责任主权"理念提出的国际责任,也因为其自身具有的道义、伦理、意识形态等特点而备受争议,难以在性质、内容及范围上统一。③ 戴维·米勒(David Miller)警告,国家之责任是"双刃剑",它可能会使富国将优势"正当化"。④ 其争议与挑战,更为明显地体现在大国责任与人道主义干涉两个方面。

  在大国责任方面,问题之一是,由于大国责任并不是大国地位的实质或构成要素,因而它在何种程度上能够成为以大国为中心的国际秩序的关注议题,存在很大不确定性。布尔认为大国维持的秩序只是其自身的"偏好秩序",华尔兹也只是指出大国管理国际事务是"有价值的且可能的"而已。⑤ 另一问题在于,大国愿意在何种程度上坚持责任。

---

① Matthew Weinert, "Ethics and Sovereignty," in Robert A. Denemark, ed., *The International Studies Encyclopedia*, Malden, MA: Wiley-Blackwell, 2010, p. 1650.
② Georg Nolte, "Sovereignty as Responsibility?" *Proceedings of the American Society of International Law*, Vol. 99 (March 30—April 2, 2005), p. 391.
③ 李东燕:《从国际责任的认定与特征看中国的国际责任》,载《现代国际关系》,2011年第8期,第57页。
④ David Miller, *National Responsibility and Global Justice*, Oxford: Oxford University Press, 2007, p. 265.
⑤ Kenneth N. Waltz, *Theory of International Politics*, p. 195; Hedley Bull, "The Great Irresponsibles? The United States, the Soviet Union, and World Order," *International Journal*, Vol. 35, No. 3 (Summer 1980), p. 438; Justin Morris, "How Great is Britain? Power, Responsibility and Britain's Future Global Role," *British Journal of Politics and International Relations*, Vol. 13, No. 3 (August 2011), p. 330.

虽然克里斯·布朗(Chris Brown)坚持认为,在过去两个世纪中,"大国的确拥有大责任"。① 但布尔仅仅将大国责任视为大国"能够扮演角色的声明",问题在于,大国与小国一样经常以某种方式追求"失序(disorder)",如冷战时期的美苏"超级不负责任(Great Irresponsibles)"的行为。② 马丁·怀特(Martin Wight)也认为"历史鲜少支撑"大国比小国"更为克制与负责任"的论断。③

在人道主义干涉方面,除面临的正当性指责外,"负责任主权"理念还面临着两大类争议:一是谁设置责任标准、谁决定干涉时间以及谁提供干涉部队的问题。当前人道主义干涉缺乏"总体性法律条文"。在这种情况下,国际社会除了在种族屠杀问题上意见较为一致外,在其他诸如使用大规模杀伤性武器是否能够作为不负责的国家行为而适用外部干涉上仍存在较大争论。④ 二是干涉门槛的高低问题。如果门槛过低,负责任主权概念便会被过于宽泛地解释,即使一国的不负责任行为相当有限,也会导致干涉;如果门槛过高,干涉行为虽然会受到严格限制,但也可能发生不负责任行为过于严重而国际社会毫无作为的问题。两种门槛的不同,也会衍生出干涉标准不一致的问题,即对一国采取高

---

① Chris Brown, "Do Great Powers Have Great Responsibilities? Great Powers and Moral Agency," *Global Society*, Vol. 18, No. 1 (January 2004), p. 16.
② Hedley Bull, *The Anarchical Society: A Study of Order in World Politics*, pp. 200 - 201; Hedley Bull, "The Great Irresponsibles? The United States, the Soviet Union, and World Order," *International Journal*, Vol. 35, No. 3 (Summer 1980), pp. 437 - 447.
③ Martin Wight, *Power Politics*, Leicester: Leicester University Press, 1978, p. 42; Justin Morris, "How Great is Britain? Power, Responsibility and Britain's Future Global Role," *British Journal of Politics and International Relations*, Vol. 13, No. 3 (August 2011), p. 330.
④ Amitai Etzioni, "From Right to Responsibility, the Definition of Sovereignty is Changing," *The Interdependent: United Nations Foundation*, December 16, 2005, p. 35.

门槛,而对另一国则采取贸然行动,这会最终损害"负责任主权"理念的正当性。①

六、结 论

综上所述,本文通过梳理国内外文献详细讨论了"负责任主权"理念的理论缘起、演化脉络、多元路径、理论特征与当前的争议挑战等方面,分析了国际关系主权理论由"权利"向"责任"维度的新进展,展现了"负责任主权"概念从"保护"与"预防"功能迈向"构建"与"关怀"功能的内涵拓展。

"感知时间的能力也就是在政治上行动的能力(The capacity to feel temporally is the capacity to act politically)"。② 作为主权理论的新进展,"负责任主权"理念已经开始影响国际关系实践特别是国家的对外政策施展。布鲁斯·琼斯等的《权力与责任》等系列研究便是美国对外政策研究者为美国应对多种全球问题、实施全球治理、构建国际秩序提出的政策报告。③ 作为影响日益显著的新兴经济体,中国必然会更多地参与到实施全球治理与构建国际秩序之中,如何对待"负责任主权"这一理念便成为中国外交必须面对的一个问题。

近年来的具体外交实践与国际参与也显示中国外交实际上已经纳

---

① Amitai Etzioni, "From Right to Responsibility, the Definition of Sovereignty is Changing", *The Interdependent*: *United Nations Foundation*, December 16, 2005, p. 35; Amitai Etzioni, "Sovereignty as Responsibility," *ORBIS*: *A Journal of World Affairs*, Vol. 50, No. 1 (Winter 2006), pp. 79-82.
② Robert Hassan, "Time and The Politics of Sovereignty," *Contemporary Political Theory*, Vol. 12, No. 3 (August 2013), p. 224.
③ Bruce Jones, Carlos Pascual and Stephen John Stedman, *Power and Responsibility*: *Building International Order in an Era of Transnational Threats*, Washington, D. C.: The Brookings Institution.

入了"负责任主权"的若干要素。本文认为,尽管"负责任主权"理念不尽完善并且与中国长期坚守的主权传统有所冲突,但是其内在要素的嵌入能够使中国既贡献于国际社会,也会解决自己面临的若干问题。一方面,"负责任主权"理念在"权利"之外强调"责任"维度并与"大国责任"一脉相承,这有助于促使中国更为主动、自信地以大国身份融入国际社会,参与甚至主导全球治理,为国际社会提供力所能及的公共产品,提供大国崛起与国际事务治理的新范式,贡献于塑造和平稳定的国际秩序。

另一方面,推动中国重新审视"保护的责任"与"预防的责任",并慎重对待"主权构建"与"关怀的责任"在国家交往中的功能,有助于发挥中国在特定地区与特定议题方面的显著作用,并能够展现中国在国际社会上的负责任、人性化与开明形象,为中国的和平发展提供可能的认同基础,能够在一定程度上缓解中国自身在崛起过程中所面临的多种困境,特别是国际社会担忧的中国扩张冲动与中国威胁论调等。

全球治理新试验？议题互嵌、机制关联和公民社会兴起
——以贸易议题和气候变化为例[*]

【内容提要】 全球化的深入正在改变着国际社会结构,同时也影响着全球治理体制的合法性、回应性和有效性。首先,问题领域之间的分野日益模糊,不同问题结构之间的交叠区域日益扩大,议题联系方式千丝万缕;其次,作为全球问题应对手段的国际机制和治理框架调整滞后;第三,在国际结构"解构"下,非国家行为体(特别是全球公民社会)登上国际舞台,并在全球治理过程中扮演着多重角色。本文以贸易议题和气候议题的"互嵌"结构作为研究对象,展现两个议题面临的议题交叠、机制关联及行为体互动的图景,以期描画未来可能出现的全球治理新方向。本文最后将针对这种趋势对中国参与全球治理的可能方式提出建言。

【关键词】 互嵌 国际机制 全球治理 气候变化 国际贸易 公民社会

---

[*] 本文原发表于《国际展望》2011年第1期(第12-34页);收入本文集时做了一些文字和技术性改动。

一、背景介绍

当前,"全球化"趋势日益加剧,全球性危机层出不穷,直接危及国家安全、国际安全和人类安全。这些挑战的波及范围和深度已经超越传统国界,超出单个国家应对的能力,我们已经身陷"风险社会"[①]。

国际贸易波动会影响国内经济发展,影响收入分配、社会稳定和政府能力等,并引致安全隐患,它已经成为国际上的重要安全议题,并将其他领域含括了进来。[②] 在既有贸易体系下,发达国家与发展中国家之间的"鸿沟"越来越大,不公正的贸易体制一方面使弱国和贫困人口丧失利用贸易走向未来的能力,另一方面,这种不公正非但不会让贸易带来和平,反而会在国家和族群播下冲突的种子。[③]

同时,气候变化问题也已然成为全球最为紧急的安全议程。气候变化已然对国际社会、相关国家和受影响群众形成明显威胁。[④] 这种隐患与威胁可能会不平等地施加于应对能力极其有限的最脆弱国家和

---

① [德]乌尔里希·贝克:《风险社会》,何博闻译,南京:译林出版社,2004年版。
② [英]巴瑞·布赞等:《新安全论》,朱宁译,杭州:浙江人民出版社,2003年版,第129-158页。
③ Katherine Barbieri and Gerald Schneider, "Globalization and Peace: Assessing New Directions in the Study of Trade and Conflict," *Journal of Peace Research*, vol. 36, no. 4, 1999, pp. 387-404.
④ Ben Wisner, *et al.*, "Climate Change and Human Security", *Radix-Radical Interpretations of Disaster*, 15 April 2007; UNDP, *Human Development Report 2007: Climate Change and Human Development*, New York and Oxford: Oxford University Press, 2007; John T. Ackerman, "Climate Change, National Security and the Quadrennial Defense Review: Avoiding the Perfect Storm", *Strategic Studies Quarterly*, Vol. 2, No.1, 2008, pp. 56-96; German Advisory Council on Global Change (WBGU), *Climate Change as a Security Risk*, London: Earthscan, 2008.

人群身上。① 作为一种子系统安全威胁,气候变化与经济、社会、政治等安全领域密切相关,这种议题间的"联结政治(linkage politics)"最终必定会产生由气候威胁引致的"安全复合体"。②

但是,这两个议题,却在全球治理体制建构过程中屡次折戟。作为当前最为成熟的国际体制,世界贸易体制自 2001 年便开始启动有利于发展中国家的多哈回合发展议程,但时至今日,其达成依旧充满疑问。自《京都议定书》之后,作为正在建构的国际机制,气候变化应对体制的进展乏善可陈。与哥本哈根会议相比,坎昆会议虽然在减排测量和减排基金方面达成共识,多国也表达"满意"态度;③但是,《京都议定书》第二承诺期纷争和共识的具体实施却令人担忧其前景。

同时,从 1999 年西雅图世界贸易组织部长会议至今,国际公民社会组织在国际谈判上展现出更为明显的能见度。国际公民社会虽在规模和动员能力方面仍然稍显稚嫩;然而,作为独立行为体,它已经基本形成一套独具特色的话语体系。面对两大议题步履维艰,公民社会组织开始跳出"主权"和"新自由主义"思潮的框架,批判国际谈判体系及其主导思维的适应性问题,希望另辟蹊径,寻找解决全球问题的方式。

这两种机制的遭遇和新行为体的兴起展现了当前全球治理面临的困境,即一方面,全球问题迸发,人们对治理质量和数量的需求剧增,当前全球治理体制无法回应大众需求;另一方面,面对全球问题,国际机制自身效能乏力,治理效果不彰;另外,新兴行为体并未得到主流国际机制认可和接纳,民间社会的力量被实质地排除在外;最后,全球治理

---

① A. Simms, J. Magrath, and H. Reid, *Up in Smoke: Threats from, and responses to, the impact of global warming on human development*, New Economics Foundation, U.K, 2004.
② [英]巴瑞·布赞等:《新安全论》;WBGU, *Climate Change as a Security Risk*; Ben Wisner, *et al.*, "Climate Change and Human Security".
③ 陈迎:《在平衡中坚定前行》,《人民日报》2010 年 12 月 15 日第 3 版。

理论也面临国际关系理论与国际实践的挑战。

为清晰地剖析全球治理中存在的机制创建和效率乏力问题,本文特别选取贸易议题和气候变化议题及其内在"互嵌"结构作为案例研究对象,从全球治理相关框架出发,通过对议题本身、回应机制以及参与行为体进行分析,对当前最为成熟的国际机制(全球贸易体制)和正在创建的国际机制(气候应对机制)进行理论审视,以期通过案例分析展现全球治理中议题交叠和机制关联的内在机理,并通过公民社会的视角来探讨当前国际体制与社会大众需求之间的"鸿沟"。

就目前而言,对这些问题进行探讨尤为重要。首先,无论是气候变化议题还是贸易议题都是当前全球治理的热点,关系着国家和民众的切身利益。

其次,气候机制是建构中的崭新机制,贸易体系则是转型中的成熟机制,将二者进行结合研究有助于探讨国际机制建立过程中的共性因素。人为分割全球治理体系和国际机制议题,并不能解决问题,当多元议题盘根错节之时,对议题互相"嵌入"问题进行分析,有助于国际机制研究的进展。

第三,作为全球治理和国际政治新兴行为体,公民社会组织很少关注单一议题,而将贸易和气候纳入公民社会组织的视角中,有助于更为实际地展示全球治理中"不一样的声音",有助于发掘公民社会组织话语作为一个体系的特性,更有助于为未来全面讨论全球治理体系提供基点。

二、理论分析框架:议题交叠、机制关联和新兴行为体

"风险社会"趋势的加剧凸显全球治理体系的困境。无论是基于现实国家利益,还是基于建构中的全球共同责任,各国都希望并纷纷诉诸

不同问题领域的国际机制以应对当前的挑战。但是,全球治理的"制度丛(institutional complexes)"并没有展示出足够的回应力和有效性,甚至形成"制度拥塞"现象。① 全球问题的波及范围和破坏性远远超出国际体制的驾驭能力,不同问题领域互相交织,对当前国际体制形成更大挑战。同时,各种机制大多建立在人为划分的专业知识基础之上,缺乏对治理框架下的不同机制契合程度的考量。这使机制间的关联性和内在冲突日益明显,影响着国际机制的回应性,削弱了全球治理体制的有效性。此外,以国家为中心的治理体制面临着越来越多的合法性质疑。机制"需求—供给"鸿沟的弥合需要公民社会主体的参与。

因此,本文将从问题结构、机制关联和新兴行为体等角度对当前全球治理和国际机制理论进行审视,并从理论角度寻找导致困境的原因和内在机理。

1. 交叠的问题结构

"全球化"趋势日益深入,其脆弱性和敏感性影响也不断扩展,首先,全球性问题继续并且以加速方式迸发,远远超越以前的问题数量;其次,问题影响范围日益扩大,影响程度越来越深入;第三,全球性问题开始"结合"起来共同侵蚀国际安全和人类安全,②这都挑战着专业化和单一化的问题应对模式。

恰如奥兰·扬(Oran R. Young)所言,许多全球问题出现"非线性"特征,并且问题的演变经常会被"突然地、恶性地,并且无法挽回地"

---

① [美]奥兰·扬:《世界事务中的治理》,陈玉刚、薄燕译,上海:上海世纪出版社 2007 年版,第 174 页。
② [美]罗伯特·基欧汉、约瑟夫·奈:《多边合作的俱乐部模式与民主合法性问题》,载[美]罗伯特·基欧汉著,罗伯特·基欧汉、门洪华编:《局部全球化世界中的自由主义、权力与治理》,第 255 页。

中断,然而,当前全球治理措施适用范围略显简单,难以应对"以前从没有碰到过的、突然改变、无序变化和紧急发生"的问题。① 基欧汉(Robert Keohane)曾经指出,如果仅仅将世贸体制作为跨政府的贸易机制,其运行"非常成功",但是若将贸易和其他问题领域的联系(贸易与……的问题)考虑在内,则会出现问题。② 吉尔平(Robert Gilpin)也认为,贸易问题其实已经聚集到"文化、国家主权和其他不容易通过讨价还价找到折中方法的复杂问题上"。③

2. 关联的国际机制

国际机制之间的相互关联机理日益明显,超越了治理机制的设计初衷。制度关联(institutional linkage)的方式与契合程度影响着国际机制有效性的发挥。④ 尽管全球治理框架包含"制度丛(institutional complexes)"或各种"安排的聚集束(clusters of arrangements)",⑤但是全球治理的效力依然饱受质疑。

现存的治理结构是"一个复杂的非中心化的权威格局",其优点是"这些互相独立的体制具有在国际秩序的其他组成部分遭受严重挫败后生存下来的能力"。但是,由于体制由不同行为体"因不同的目的"而建立,并且参与创制的人"频繁地"聚焦于建立具体的单一体制,"很少或者根本就不想协调"其在不同机制中的工作,并建立相关机制间的关系,因此机制劣势也显现出来,即"体制在解决问题的重叠和交叉方面

---

① [美]奥兰·扬:《世界事务中的治理》,第Ⅰ-Ⅱ页。
② [美]罗伯特·基欧汉、约瑟夫·奈:《多边合作的俱乐部模式与民主合法性问题》,第255页。
③ [美]罗伯特·吉尔平:《全球政治经济学:解读国际经济秩序》,杨宇光、杨炯译,上海:上海人民出版社出版,2003年版,第218页。
④ [美]奥兰·扬:《世界事务中的治理》,第Ⅵ页。
⑤ 同上书,第Ⅲ页。

能力还很不够"。①

"具体问题的体制密度越来越高",②单一具体问题的国际体制在其运行中也越来越依赖于"与其他制度安排的复杂联系"。这种制度之间的互动对相关体制的运作结果具有重要影响,"进一步看,随着将来国际社会中功能性不同的活动之间相互依赖性的增强和国际体制密度的增加",制度间的"撞击"和互动"注定"凸显。③

3. 全球公民社会兴起

非国家行为体,特别是全球公民社会(global civil society),越来越成为全球治理之中不可忽视的组成部分。新行为体出现直接冲击着当前的全球治理结构和国际机制的回应性需求。

全球性问题的解决不可能单靠国际政治主要行为体就能实现。第一,当前国际结构形态早已步入"复杂聚合体系(complex conglomerate system)"时代,④全球公民社会兴起,与其他非国家行为体一起成为国际政治和全球治理的有机组成部分,并与国际行为体形成多重关系。⑤

---

① [美]奥兰·扬:《世界事务中的治理》,第 5—6 页;第 163 页。
② 同上书,第 174 页。
③ 同上书,第 155,174 页。
④ Raymond f. Hopkins and Richard W. Mansbach, *Structure and Process in International Politics*, New York: Harper & Row, 1973, Chapter 12.
⑤ Richard Mansbach, Yale H. Ferguson, and Donald E. Lampert, "Towards A New Conceptualization of Global Politics", in Phil Williams, Donald M. Goldstein, Jay M. Shafritz, eds., *Classical Readings of International Relations*, Beijing: Peking University Press, 2003, pp. 196 – 201; Matthew J. Hoffmann, "What's Global About Global Governance? A Constructivist Account", in Alice D. Ba and Matthew J. Hoffmann, eds., *Contending Perspectives on Global Governance: Coherence, Contestation and World Order*, pp. 110 – 126; Robert O'Brien, "Global Civil Society and Global Governance", in Alice D. Ba and Matthew J. Hoffmann, eds., *Contending Perspectives on Global Governance: Coherence, Contestation and World Order*, pp. 213 – 228.

第二,以国家行为体为主要参与者的全球治理体制面临着越来越多的合法性挑战。① 当前的主流国际体制在程序上无视其他行为体的参与和透明度,在结果上则可能沦为大国牟取利益进行再分配的"漂白"工具,从而造成弱势行为体利益的被剥夺与不公。

第三,国际机制"有效性"和"回应性"要求全球公民社会的参与。公民社会在网络塑造、议程设定与倡导、推动国家合作、提升公共参与,以及促使公共政策变化等方面有助于提升国际体制的问题解决能力。②

奥兰·扬认为,尽管全球治理中,国家依然是最为重要的行为体,但是非国家行为体的作用正在加强,特别是全球公民社会"正在形成"。③ 并且,他坚信"有证据"显示"一种次要的社会体系正在国家社会周围成长",全球公民社会已经变成了"全球治理中社会环境"的有机组成部分,相应地,在国际体制背后存在着"一个非国家行为体和全球公民社会的关系领域"。④

他同时指出,在实践方面,"国际体制中非国家行为体起着重要作用",基于社会的影响,"全球公民社会发挥作用的力量"可以对相关国际体制的运作带来巨大压力。所以,单从研究方面而言,就需要"更多

---

① 让-马克·柯伊考:《国际组织与国际合法性:制约、问题与可能性》,刘北成译,《国际社会科学杂志》,2002年第4期;王明国:《权力、合法性、国内政治与国际制度的有效性》,《世界经济与政治》,2006年第8期;刘贞晔:《国际多边组织与非政府组织:合法性的缺陷与补充》,《教学与研究》,2007年第8期;Vivien Collingwood, "Non-governmental Organizations, Power and Legitimacy in International Society", *Review of International Studies*, Vol. 32, 2006, pp. 439–454.
② Robert O'Brien, "Global Civil Society and Global Governance", p. 218; Sylvia Ostry, "Who Rules the Future? The Crisis of Governance and Prospects for Global Civil Society", Paper presented at the New Geographies of Dissent: Global Counter-Publics and Spheres of Power, Robarts Centre for Canadian Studies, York University, January 27—28, 2006.
③ [美]奥兰·扬:《世界事务中的治理》,第Ⅲ页。
④ 同上书,第7-9页。

地关注那些国家和非国家行为体通过复杂的方式互相作用的制度安排";同时,有必要探讨全球公民社会在全球治理中发挥作用的机制,并提出国际社会及体制与全球公民社会之间的联系是全球治理中的值得关注的"一个新的研究议程"。①

综上所述,全球化潮流对国际社会结构的"解构"依旧在继续,不同问题领域之间的交叉也日益展现;以前应对具体问题的专业化机制及其关联反而成了制造问题的"罪魁";与之相关,以国家为中心的国际机制需要予以改变,全球公民社会在全球治理中的角色及其对国际机制有效性的影响也需要厘清。

三、"贸易—气候"互嵌结构:议题交叠与机制关联

1. 文献回顾

对贸易议题和气候变化议题之间的联结研究尚属一个比较新的课题。对于气候议题的"话语"建构大多把握在主权思维主导下的国际组织手中,特别是世界贸易组织(WTO)、联合国环境署、联合国贸发会议、世界银行等②。对"气候"话语在国际组织中发酵的现象,已经有学

---

① [美]奥兰·扬:《世界事务中的治理》,第 7 - 9 页。
② Tamiotti, et al., *Trade and Climate Change: WTO-UNEP Report*, Geneva: World Trade Organization, 2009; World Bank, *International Trade and Climate Change: Economic, Legal and Institutional Perspectives*, World Bank, 2008; Gary Clyde Hufbauer and Jisun Kim, *The World Trade Organization and Climate Change: Challenges and Options*, Peterson Institute for International Economics, September 2009;成帅华:《贸易、气候变化和中国的选择:联合国气候变化大会贸易部长会议侧记》,《WTO 经济导刊》,2008 年第 1～2 期,第 16 - 18 页;再如 WTO Public Forum 2008 以"气候变化:贸易的角色"为题进行专题探讨,见雷蒙:《贸易与气候变化的关系》,《WTO 经济导刊》,2008 年第 11 期,第 94 页。

者作了阐述。①

国内关注单一议题的学者比较多,对气候变化与贸易联结的关注大多是介绍国外相关研究进行阐释。在目前的文献中,有的学者从政策方面呼吁重视气候变化与国际贸易的关系;②有的从作为环境问题组成部分的气候变化③和货物贸易规则角度,初步探讨国际贸易机制与气候变化应对机制的"松散的潜在的联系";也有学者根据世贸组织与环境署报告,介绍梳理气候和贸易之间的关联。④

但是,公民社会并未得到足够的重视和认真的审视。虽然公民社会也比较早地意识到贸易和气候的关联,却未进行理论化,⑤遑论从公民社会话语体系角度对气候变化及贸易议题进行深入研究。人们对贸易与气候变化之间的联结关注明显不足,需要改变。⑥

---

① Chris Paul Methmann, "Climate Protection as Empty Signifier: A Discourse Theoretical Perspective on Climate Mainstreaming in World Politics", *Millennium Journal of International Studies*, online, 8 November 2010, pp. 1 - 28.
② 冯相昭等:《高度重视气候变化与国际贸易关系新动向》,《环境保护》,2008 年第 408 期,第 76 - 78 页。
③ 严格而言,气候变化虽是一种环境问题,但非一般的环境问题,其与经济、政治、社会等方面的联结更加紧密,其跨国性也更加明显。中国科协:《未来几年气候变化研究向何处去》,《科技导报》,2008 年第 1 期,第 94 - 95 页。
④ 张炎:《国际气候变化应对机制与 WTO 关系初探》,《科技经济市场》,2009 年第 1 期;马建平:《贸易与气候变化的关联机理分析》,《当代经济管理》,2009 年第 12 期,第 50 - 53 页。
⑤ 全球公民社会对贸易与气候变化的典型论述可见 ICTSD, "Linking Trade, Climate Change and Energy", *ICTSD Trade and Sustainable Energy Series*, Geneva: ICTSD, November 2006; Ronnie Hall, *Change Trade not Our Climate*, Our World Is Not For Sale Network, October 2009.
⑥ Stuart Harbinson, "The Doha Round: 'Death-Defying Agenda' or 'Don't Do it Again'?" *ECIPE Working Paper*, No. 10, Brussels: European Center for International Political Economy, 2009.

2. 贸易与气候关系:概述

气候变化"很有可能"由人类活动导致。[1] 自由贸易作为工业化与现代化进程中的重要支柱,全球贸易发展与温室气体的排放有着紧密联系,对气候变化负有历史责任。

一方面,贸易利益诱惑是西方国家开展工业化的动力,而工业化等人为因素是导致温室气体排放的主要原因。贸易开放主要从三个方面影响温室气体排放,即规模效应(Scale effect)、结构效应(Composition effect)和技术效应(Technique effect)。[2]

另一方面,支撑国际贸易运行的环节,特别是贸易运输所使用传统能源而遗留的"碳足迹(carbon footprint)",也是温室气体排放的重要来源。[3]

此外,缺乏管制的贸易自由化还扮演气候变化"共犯"角色。在利益驱动下,若干能够吸收温室气体、减缓气候变化进程的资源被"商品

---

[1] IPCC, *IPCC Fourth Assessment Report*, *Working Group Ⅱ (WGII) Report: Impacts, Adaptation and Vulnerability*, IPCC, 2007.
[2] "规模效应"指贸易开放引发的经济活动需要更多的能源,从而提高温室气体排放的水平。"结构效应"指参与国际贸易的国家因自身资源禀赋和比较优势而形成一定能源偏好的生产结构,如能源密集型产业结构,会导致较大的温室气体排放量。"技术效应"是指伴随有利于减少温室气体排放的技术发展,贸易可以推动温室气体减排技术跨国界流通。Tamiotti, et al., *Trade and Climate Change: WTO-UNEP Report*.
[3] 交通运输所排放温室气体占全球温室气体的23%,其中74%的排放量来自陆路交通,12%来自空运,8.6%来自海运。IPCC, 2007; Tamiotti, et al., *Trade and Climate Change: WTO-UNEP Report*, p.60;《斯恩特报告》认为运输制造了全球温室气体排放的14%,其中陆路交通占76%,而空运占12%。参见 Nicholas Stern, *Stern Review on the Economics of Climate Change*, HM Treasury, 2006.

化"并进入市场,或被利于产生市场利益的资源替代或挤占空间。①

当然,如果人们能够从贸易中获益,可能逐渐要求有助于环境和气候现状的产业结构和贸易体制。规模效应和技术效应实际上是反方向运行的。贸易拓展并不必然导致全球暖化,但是合理贸易体制有助于改善全球暖化现状。②

3. 全球贸易体制和气候应对机制的关联

全球性问题的解决之道通常并不局限在单个领域,而是"牵一发而动全身",与其他领域和国际机制紧密关联。

对贸易和环境关系的关注源于《21世纪议程》。③ 先于气候治理框架存在的国际制度(如贸易、能源、金融和政治)已经影响着全球变暖的进程,若不同时调整这些体制,气候治理框架自身无法遏制全球变暖步伐。

更为重要的是,国际机制是国家行为体特别是大国权力利益分配的产物。议题不同的国际机制建构也遵循同样的权力利益逻辑,气候谈判不仅关系权力利益分配,而且也必然影响到作为有机系统的全球机制"群"中的权力利益调整。

鉴于气候变化造成的严重影响,国际社会自20世纪70年代便开始关注气候变化和温室气体排放问题,并于80年代开始探讨利用国际

---

① 森林盗伐及毁坏成为气候变化步伐加快的帮手,同时温室气体年排放量的1/4以上源于持续的生态系统破坏,如森林破坏。印尼和马来西亚棕榈油生产导致每年2万平方千米的雨林被毁坏。Finn Danielsen, *et al.*, "Biofuel Plantations on Forested Lands: Double Jeopardy for Biodiversity and Climate", *Conservation Biology*, Vol. 23, No. 2, pp. 348 – 358.
② Tamiotti, *et al.*, *Trade and Climate Change: WTO-UNEP Report*.
③ 任建兰等:《基于全球化背景下的贸易与环境》,北京:商务印书馆,2003年版,第1页。

制度来治理气候问题。从1988年政府间气候变化专门委员会(IPCC)成立开始,国际气候治理制度框架日益扩充,主要包括《联合国气候变化框架公约》、《京都议定书》、《布宜诺斯艾利斯行动计划》、《波恩政治协议》、《马拉喀什协定》、《气候变化与可持续发展德里部长级宣言》、《巴厘岛行动计划》、《哥本哈根协议》和最近的《坎昆协议》等。这些协议构成应对气候变化的先期框架,但是真正的气候应对机制及其实施框架尚未达成。

成立于1948年的多边贸易体制(GATT/WTO)可以称得上是最为成熟的国际机制。目前,它包含153个会员,以WTO规则为基本规范的双边和地区性的贸易体制也逐渐增多,①国际贸易体制的先期存在也使气候危机应对不得不考虑其与贸易体系的联系与路径依赖。

首先,贸易途径已经成为支配气候应对措施(减缓、适应与资金支持等)的思维。当前流行的气候变化应对机制中无一不充斥着资本、市场和贸易的影子。

减缓(Mitigation)和适应(Adaption)是应对全球气候变化的主要措施。② 其中,气候变化应对措施又可以细化,如《京都议定书》引入"共同履行(Joint Implementation)"、"排放贸易(Emissions Trading)"、和"清洁发展机制(Clean Development Mechanism)"三个国际减排额度的主流机制,由此发达国家可以通过这些灵活机制与发展中国家合作,在全球范围内减排,又同时使二者共同获益。再如,《斯

---

① 截止到2010年6月,目前已经生效的双边或地区性贸易自由协定有218个,公布但尚未生效或者签字的协定有36个,见http://rtais.wto.org/UI/PublicMaintainRTAHome.aspx。
② Gerald Nelson et al., "The Role of International Trade in Climate Change Adaptation", Issue Brief, No. 4, Geneva: International Centre of Trade and Sustainable Development (ICTSD), Washington DC: International Food and Agricultural Trade Council (IPC), 2009.

特恩报告》(Stern Review)中提议四种应对方式,即"碳排放贸易"、技术合作、采取行动减少森林砍伐和适应措施。[①] 此外,这些策略还包括各种能够改善气候现状的技术与服务、鼓励使用高效低排放的能源和使用其他绿色产品等,也包括帮助受影响人群适应气候变化不利影响的相关技术、服务和产品。

《联合国气候变化框架公约》第3条第5款和《京都议定书》第2条第3款都强调一种"有利的和开放的国际经济体系",应对气候变化的措施不能在国际贸易中受到任意不公正的歧视和隐蔽限制。

这些措施的实际运行是基于市场和贸易的思维,并在国际机制特别是贸易体制之下运转。如"碳交易"等实质上是基于贸易和市场机制;各种产品和技术的流通扩散也需要贸易体制支撑。支持者辩称,能够利于减缓气候变化的技术和商品"自由化",且自由流通,将推动全世界的气候变化减缓进程。

其次,在当前的多边和双边贸易体系中,对气候治理的关切已经成为一种"显学"。但是,多边贸易规则并没有针对气候变化的具体适用,只是将其视为环境议题予以规范,从而构成当前贸易与气候应对措施的基本框架。

孕育世贸组织的《马拉喀什协定》(Marrakesh Agreement)特别强调贸易开放和可持续发展之间的关系。《多哈部长宣言》(Doha Ministerial Declaration)第31条针对贸易和环境议题,也提出"削减或适当地消除环境产品和服务的关税和非关税壁垒"。世界贸易体系中的相关规则,特别是多哈发展回合,如果能够真正实施,则有助于国际社会特别是脆弱国家提升气候变化应对适应能力;规则的不当使用则可能危及气候制度框架的有效性。

---

① Nicholas Stern, *Stern Review on the Economics of Climate Change*.

从贸易角度来看,应对气候变化主要要求当前贸易体制能够提升资源配置的效率,加强不同国家之间的气候相关服务、技术和商品流通,提升受影响国家和群体的应对能力。货物和技术的自由流通涉及多边贸易体制中的关税或配额规则、补贴政策、非关税壁垒问题、技术标准、卫生标准、知识产权问题和与之相关的服务贸易。[①] 通过这些政策,推动"气候友好(climate friendly)"的技术和服务自由流动,并建立贸易与环境之间的相互支持体制。

表 1　世界贸易组织规则体系与气候变化应对措施契合情况

规则协定	适用条款示例	备注
关税与贸易协定（GATT）	Articles 1;2.2(a); 3; 6.4; 14; 16; 20, etc.	关税不能超过 WTO 关税水平、国民待遇的非歧视原则、允许采取政策措施协定规定。
补贴与反补贴协议（SCM）	Articles 1; 3; 25; 26, etc.	实行补贴或不能实行补贴政策。
贸易技术壁垒（TBT）	Articles 2; 5; Annex 3.D, etc.	特别技术规定和标准规则;非歧视原则和相关国际标准。
实施卫生与植物卫生措施协定（SPS）	Article 2, etc.	与气候变化控制之卫生和植物卫生产品相关的任务;非歧视原则。
服务贸易协定（GATS）	Articles 2; 6.4; 17, etc.	成员国进行环境和能源服务的基本义务。
与贸易有关的知识产权协议（TRIPS）	All Articles	规范气候变化减缓技术的开发和扩散方面,强调标准应用的灵活性,在实际运用中强制性许可制度依旧存在盲点。
政府采购协定（GPA）	Articles 2; 3; 5	政府采购相关技术和产品的进口许可及规则。

来源:GATT,SCM,TBT,SPS,GATS,TRIPS,GPA;Tamiotti, et al., 2009.

---

① Nils Meyer-Ohlendorf and Christiane Gerstetter, "Trade and Climate Change: Triggers or Barriers for Climate Friendly Technology Transfer and Development?" *Occasional Papers*, No. 41, Berlin: Friedrich Ebert Stiftung, February 2009.

WTO 希望通过三个方式减缓气候变化。第一,通过价格和市场机制将温室气体排放内部化;第二,通过开发金融机制推动"气候友好"商品和技术开发与流通;第三,通过设立相应技术要求来推动相关技术和商品的使用。[1] 同时,气候减缓措施及预期措施都会与世界贸易组织相关规则相联系,如污染许可证自由分配。各种"边界碳调整(border adjustments)"也可能采取这种形式。[2] WTO 设立贸易技术壁垒委员会(TBT)致力于确保管理、标准、测试和认证程序等不会带来烦冗障碍,并以规则保障高效能源技术和利于减缓气候变化的技术不会在国际贸易中被施加障碍,从而保证对气候变化的减缓和适应;这也可保证缺乏技术的国家更加容易地获取相关技术。[3]

但是,现在的多边贸易体制及其规定实际上限制了气候变化应对技术、服务和商品等要素的自由流通。第一,贸易规则限制了气候政策的选择范围,技术产品流通阻碍和发达国家的补贴在当前世贸体系下容易形成贸易摩擦和冲突。[4] 若干贸易体制条款可能会阻碍气候变化的减缓。[5]

第二,当前贸易规则不利于"气候友好"技术的转让,特别是非关税壁垒问题和知识产权问题的阻碍。"清洁发展机制"的推广会经常遭遇贸易壁垒的阻碍。[6] 若干发展中国家因知识产权无法采用"气候友好"

---

[1] Tamiotti, et al., *Trade and Climate Change*: *WTO-UNEP Report*.
[2] WTO, "Lamy underscores the urgency of responding to the climate crisis", World Trade Organization, 2 November 2009, available at: http://www.wto.org/english/news_e/sppl_e/sppl140_e.htm (accessible on 29 June 2010).
[3] Tamiotti, et al., *Trade and Climate Change*: *WTO-UNEP Report*, pp. 88 – 129.
[4] ICTSD, "Linking Trade, Climate Change and Energy".
[5] [美]奥兰·扬:《世界事务中的治理》,第Ⅲ页。
[6] WTO, "Lamy underscores the urgency of responding to the climate crisis".

的技术、产品和服务。①

由此可见,原本两个不甚相关的领域和治理机制已经难以阻挡地结合在一起,形成难以分离的综合体。在多哈回合谈判之中,气候和环境商品、技术与服务是多哈回合受阻的重要原因;而在气候变化谈判之中,与贸易紧密相连的关税壁垒、绿色壁垒、技术转让和知识产权问题,也是阻碍气候措施达成的主要力量。② 2009 年年底 WTO 日内瓦会议失败与哥本哈根气候谈判草草收场也为贸易与气候议题的关联提供了负面证明;而 2010 年世贸组织多哈回合谈判进程的缓慢也似乎与坎昆会议细节问题(如气候友好技术与产品转让)的磋商成效受到掣肘有关。

那么,贸易和气候议题谈判为什么会"同病相怜"?除关注行为体的传统"利益博弈"之外,有无其他分析路径?当前全球主流的国际体制和全球治理思路与当前多种议题谈判同时进入"死胡同"有没有内在联系?

四、批判的力量:全球公民社会看"贸易—气候"体制

作为新兴行为体的全球公民社会,它拥有一套与国家行为体不同的问题意识和观察视角,并在全球治理和国际政治之中扮演着不同角色。

根据波兰尼(Karl Polanyi)的观点,资本主义制度下市场和社会间存在着持续的张力,自发调节的市场无法持续下去,市场秩序可能会给

---

① 如可再生能源技术与高效能源设备,TWN, "TWN Bangkok Climate Change Talks Briefing Paper 2", *Brief Note on Technology, IPR and Climate Change*, 7 April 2008; Ronnie Hall, *Change Trade not Our Climate*.
② Nils Meyer-Ohlendorf and Christiane Gerstetter, "Trade and Climate Change: Triggers or Barriers for Climate Friendly Technology Transfer and Development?"

社会带来破坏性的后果,同时,这正是因为市场的威胁,社会意识日益觉醒,形成"自我保护的社会",从而与国家展开互动,以应对商品化对社会的破坏性后果。并且,对市场价值而言,社会价值不应该是从属性的。①

就公民社会的自觉性和主动性方面而言,基欧汉和奈(Joseph Nye)认为,"全球化造就了各种非政府行为体……的扩散,它们期望自己的声音为人所知",并在全球治理结构中,非政府行为体,尤其是全球公民社会渴望参与到"与自己休戚相关的领域之中"。②

全球公民社会对气候治理中的贸易自由化倾向进行反思便是在全球多层次治理层面上"波兰尼命题"的体现,也是其参与"休戚相关"领域的表现。在贸易和气候变化议题方面,公民社会反思并批判了当前气候治理体制建构过程中的市场拓展现象,并从社区、民众和权利的角度展现了其与国家行为体之间的互动与冲突,凸显了公民社会的自我保护机制。

本文分析了 23 家贸易相关国际非政府组织及组织网络③自 2006 年气候议题升温以来至 2010 年 12 月份坎昆会议闭幕的声明、工作论

---

① [英]卡尔·波兰尼:《大转型:我们时代的政治与经济起源》,冯钢、刘阳译,杭州:浙江人民出版社,2007 年版。
② [美]罗伯特·基欧汉、约瑟夫·奈:《多边合作的俱乐部模式与民主合法性问题》,第 254 - 255 页。
③ 这些国际政府组织在类型方面既包括跨国 NGOs,也包括本土 NGOs,还包括 NGO 网络;在议题方面,涉及环境、贸易、农业、反贫困、社会性别等,还包括多议题组织。主要有 Actionaid, Climate Justice Network, Focus on the Global South, Friends of the Earth International, GRAIN, Greenpeace, Indonesia Peasant Union, Institute for Agriculture and Trade Policy, International Centre for Trade and Sustainable Development, International Forum on Globalization, La Via Campesina, Oxfam, Médecins Sans Frontières, Our World Is Not For Sale, Pacific Indigenous Peoples Environment Coalition, Save the Children, The People's Movement on Climate Change, Third World Network, Transnational Institute, Women In Development Europe, World Fair Trade Organization, World Wildlife Fund, World Vision, etc.

文、社区调查和研究报告及访谈,聚焦于贸易与气候变化的关系,并追踪"反"贸易自由化组织网络"我们世界不容出卖"网络(OWINFS)的相关理论观点,希望从全球公民社会视角来梳理公民社会话语的完整脉络。[1]

1. 从观点到模式:公民社会的批判

公民社会在气候议题领域影响力逐渐增强,提出了较为完整的分析框架,着力于批判当前的主流气候机制,提出替代性(alternative)建议。全球公民社会试图通过抗议、倡导和政策建议等方式撼动主流国际机制、国家以及跨国公司权威,呼吁建立气候治理框架时能够抛弃"新自由主义思路"。公民社会分别从全球暖化的原因、应对手段的误区、贸易体制问题等方面对主流观点予以批判和反思。

第一,自由贸易及其驱动的能源密集型(energy intensive)工业发展源于西方的新自由主义模式,正是它们的集合才最终加剧了工业革命以来全球暖化和气候变化问题。要遏制气候变化步伐必须从贸易根

---

[1] 主要的分析文本包括 ICTSD, "Linking Trade, Climate Change and Energy"; Paul Baer, Tom Athanasiou and Sivan Kartha, *The Right to Development in a Climate Constrained World*; *The Greenhouse Development Rights Framework*, Heinrich-Böll-Stiftung, Christian Aid, EcoEquity and the Stockholm Environment Institute, Berlin, November 2007; CAN, *Cancun Building Blocks*: *Essential Steps on the Road to A Fair, Ambitious and Binding Deal*, Climate Action Network International, October 2010; David Sukuki Foundation, etc., *A Copenhagen Climate Treaty*: *A Proposal for a Copenhagen Agreement by Members of the NGO Community*, June 2009; Ronnie Hall, *Change Trade not Our Climate*; ITUC, *Trade Unions and Climate Change*: *Equity, Justice and Solidarity in Fight against Climate Change*, The International Trade Union Confederation, December 2009; Save the Children, *Right to a Future*: *Climate Change Negotiations must be Accountable to Children*, Save the Children, November 2010; 乐施会等:《绿色中国,竞跑未来——中国公民社会致联合国气候变化坎昆会议的立场书》,《环境—生态—经济电子半月刊》,2010 年 11 月下,自然之友。

源上寻找答案,也正是现在的新自由主义主导的多边贸易体制才使得气候变化减缓步履维艰。① 这也恰恰符合 Polanyi 所认可的打破国际冲突怪圈的"关键性步骤"在于"扭转社会生活应该从属于市场机制的理念"。② 乌尔里希·贝克(Ulrich Beck)也曾经指出,人类面临的威胁是由社会所制造的风险,西方社会所主导的经济制度、法律制度和政治制度制造了风险,同时也加强了对风险的掩盖。③

第二,当前主流的气候治理框架是由发达国家占优势地位的新自由主义发展和管制模式,是从推崇市场机制的新自由主义思潮出发的。但是,市场机制并不是万能的,其本身就有若干内在问题。④ 在这种模式主导下,用于解决气候危机的各种手段,实际上就是"购买"适应和减缓措施。⑤ 以贸易和市场为机理的"碳交易"、"碳转移"以及"清洁发展机制"等,都充斥着对市场的过分信任,并指责其为"大骗局(Big Hoax)"。⑥《京都议定书》生效后,"碳交易"发展迷茫、"碳价格"被发达国家控制、⑦气候危机恶化已证明以贸易作为治理手段的疲软。

第三,在新自由主义机制之下,贸易过分自由化会催生若干错误手段,并主宰当前气候变化谈判议程。⑧ 公民社会组织质疑 WTO"贸易

---

① Ronnie Hall, *Change Trade not Our Climate*.
② [美]弗雷德·布洛克(Fred Block):《导言》,[英]卡尔·波兰尼:《大转型:我们时代的政治与经济起源》,第 24 - 25 页。
③ [德]乌尔里希·贝克:《风险社会》。
④ Maxine Burkett, "Just Solutions to Climate Change: A Climate Justice Proposal for a Domestic Clean Development Mechanism", *Buffalo Law Review*, Vol. 56, 2008, pp. 169 - 244.
⑤ Friends of the Earth International, *Finance for Climate Justice*, presented at Climate Conference of Asian Peoples Movements, Bangkok, 5 October 2009.
⑥ TNI, *Free Trade and Climate Change Resistance: Voice from the South*, Amsterdam: Transnational Institute (TNI), 7 December 2009.
⑦ 喻捷:《碳交易的未来》,载《中外对话》,2009 年第 13 期。
⑧ Ronnie Hall, *Change Trade not Our Climate*.

导向(trade-oriented)"的"环境产品和服务(EGS)"自由化是解决气候危机的关键。若干学者也提出质疑,即关税削减能否推动"气候友好"技术和产品的扩散。①

公民社会指责WTO以"多哈发展回合"为名义推进自由化,这非但不会带来发展,更不会解决气候变化,因此它们呼吁终止自由贸易,并在新自由主义体系外寻找气候变化的手段。② 有学者认为,多数国际组织一边将"气候保护"挂在嘴边,另一面却和往常一样坚持本业。③

表2 全球公民社会对气候危机应对措施的批判④

维度	误区示例
技术方面	开发核能源、发展工业化农业、建造大坝和水电站、利用生物燃料等。
金融方面	推行"减排额抵充(offsetting)"、碳交易市场、清洁发展机制等。
制度方面	建立其他新自由主义机制来代替《联合国气候变化框架公约》等。

就清洁发展机制而言,其初衷是通过市场和产权界定来对环境保护予以经济激励,为发达国家和发展中国家之间搭建桥梁并提供实际帮助,在经济发展得到保障的前提下减少排放。但是,碳排放商业化和市场化的机制在实践中偏离轨道,被扭曲成投资者获取暴利的途径。市场机制的介入实际上削弱了《京都议定书》效力。⑤ 清洁发展机制可

---

① Veena Jha, *Diffusion of Climate Friendly Technologies: The Potential for Trade Policies in the Transition Towards a Green Economy*, presented at ICTSD SIDE Event, Nairobi, Kenya, 16 Feb. 2009; Ronnie Hall, *Change Trade not Our Climate*.
② TNI, *Free Trade and Climate Change Resistance: Voice from the South*.
③ Chris Paul Methmann, "Climate Protection as Empty Signifier: A Discourse Theoretical Perspective on Climate Mainstreaming in World Politics".
④ Friends of the Earth International, *Finance for Climate Justice*.
⑤ IBON International, *IBON Primer on Climate Change*, IBON International, 2008, p. 64.

能产生新的贫困和扩大的不平等,加剧资源私有化,损害社区的永续发展,甚至还会浪费各种资源,危及粮食安全。① 此外,若干跨国公司通过碳交易逃避减排责任,其权力因贸易自由化渠道而得到强化,加之大多推行清洁发展机制的母公司都位于发达国家,因此这些措施被看作对发展中国家实行"碳倾销(Carbon Dump)"或"碳殖民主义"。②

第四,尽管当前贸易谈判和气候谈判存在差别,但是国际贸易机制中的主要成员也同时主宰着气候变化谈判,因此气候谈判很可能也被纳入新自由主义的市场主导范式中。新自由主义体制不仅在过去几年中拖累金融体制,并且很有可能导致气候变化谈判裹足不前。③ 有学者通过文本分析认为主流的国际组织仅仅将气候变化视为"空包弹(Empty Signifier)",它们并不想改变,而仅仅是"将气候保护'纳入'全球霸权秩序却无需改变世界经济的社会结构"。④

2. 从权利正义到弱势人群:公民社会话语的特质

公民社会希望以"权利为本(rights-based)"方式,推动相关机制从"市场迷信"与"经济发展"向"永续社区(sustainable community)"发展

---

① Carbon Trade Watch, *The G8, Climate Change and Free-Market Environmentalism*, *Hoodwinked in the Hothouse*, Transnational Institute, June 2005; Ronnie Hall, *Change Trade not Our Climate*; 如"减少发展中国家毁林及森林退化的温室气体排放(Reducing Emissions from Deforestation and Forest Degradation)"措施实施也不尽人意,见谭·科普塞:《REDD,我们准备好了吗?》,载《中外对话》,2009年第14期。
② Friends of the Earth International, *Climate Talks End Amidst Fears over Carbon Colonialism*, Friends of the Earth International, 27 August 2008, available at: http://www.foei.org/en/media/archive/2008/climate-talks-end-amidst-fears-over-carbon (accessible on 20 June 2010).
③ Ronnie Hall, *Change Trade not Our Climate*.
④ Chris Paul Methmann, "Climate Protection as Empty Signifier: A Discourse Theoretical Perspective on Climate Mainstreaming in World Politics".

和"人民主权(peoples sovereignty)"终极关怀方向转变。正是这种价值和转变从深层塑造了全球公民社会与国家行为体不同的问题意识、批判视角和方法论视角。

首先,与政府及政府组织聚焦国家利益分配和义务承担相比,公民社会更加强调公平和正义的基本理念。国家行为体在制度建构中主要关注竞争性的权力结构和气候变化导致的国家与国际安全后果。全球公民社会则将气候变化发展限定为"气候正义(Climate Justice)"议题,并将视野落到人类安全领域。这种公平不仅是国家之间的公平,也从相关国家国内不同群体间角度来看待公平。气候变化的起因是发达工业国家,但是在各国危机应对能力不平衡的前提下,气候变化的消极影响对生态脆弱和欠发达国家而言尤其恶劣。

其次,全球公民社会强调"权利为本"的逻辑起点,特别是欠发达国家的发展权利和弱势人群的基本权利与发展权。与一刀切地限制温室气体排放的极端观点和"权力利益为本"不同,国际非政府组织提出"温室发展权(Greenhouse Development Rights)"概念框架,在既定全球气候变化指标的基础上,关注基本人权,赋予相关贫困人群以发展权,并免于其气候义务。[1]

第三,与国家及其衍生行为体聚焦于维持或者改革现存国际机制不同,全球公民社会则具有明显的"反体制"色彩,这种色彩也源自公民社会的"反全球化"传统。有些国际非政府组织人员认为,如果将应对气候变化作为一种斗争,那么这种斗争并不是东方与西方或者南方与北方之间的斗争,而是全球民众与从气候危机中渔利的跨国公司和国

---

[1] Paul Baer, Tom Athanasiou and Sivan Kartha, *The Right to Development in a Climate Constrained World: The Greenhouse Development Rights Framework*, Heinrich-Böll-Stiftung, Christian Aid, EcoEquity and the Stockholm Environment Institute, Berlin, November 2007.

际金融机构间的斗争。①

第四,公民社会在工作手法方面呈现不同于国家行为体的特征。它们更加重视自下而上的工作方法,注重从微观社区的实际需求出发,强调参与的重要性,打破国家的界限,从全球主义的视角来对待相关的弱势群体,并能通过自身参与发现被故意或无意忽视的盲点议题、人群和相关议题。

最后,与国家行为体相比,全球公民社会或非政府组织更关注社区层面多元弱势群体生计影响,它们关心不被重视但长远而言有重大影响的人群和议题,除为欠发达国家发声之外,国际非政府组织的弱势关怀还包括"气候强制移民"、"气候难民"以及其他受影响人群,特别是妇女群体、儿童、少数民族、土著居民及其传统文化传承,并强调本土社区资源保护的重要性。

3. 小结

公民社会组织坚信爱因斯坦所言:"我们不能用制造问题的方法来解决问题。"公民社会观点超越传统自由制度主义和现实主义窠臼,能对解决全球问题提供新思路,并利用其关注权利为本、微观层面和社区参与的优势,在社区层面催发公众意识,在行动中寻求可行的解决之道。

当然,从公民社会角度来看待全球问题,可能陷入"只破不立"的局面,显得比较"激进"和"革命性"。虽然其若干策略方法在某些社区推行取得成功,但是其普遍性还是未知数。其独特话语体系可以激发我们思考与反思当前国际体制进展过程中的问题,将这些问题纳入主流思维框架中,有助于更好地缩小民间社会需求与国际体制供给之间的

---

① TNI, *Free Trade and Climate Change Resistance: Voice from the South*.

鸿沟,也能更好地维护大众的利益与发展权利。

如果在当前主流国际体制中,能够真的引入"人民主权"、"权利为本"和"永续发展"等公民社会的需求,减弱主权结构对民众权利的限制,缩小国际机制"需求—供给"鸿沟,这将不啻一场全球治理的新试验。

五、结论与建议

本文从问题领域结构、治理机制联接和行为体等视角出发探讨了国际自由贸易体系与气候变化间的关系,解答了贸易开放对全球变暖的负面推动作用,气候变化应对框架及具体措施中的贸易思维,和当前国际贸易规则体系对气候变化应对的阻碍等问题。同时,本文关注了全球公民社会在气候和贸易议题领域的声音,在对主流观点进行分析、批判和反思的基础上,展现出它们的独特视角。本文试图对其进行理论化总结,解释其动力机制,从而有助于丰富当前国际关系多元视角的气候变化议题研究。

作为最大的发展中国家,中国承担的国际责任越来越大。无论在多哈回合谈判还是气候谈判,甚至整个国际体制中,我国都成为国际行为体关注的焦点,也成为利益博弈的重点对象。但是,由于国内政策限制和公民社会发育相对不成熟,在贸易议题和气候议题方面,与其他国家相比,我国政府相对陷入"孤军奋战"的困境中。一方面,政府谈判机构无法诉诸公民社会观点表达国内民众声音,为利益博弈提供一个比较有利的谈判砝码;另一方面,政府相关国际政策草案的起草过程和谈判策略制定过程,如果缺乏公民社会的参与和提供建议,可能会陷入适应不强和实用不足的困境中,难以有效维护国家利益;第三,我国政府对于推动公民社会之间的对外交流力度不足,难以发挥其他国家民众交流(people to people)或"公众外交"对他国政府施加影响力的功效。

就中国公民社会组织而言,虽然它们尚显稚嫩,但是其从天津气候谈判变化会议就正式开始参与气候议题谈判的对话,并成为我国气候变化谈判方面的有效辅助,也得到了官方的赞扬和认可。[1] 我国的国家利益也在本次谈判会议中得到有力的维护,同时也在国际舞台上展现了中国负责任大国的形象,在这个方面,公民社会组织的参与也功不可没。我国政府应该将这种宝贵经验运用到包括气候和贸易在内的"低级政治"议题领域的国际机制建构中来,支持公民社会组织在某些议题上"走出去",走上国际舞台,这将有助于增强我国相关领域外交及国际交往的灵活性和回旋空间,有利于更有弹性地维护我国的国家利益。

---

[1] 发改委:《解振华副主任会见非政府组织代表》,国家发展和改革委员会网站,http://xiezhenhua.ndrc.gov.cn/zyhd/t20101210_385577.htm(accessible on 18 December 2010)。

透视"鼠象之争":"不对称冲突"理论探析*

【内容提要】 "不对称性"被视为"新型战争的最显著特征",这使得"不对称战争"研究成为冷战后学术界研究的热点。弱者在"不对称冲突"中越来越容易地击败强者的现象及其趋势严重冲击了传统理性抉择理论和"实力—胜利"因果链。本文将从结构和进程两个路径来分析、评述"不对称战争"的研究成果,并重点着眼于最新的理论化尝试,即"策略互动理论"。除对该理论框架主要因果关系进行梳理外,文章还评判了其内在逻辑性和研究方法方面的瑕疵。文章最后认为,将结构分析和进程分析予以结合,并集中于解决逻辑和方法论缺陷,是"不对称战争"理论化必须要面对的问题。

【关键词】 不对称战争 "实力—胜利"因果链 策略 同/反向策略互动 策略互动理论

---

* 本文原发表于上海国际问题研究院内部刊物《国际问题论坛》2007年10月秋季号(第140-156页),合作者为现扬州大学社会发展学院刘奉祯博士;收入本文集时做了一些文字和技术性改动。

一、导　论

苏联解体和柏林墙的倒塌标志着一个时代的结束。"二战"后两极对垒体系至此成为历史。"冷战后"是一个时间概念,而非既定的体系安排;这是一个各种力量公开或潜在地竞争、整合并朝不确定方向发展的时代。摆脱两极结构压抑的民族矛盾、历史问题逐渐复苏;在国家层次之上和之下,若干"非国家行为体"也登上国际舞台,国家权威和主权遭受重大的理论和现实挑战;在民族、历史问题的诱导下,差异显著的国际行为体之间的相互摩擦可能性增大,冲突在所难免。虽然原有的对峙格局解体,但是人类依旧没有走出战争威胁的窠臼;战争冲突以崭新的形式展现在世人面前。冲突的"不对称性"被视为21世纪战争的"最显著特征",从而得到人们关注。[1] 新的现实状况引导学术界重新审视并继续推动战争与和平研究。"不对称冲突(asymmetric conflict)"或"不对称战争(asymmetric warfare)"逐渐走向国际学术界研究的前台,成为理论研究的热点。

当然,人类历史很早就存在相似类型的战争冲突;只是在冷战后期美苏陷入战争泥沼时,学界才开始对这种现象予以学术视角的反思和关切。安德鲁·马克(Andrew Mack)曾经在1975年针对先后发动越南战争的法美等大国的遭遇予以探究。[2] 本文将"不对称性"界定为:几个冲突行为体在武器装备、科技水平、承受代价或者军事能力等方面

---

[1] 关于新型战争的专著,见 Herfried Münkler, *Die neuen Kriege*, Rowohlt Verlag, Reinbek bei Hamburg, 2002; Herfried Münkler, "The Wars of the 21st Century", *International Review of the Red Cross*, Vol. 85, No. 849, March 2003, pp. 7 - 22.
[2] Andrew Mack, "Why Big Nations Lose Small Wars: The Politics of Asymmetric Conflict", *World Politics*, Vol. 27, No. 2. (Jan., 1975), pp. 175 - 200.

可能存在显著差距;此外,还包含赫尔弗里德·明克勒(Herfried Münkler)论述的"战略创新"和"战争速度"等因素①。战争冲突就在这些差异显著的行为体之间展开。当然,完全相同的行为体不可能存在,在这个意义上,所有战争都可以视为"不对称冲突",但是这对理论研究而言是毫无价值的。本研究关注具有相当数量级差距的行为体之间的冲突。

不同学者对于"不对称性"概念采取不同的量化标准。T. V. 保罗(Thazha Varkey Paul)将"不对称性"界定为 2∶1 的实力比率;②为使不对称因素影响更为显著,伊万·阿雷金·托夫特(Ivan Arreguín-Toft)则将强者和弱者实力比提高到 10∶1。③ 后一种遴选标准是一种严格化的数量界定,它提高了"不对称冲突"的入选门槛。他基于密歇根大学(Correlates of War, COW)等数据库的支持,④筛选出从 1816 年至今的战争数据共 377 例,其中包括 52 例"不对称冲突",141 例"疑似不对称冲突(probable asymmetric conflicts)",28 例"对称冲突(symmetric conflict)"和遗失数据 156 例。"不对称冲突"和"疑似不对称冲突"之和占总数据 51%,从而被视为一种最为普遍的战争形式;尽

---

① Herfried Münkler, "The Wars of the 21st Century", pp. 7 - 8.
② Thazha Varkey Paul, *Asymmetric Conflicts*: *War Initiation by Weaker Powers*, New York, Cambridge University Press, p. 20.
③ 但是,作者在相关论述中指出,其本意是将这种实力差距定义为不小于 5∶1 (p. 43),并且这一数量比基于:冲突之初强者武装力量 F1 和人口 P1 的一半与弱者武装力量 F2 和人口 P2 之和的对比量,即(F1+P1)/2∶(F2+P2)≥5∶1。考虑到强者会面临多元的安全利益和关注而给其以加权处理。Ivan Arreguín-Toft, "How the Weak Win Wars: A Theory of Asymmetric Conflict", *International Security*, Vol. 26, No. 1. (Summer, 2001), p. 96; Ivan Arreguín-Toft, *How the Weak Win Wars*: *A Theory of Asymmetric Conflict*, Cambridge: Cambridge University Press, 2005, p. 3; p. 6.
④ 这一战争冲突数据库 available at http://www.correlatesofwar.org。

管如此,它并没有得到学界的普遍重视。①

二、"实力—胜利"因果链的盲点与研究问题

传统理论对战争和平研究最为深入的当属现实主义国际关系理论,其推崇的实力分析法(poweranalysis)在相关研究之中占有主流地位。它认为,在"无政府"的"丛林世界"中,行为体若拥有强大的实力,便为实施"自助(self-help)"而生存提供了保证。强大的实力会保证自身在行为体间的竞争冲突中取得胜利,即实力(power)和胜利(victory)之间存在着支配性的因果关系。本文将这种显著因果关系称为"实力—胜利"因果链。就整体而言,这一因果关系依旧可以解释相当数量的案例,它得到1816—2002年间发生的202项"不对称冲突"的支持;有效样本显示,强者获胜比率为71.5%。

然而,值得注意的是,弱者获胜比率也高达28.5%。在200多项的有限样本研究中,近1/3的"反例"超乎严谨研究容忍的限度,从而构成传统理论解释的盲点。此外,样本还显示,伴随时间发展,弱者获胜率由19世纪初的11.8%稳步递增;并且自1950年以来,弱者获胜率竟然超过51%。② 此外,就总体而言,传统现实主义理论是一种长于结构分析的静态理论,动态过程研究本来就是现实主义研究传统的软肋,当然罗伯特·吉尔平(Robert Gilpin)除外③,"不对称冲突"中的弱者

---

① Ivan Arreguin-Toft, *How the Weak Win Wars: A Theory of Asymmetric Conflict*, 2005, p.20, note.25. 需要注意的是,这个数据(193)与作者在书后附加的"不对称冲突"样本列表存在数据方面的出入(202)。
② Ivan Arreguin-Toft, *How the Weak Win Wars: A Theory of Asymmetric Conflict*, pp.3-4.
③ Robert Gilpin, *War and Change in World Politics*. Cambridge: Cambridge University Press, 1981.

获胜率递增趋势更是传统理论难以解释的。因此,在整体上,传统理论尤其是现实主义理论并不能对"不对称冲突"现象提供具有较强解释力的理论框架。

"不对称冲突"及其胜负结局强烈动摇了人们思维中既存的常识性认知。在行为体理性和审慎生存的前提下,强大的行为体为捍卫或攫取利益而挑起与弱小对手的战争,这本是老生常谈;问题就在于,若干冲突源自弱者主动向强者发起挑战和攻击;那么弱者为什么会发动一场看似以卵击石的战争呢?其动力机制是什么?更为令人大跌眼镜的是,在强弱对决中,强者没有无往而不胜,弱者则越来越多地掌握战争主动权而取得胜利;那么,为什么弱者获胜而强者却失败?是什么机制扭曲了"实力—胜利"因果链?更进一步的是,什么因素造就了冲突之中弱者获胜率递增的趋势?

三、以卵击石还是相机抉择?

学界并没有因为传统理论的禁锢而停止研究;若干学者重新审视战争相关理论研究,针对"不对称战争"的动力机制和战果进行了探索性的分析,并逐步建构了一些有借鉴价值的框架与模型。这些成果从不同方面和角度冲击了"实力—胜利"因果链,为"不对称冲突"理论化奠定了坚实基础。

"不对称战争"的普及应当归功于 T. V. 保罗的研究。他在1994年出版了专著《不对称冲突:弱者发动的战争》。本书的目标不仅解释为什么弱国发动战争,也解释为什么发生在"特殊时刻"。这本书发端于对传统威慑理论(deterrence theory)的不满,因为威慑理论认为领导者会通过理性地计算敌对者的能力来判断是否发起攻势,其潜台词是,战争只可能由强者发动,因为理性的弱者不可能以卵击石。历史数据则与这种理论思路相左——若干强弱冲突都是由弱者率先发动的。当然,保罗的推论也建立在理性抉择基础上,即领导者会在发动战争之前进行成本收益分析。但是,作者诉诸的更似于"有限理性"而非"完全理性"。保罗承认,在大多数情况下,弱国更愿意接受现状而非挑起一场针对强大敌手的战争;但是,如果弱者的主要决策者"感知到(perceive)"他们可以"在一场短期战争中达到其有限目标",行为体便可能相机抉择,主动诉诸军事行动。[1]

这种"感知"源自四个战略或者政治条件,即,

第一,领导者确信用于攫取有限目标(limited aim)的既成(fait accompli)军事策略会马到成功;

第二,弱国在武器配置方面拥有短期进攻的军事能力,使得领导者相信一旦先下手为强便会赢得战争;

第三,领导者确信可以获得其他大国或联盟的支持,从而有助于遏制敌人升级战争强度;

第四,国内政治结构发生变化,"缺乏政治合法性的军事集团"控制了决策权。

保罗认为,有限目标策略会导致双方间"不对称威慑(asymmetric deterrence)"的崩溃,弱者可以通过现有策略发动攻势,攫取利益后,立即加强防守,并着手准备一场对强者而言代价高昂的消耗战(attrition war),最终以这种姿态来迫使强者接受业已存在的损失。[2]

保罗提供了一个有价值的理论框架,但是作为初期的探索,其建构过程需要继续改进。首先,虽然保罗提供了四个自变量,但是它们的界

---

[1] Thazha Varkey Paul, *Asymmetric Conflicts: War Initiation by Weaker Powers*, 1994, New York, Cambridge University Press, pp. 12 - 13.

[2] Thazha Varkey Paul, *Asymmetric Conflicts: War Initiation by Weaker Powers*. pp. 33 - 35.

定和区别并不明确,除策略因素稍微被重视外,其他三个因素并没有得到重要与否的甄别,从而陷入科学分析中多重共线性谬误(multicollinearity)。其次,作者提供的因果关系方向需要澄清。领导者所制定的"发动"战争的决策并不等于随后"执行"的战争决策。其中相互替换的几个概念,如"进攻决策(decision to attack)"、"投入战争的决策(decision to commit to war)"和"战争发动(war initiation)",没有得到精确界定。[1] 就因果方向而言,一旦发动战争的决策被做出,那么这个决策势必会促使领导者完善其有限目标策略,促使其加强武器装备的更新和配置,并需要确保得到大国的支持。第三,作为一种对有限案例进行分析而建构的理论框架而言,它属于一种非概率抽样的小样本研究,其理论的普遍化和适应性面临质疑。此外,保罗采用2:1的实力对比来界定"不对称战争",这无法突出其研究的"不对称"特性;他将"不对称冲突"界定为弱者发动的战争,忽视了强者对弱者发动的战争,从而将"不对称战争"的研究范围狭隘化。此外,作者对弱者率先发动战争的命题与其界定的实力比相关联,如果这个实力比之间差距更大,如托夫特界定的10∶1,那么弱者的"感知"能否超越实力的鸿沟尚待观察。尽管如此,保罗依旧为"不对称战争"研究做出了重要贡献,其对军事策略的关注和对战争进程的分析都对当前的研究提供了良好的基础。

按照传统理论对"实力—胜利"因果链的解读,在理性决策的前提下,弱者不可能与比自己强大的行为体进行战争,更毋庸言会主动发动战争了。保罗基于历史事实和案例分析推翻了这一传统观点。

---

[1] Thazha Varkey Paul, *Asymmetric Conflicts*: *War Initiation by Weaker Powers*. p. 9.

四、因何而以弱胜强?

行为体发动一场战争,其关注点并不在于战争本身,而是渴望掌握战争的主动权,并最终取得战争的胜利,获得战后行为体间利益分配的优势地位。胜利,无论是对强者还是弱者而言都拥有充分的诱惑力。如果说强者战胜弱者符合"实力—胜利"因果链,令人波澜不惊;那么,以弱胜强的事实依据和递增趋势以及其背后的约束刺激机制则成为若干学者研究的焦点。

学界在寻求战争胜负结局的影响变量方面,成果颇丰。目前学界总体上存在两种路径的解释,即针对冲突主体(包含工具性因素)的"结构分析路径"和针对冲突过程发展的"进程分析路径"。"结构分析路径"主要将关注视角集中于冲突行为体本身的特性上面,试图以行为体的不同特征来解释战争的产出状况。这种分析路径可以归纳为以制度为基础(institution-based)的"政权类型相关论"和"民主社会滥情(squeamishness)论",以实力为基础的(power-based)的"武器扩散(arms diffusion)论",和以利益为基础的(interest-based)"利益不对称(interest asymmetry)论"。

1. 政权类型与战争胜负之间的关系早已为学者所关注,并得到了较为深入的研究。[①] "政权类型相关论"认为,独裁(authoritarian)政权比民主政权更容易获得战争胜利。因为在独裁背景之下,国家的内政外交决策权集中于一个人或少部分人之手,内政外交政策的信息流动

[①] 见 Michael C. Desch. "Democracy and Victory: Why Regime Type Hardly Matters". *International Security*. Vol. 27, No. 2 (Fall 2002), pp. 5–47; Andrew Mack 实际上反驳了"政权类型相关论",见 Andrew Mack, "Why Big Nations Lose Small Wars: The Politics of Asymmetric Conflict", pp. 188–189.

受到严格控制,并且对这些政策的公开批评会遭到严厉制裁。这些独裁特征极大提升了实施战争的有效性。独裁政权还掌控了战争合法性与否的话语权,从而有利于更加有效地动员资源(resource mobilization);它们会利用残酷制裁来威胁、强制战斗人员不择手段地投入战争,甚至迫使士兵违反战争法和人道主义原则以争取胜利;同时,当权者无须对公众负责,因而缺乏民众的压力,它们甚至会为了胜利而付出极其昂贵的公共代价,如对战争死亡率漠不关心。然而,这种论断面临一些逻辑问题。第一,政权类型并不必然会在战争过程之中保持恒定,其变化并不必然影响战争结局;第二,严格控制信息只是对那些意欲参加战争却面临民众非正义指责的政权发挥作用;第三,在资源配置方面,独裁国家的固有指令经济(command economies)早已经被证明无效;第四,利用强制手段来驱使军人只会得到短期战役的优势(tactical advantage);第五,战争伤亡率指标依赖于作战人数而不是政权类型。另外,在支撑证据层面上,这种论断难以得到历史数据的有力支撑。

2."民主社会滥情论"由吉尔·米伦(Gil Merom)提出。[1] 它实际上是"政权类型相关论"的侧面和延伸,它假定胜利的必要条件是,对战争伤亡率漠视和竭力升级暴力以反制敌对势力。然而,鉴于目前民主制国家社会与国家两分的现实,民主制强者行为体被其国内竭力避免必要牺牲的社会力量所控制。强大的国内社会构成强大的反对力量,在民主制情形下,这势必造成国家对战争行为的规避。这个命题除了面临政权类型论相同的指责之外,还面临四个问题的指责。其一,其解释力受到限制,因为它是建立在弱者都实施单一的游击策略(guerrilla warfare strategy)的基础上得出的;其次,现存的历史数据并不支持民

---

[1] Gil Merom, *How Democracies Lose Small Wars: State, Society, and the Failures of France in Algeria, Israel in Lebanon, and the United States in Vietnam*, New York: Cambridge University Press, 2003, p.295.

主强者"避免牺牲"倾向的论断;第三,在技术方面,"神经质"论断难以得到适当的操作化和检验。此外,这一论断将强者局限在民主框架之内,因而它势必难以推广到其他类型的国家中。

3. 武器装备是冲突之中所必然诉诸的工具,对任何冲突方而言,武器都是其实力的构成部分,并直接构成其军事战斗力,因此武器设备及其科技精良与否必然对战争及其结局拥有重大影响。① "武器扩散论"主要关注发展中国家与发达国家间的冲突现状。埃利奥特·科恩(Eliot Cohen)认为,武器科技等同于实力(power),伴随武器的扩散与转移,第三世界国家武器质量和数量得以增长,弱者并不是想象中的弱小,因此使得非对称战争的胜算趋势向弱者转移。② 这一趋势得到现有历史数据的支撑。

但是,"武器扩散论"建立在战争代价超过获益的假设上;从逻辑上来看,技术升级和武器扩散并不能保证战争有效性提升,它可能增加也可能降低军事有效性。武器装备还受组织配合、训练方法、战争策略等因素的影响。此外,武器扩散的确增加了发展中国家的实力,但与同期的发达国家军事实力相比,差距非但未缩小,而且更加扩大。

4. "利益不对称论"源自较早以学术视角关注"不对称战争"的安德鲁·马克。③ 他认为,强者因为生存无忧而在战争相关程度方面具有较少的相关利益;然而,弱者则因其生存面临威胁而对战争具有较高

---

① Cassady Craft 致力于武器和冲突关系(arms-and-conflicts nexus)研究,并对武器、武器转移和冲突结果做出了较全面的分析,可以参考 Cassady Craft, *Weapons for Peace, Weapons for War: The Effects of Arms Transfers on War Outbreak, Involvement, and Outcomes*, New York: Routledge, 1999, p.182.
② Eliot A. Cohen, "Constraints on America's Conduct of Small Wars", *International Security*, Vol. 9, No.2 (Fall 1984), p.162; Ivan Arreguín-Toft, *How the Weak Win Wars: A Theory of Asymmetric Conflict*, 2005, p.11.
③ Andrew Mack, "Why Big Nations Lose Small Wars: The Politics of Asymmetric Conflict", pp.175–200.

的利益关注。该命题中心概念是政治脆弱性(political vulnerability);它表示,在战争不足以达到目标时,存在源自精英或民众的内部压力使执政者停止战争的可能性。强者因为缺乏直接攸关利益关系而在国内面临压力和苛责,从而政治脆弱性较高;弱者则一方面得到国内民众支持,另一方面会获得支撑资源,从而具有较低的政治脆弱性,并最终引发不同的胜负结果。

然而,这一论断依旧面临不足。首先,相对实力(relative power)和相对利益(relative interest)并不是线性的反比关系。其次,"利益不对称论""假设而不是解释"了弱者避免失败并强加代价于强者的能力。第三,如果利益不对称命题正确,那么非对称冲突结果在时间分布上应该差别很小,但是历史数据显示,弱者取胜的机率越来越高。当这一论断面对行为体利益与其相对实力关系时解释力最差,而解释因政治脆弱性导致的强者失败时解释力最强。[1]

结合上述"结构性"因素分析,我们可以发现,相对实力、政权类型和政治脆弱性等因素,只是不对称冲突因果关系中的必要不充分条件。

相对利益决定政治脆弱性,但是相对利益并非由相对实力来解释。当利益攸关而关系生存时,弱者必然会不遗余力地推动战争动员并汲取所需资源。但是,当战争成为既成事实,相关利益弱的强者尽管面临较高脆弱性,却因为其他因素如实力、尊严等,而将战争维持下去。此时,拖延性战争(protracted war)的最坏后果便会闪现。而战争一旦拖长对强者极为不利,尤其是民主强者。因为战争持续时间可能转变为合法性与否的衡量尺度,人们会质疑所谓的"正义之战"。同时,不论是独裁国家中的精英还是民主社会的公众都对"快速而绝对性(quickly

---

[1] Ivan Arreguín-Toft, *How the Weak Win Wars: A Theory of Asymmetric Conflict*, 2005, pp. 13 – 15.

and decisively)"的胜利存在一种预先的(ex ante)期待。虽然强者能够自身消解"难以预料的代价(unexpected costs)",但是却不能控制"意料外的骤增代价(unexpectedly increased costs)"。这种代价比前者具有更强的冲击力,是一种代价水平的增长。它极有可能动摇政治意愿,猛烈加剧政治脆弱性。[1]

政权类型可能涉及采取某种特定策略的代价和风险,但是必须有策略作为中介。独裁政权并不善战,它只是在处理特定冲突时才具有优势,如恐怖主义、游击战和非暴力抵抗,因为这些弱者倾向于采取间接策略。独裁政权会采取残酷手段应对冲突,可以通过控制信息来获取民众支持并免除国际社会指责,对其而言,其代价和风险比较小。即使民众意识到严重性,独裁国家也没有畅通的渠道使得国家政策或者策略得到改变。除这种特殊战争环境外,没有证据能够证明独裁政权在战争方面更为高明;对长时段战争而言,数据显示民主国家胜率更高。[2]

"进程分析路径"关注战争的过程以及对过程的影响因素。"不对称冲突"过程中的战略、策略或者战术研究成为学者关注的焦点。战略和策略沟通起冲突主体和诉诸工具,其不同配置会影响冲突主体诉诸不同的冲突工具配置和运用,并最终影响冲突各方自身实力的发挥,进而影响战争的结局。可见,这些因素通过战争进程发挥作用,并影响"实力—胜利"因果链,不同的策略可能在其他条件稳定的情况下,导致不同的战争结局。当然,这类关注的具体论述思路存在差异,明克勒关注策略对战争速度的加快和放慢功能,而托夫特则关注策略在实力向

---

[1] Ivan Arreguín-Toft, *How the Weak Win Wars: A Theory of Asymmetric Conflict*, pp. 26-29.

[2] Ivan Arreguín-Toft, *How the Weak Win Wars: A Theory of Asymmetric Conflict*, pp. 27-28.

军事实力和胜负结局的转换过程中的调节器功能。

在对从前战争理论进行分析的基础上,明克勒依据克劳塞维兹的战争定义,高度推崇毛泽东游击战争理论,同时言明速决战理论现在已经遭遇瓶颈。速决战原则认为,在任何冲突之中,胜利将属于"那些拥有更大加速战争进程的潜能并能有效利用这些潜能的一方。"他认为,凡是在技术和组织方面占据优势的军事机构,都倾向于加快战争进程,因为这种方式可以充分利用其拥有的优势条件。通过对过去20多年的美国战争研究,明克勒认为美国取得显著优势是因为它"得益于利用各种机会在不同的战斗层面来加速战争进程的能力"。但是,速决战的代价也随着时间发展而变得昂贵。明克勒认为,首当其冲的是后勤供给方面费用需要不断增加,相应地要求降低战斗部队占部队总兵力的比例,同时大幅度增加开支从而投入使用现代武器装备部队,这一切最终将导致军事系统越来越脆弱且容易出现问题。而游击战争理论的独特之处在于,它推崇一种缓慢的方式,拒绝加入敌对行动中追求快速的竞赛当中,即通过放慢战争进程的速度,为弱者提供机会从而战胜技术和军事占优势的敌方。由此,这种理论化弱点为优势,奉缓慢战略为圭臬,开展一场"持久战",从而使敌人为速决战付出代价,直至最后无法支撑。明克勒借用雷蒙·阿隆(Raymond Aron)的话来表述战斗方式与战争结局的关系,即"游击队员如果没有被击败,他们就赢得了整个战争;而他们的敌人若没有能取胜,他们就会失去整个战争"。[1]

明克勒将"实力—胜利"因果链的扭曲归因于战争推进速度的不同,即以缓慢的方式来击败速决战的策略,缓慢的进程可以保证弱者有时间汲取有限的资源,并能够有效地运用这些资源,而这种进程又同时使强者的速决战策略归于无效,并且迫使其速决战策略的代价日益提

---

[1] Herfried Münkler,"The Wars of the 21st Century", pp. 7 – 9.

升,使其难以负担,主动放弃战争。这种战争进程的变更源自游击战争策略调控和"放慢"功能。这与托夫特关注游击策略分化强者实力的论断有异曲同工之处。

但是,明克勒的观点虽然关注战争过程中的策略运用,但是他将策略予以标签化,即强者采取速决战,弱者诉诸游击战,这种方式实际上将两者之间的策略关系固定化,而缺乏用动态的观点来关注双方策略自身的变化和应对。其进程分析实际上是不完全的。

五、"策略互动理论":框架与缺陷

作为当前学术界"不对称战争"研究的最新成果,托夫特超越策略本身提出以"策略互动(strategy interaction)"为中心变量的理论框架,着眼于一种动态变量,即冲突双方实行的策略应对模式,采用过程变化的视角来对结构分析的贡献进行整合,将有价值的研究吸纳进策略互动过程之中,关注冲突各方之间的互动反应,建构出了具有更强解释力的理论框架。其中,对托夫特理论框架贡献最大的是马克的"不对称利益论",托夫特将马克的成果视为自己理论的"前理论(pre-theory)"。鉴于行为体利益影响因素繁多复杂,托夫特抛开马克简单化的"相对利益—相对实力"线性解释模式;并吸纳政权类型的影响分析,关注不同政权类型采取特定战略的不同风险和代价;同时,与马克不同的是,他引入"策略互动"来解释"不对称冲突"中持续时间长短不一的现象。[1]

"策略互动理论"认为,影响"不对称冲突"胜负关系的关键变量是冲突各方的策略互动(strategic interaction)。策略(strategy)是指,行

---

[1] Ivan Arreguín-Toft, *How the Weak Win Wars: A Theory of Asymmetric Conflict*, pp. 24 – 25.

为体使用武装力量来攫取军事和政治目标的计划。策略不同于战略(grand strategy)和战术(tactics),它停留在战略和战术连续体之间。它认为冲突中存在两种策略,第一种是强者诉诸的进攻性策略(offense strategies),例如常规性攻击和野蛮主义(barbarism)措施;第二种是弱者使用的防御性策略(defense strategies),如常规性防守和游击策略(guerrilla warfare strategy)。为了理论建构需要,作者在此基础上界定了两种理想化的策略模式(ideal-type strategic approaches),即直接(direct)模式和间接(indirect)模式。因此,便存在直接进攻策略、直接防御策略、间接进攻策略和间接防御策略四种形式。同时,它假定,冲突发生在双方之间,并且由强者挑起战争;此外,对冲突方而言,目标是赢得战争(war-winning)而非结束战争(war-termination)。基于直接和间接模式之间的关系,存在两种互动模式,即同向策略互动(same-approach strategic interactions)和反向策略互动(opposite-approach strategic interactions)。[1]

"策略互动理论"的中心命题是,当冲突双方采取同向策略时,强者通常速战速决;当它们采取反向策略时,弱者拥有可观的取胜机率。弱者在后者情景下的胜率是其采取同向互动胜率的近三倍(63.6%∶23.2%)。[2]具体言之,当强者以间接模式进攻而弱者以直接方式防御,或者当强者诉诸野蛮主义方式进攻而弱者采用游击策略应对,在其他变量稳定下,强者会失败。

作者结合前人论述提出了"辅助性命题(alternative hypothesis)",即弱者武装越好,强者失败的可能性就越大;独裁强者比民主强者更有

---

[1] Ivan Arreguín-Toft, *How the Weak Win Wars: A Theory of Asymmetric Conflict*, pp. 29-30.

[2] Ivan Arreguín-Toft, *How the Weak Win Wars: A Theory of Asymmetric Conflict*, p. 205.

把握赢得"不对称冲突",特别是在弱者运用间接策略时;在战争胜负攸关的前提下,"相对物质实力"可以用于解释冲突双方"相对利益"紧要与否;最后,独裁和民主强者在拖延性"不对称冲突"中面临大体相等的政治脆弱性。此外,作者还提出并检验了三个论断:即使没有外部平民(external noncombatant)支持,弱者在"反向策略互动"中也以 2 倍胜率而高于"同向战略互动";对强者而言,拖延性冲突可能会酿成出乎意料的不菲代价,"反向策略互动"倾向于延长战局并利于弱者行为。策略互动命题可以充分解释不对称冲突持续时间长短不一的问题。最后,在强弱对决之中,强者失败而弱者获胜机率的趋势增加符合"国家社会化(state socialization)"论断,即行为体模仿学习其他行为体的成功政策和策略,规避失败的策略。①

这些命题源自托夫特对近 200 个"不对称冲突"有效样本的分析。② 策略和"战争之道"本来就是战争的有机组成部分;对冲突双方而言,更重要的是应对策略及其互动的适当性。作者通过历史数据检验和逻辑推理认为,如果弱者在对抗中能够采取有效的"应对策略(counterstrategy)",那么弱者获胜的机率会大大提升。在"实力—胜利"因果链之间,策略嵌入其中充当了"转换器"的角色(从强者视角出发,如图 1 所示)。实力基础通过它而被"集成或分化(multiply or divide)"为"直接可用的实力(applied power)"。③

"应对策略"事关实力转换为"直接可用的实力"的效率,对战争结

---

① Ivan Arreguín-Toft, *How the Weak Win Wars: A Theory of Asymmetric Conflict*, p. 18; pp. 36 – 37.
② 作者最初结论刊登于 Ivan Arreguín-Toft, "How the Weak Win Wars: A Theory of Asymmetric Conflict", *International Security*, Vol. 26, No. 1. (Summer, 2001) pp. 93 – 128.
③ Ivan Arreguín-Toft, *How the Weak Win Wars: A Theory of Asymmetric Conflict*, p. 200.

局而言具有决定性意义。"同向策略互动"有助于具有物质资源优势的进攻者,因为资源(包括士兵和财富)中的物质优势可能极大部分转化为"直接可用的实力";"反向策略互动"有利于防御者的行动,因为强者资源被偏转(deflect)(弱者试图避免正面冲突)或贬值;如强者的攻城略地极有可能成为其难以摆脱的包袱,而战线过长牵扯战争资源。对强者而言,它不能仅仅关注自身实力的增长,其实力并不足以保证胜利;它更应该关注自己策略或敌方的应对策略是否使实力在转换成军事攻击力时大打折扣。对弱者而言,在实力难以快速提升的强弱对抗中,它应该剑走偏锋,采取相应策略、避其锋芒。

同时,强大行为体本身并非牢不可破,其自身脆弱性日益明显。[1]它在拥有强大实力的同时,必须考虑强大敌对者及其不可忽视的威胁,并准备必备资源。就时间维度和间接损害(collateral damage)来衡量,不菲的代价可能会引发国际和国内的愤慨。面对弱者渐多地采取间接策略,强者在冲突中面临三种不利选择:或陷入可能延续几十年的消耗战(attrition war),或通过高昂贿赂或政治退让使反叛团体或反对者进行政治经济改革,或者不区分平民和军人,而诉诸故意伤害以速战速决,取得胜利。[2]

托夫特乐观地认为,"策略互动理论"是"不对称冲突战果的全面理论"。作为"一般性理论(general theory)",它虽不能完善解释某特定的不对称冲突,但是可以较好地解释总体性战局;特别是可以作为一项策略和政策的向导。同时,他也不讳言地指出理论框架存在的漏洞,即

---

[1] Herfried Münkler 附和这一观点,认为发达国家在"后英雄主义"的社会中,具有自身难以摆脱的脆弱性。见 Herfried Münkler, "The Wars of the 21st Century", pp. 11-12.

[2] Ivan Arreguín-Toft, *How the Weak Win Wars: A Theory of Asymmetric Conflict*, pp. 221-222.

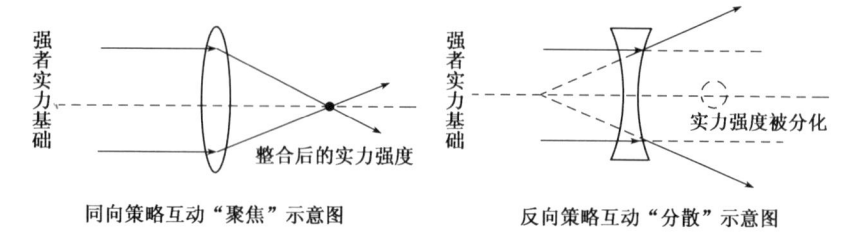

图 1　策略互动模式的实力转换功能

实力概念被"狭隘化"、"物质化";"反殖民主义"和"民族主义"因素在该理论中没有被顾及,尤其在对不对称冲突战果的趋势(trend)解释方面。[1]

然而,托夫特所建构的综合理论框架并不完善,除了其自我审视检讨的问题之外,还有若干问题存在于构成该书理论框架的三个主要变量之中,即实力、战争及结局、与策略举动。

第一,样本选择标准及其特定样本值得商榷。他采用以人口和军事人员为依据的10∶1实力对比标准从而选取了这202次战争。问题在于,其标准是一种"狭隘化"的实力衡量。将实力等同于人口并不科学。诚然,在工业文明前,人员在实力构成中占据主宰,但伴随科技扩展,工业基础和武器装备逐渐不可或缺;经济实力和工业基础等相关指标对军事胜利而言异常重要。这种甄别方法弱化了物质重要性,而非作者宣称的过于"物质化"。此外,人员构成及军队组织化也没有被考虑。"兵非贵益多",[2]"凡治众如治寡,分数是也"。[3] 士兵的组织性和

---

[1] Ivan Arreguín-Toft, *How the Weak Win Wars: A Theory of Asymmetric Conflict*, pp. 222 – 223.
[2] 《孙子兵法·行军》。
[3] 《孙子兵法·兵势》。

纪律性与战争胜负相关。① 标准的瑕疵势必影响到样本选取和随后的分析精确度。同时,作者确定 10∶1 的比率是为了突出"不对称"特性,这必然导致样本遴选门槛的提高,从而导致小样本容量,基于此的理论框架难以推广为一种"全面理论"。以 1937 年日本侵华战争而言,当时中国人口为 47 125 万,日本总人口是 7 063 万;中国兵力估算为 170 多万,日本总兵力是 448.1 万;其比约为 6.3∶1。② 然而在样本中,日本是强者。此样本不应入选。

第二,就研究对象而言,若干战争只是当时战争的一个阶段,这种"人为切割"势必影响战争完整性。同时,作者假定战争为两方之间的强攻弱守,这也不符合现实。多次冲突牵扯到三方甚至四方的介入。如 1829—1840 年的沙俄高加索战争(Russo-Circassian),1864 年的石勒苏益格—荷尔斯泰因战争(2nd Schleswig-Holstein)和 1861—1862 年的土耳其—门的内哥罗战争(2nd Turko-Montenegrin)。其关于战争结局的赋值也值得商榷。作者认为,除俄罗斯第二次车臣战争尚未结束外,其他战争都有截然的胜败分野。然而,现实之中,战争尤其是拖延性战争的结局可能是"两败俱伤"。弱者获胜可能仅是仪式胜利而

---

① 如拿破仑日记中的马木留克兵和法国兵战力的比较,见恩格斯:《反杜林论》,《马克思恩格斯全集》第 20 卷,北京:人民出版社,1971 年版,第 141 页。
② 南京国民政府在 1938 年根据地方报告编纂的数字为 471 245 763 人,参见"第二章:经济趋势,1912—1949·人口",费正清编:《剑桥中华民国史》(上卷,杨品泉等译,谢亮生校),北京:中国社会科学出版社,1994 年版,第 34 页,脚注一;日本人口数字选自"Population by Sex, Population Increase and Density of Population (1872—2002)·Chapter 2 Population and Households", Historical Statistics of Japan, Statistics Bureau and Statistical Research and Training Institute, Ministry of Internal Affairs and Communications, available at: http://www.stat.go.jp/english/data/chouki/02.htm;中国兵力数据来自蒋永敬,《对日八年抗战之经过》,见张玉法主编:《中国现代史论集·第九辑·八年抗战》,台北:联经出版事业公司,1984 年版,第 42—43 页;还有一种说法认为,日本兵力到 1937 年年底为 108.4 万,见军事科学院主编:《第二次世界大战史(第 1 卷)》,北京:军事科学出版社,1995 年版,第 184 页。

已。他选择的样本胜负也存在争议,如1865—1866年的西班牙智利战争,西班牙实际上战败而非获胜。

第三,策略是综合理论框架的中心概念。对这一中心概念的操作关系到研究精确度,并最终会影响假设、命题的论证和理论框架的建构。虽然托夫特意识到策略与战略和战役间的区别,却认为策略居于二者之间,实际是诉诸一种"模糊化"的方法来弹性使用概念。在正文五个案例中,作者将一次战争划分为几个时段和对应的多种战略互动。作者不顾策略的稳定性,甚至使用具体战役策略互动予以分析。此外,本文中心是双方策略的动态互动,但谁先调整策略或先机选择在生死对决中甚为重要。策略具有路径依赖特性,其调整不是特定部队的方略调整,而是整个作战计划的变更,这种变化能否摆脱时间和惯性影响也属未知。最为重要的是,在201个有效样本中,不确定战略互动模式占到26个,超过样本总数的13%,但作为研究中心的"反向策略互动模式"为23个,只占到样本总数的11.4%。这必然影响有限样本科学研究的严谨性。

此外,就社会科学研究程序及方法而言,托夫特没有考虑到某隐藏变量可能对该书理论框架产生重大影响。冲突主体之间的关系在该书中实际扮演潜在干预变量的角色。笔者控制国内战争(civil war)、国家间战争(interstate war)以及体制外战争(extra-systemic war)等干预变量,结合COW数据库和克里斯蒂安·格里蒂奇(Kristian Skrede Gleditsch)的修正版本,而重新对作者提供的200多个样本及其参数进行了分类计算和分析。[①] 有效样本包含国内战争56次,体制外战争71次,国家间战争74次。按照战争爆发时间,以大体40年为时间段将时

---

① Kristian Skrede Gleditsch, "A Revised List of Wars Between and Within Independent States, 1816—2002", *International Interactions*, Vol. 30, No. 3 (Summer 2004), pp. 231-262.

间变量划分为五段,即 1816—1839,1840—1879,1880—1919,1920—1959,1960—2002。经分析发现,整体上,作者所归纳的不对称冲突中弱者胜率大体逐步提升。"国家间不对称战争"的弱者胜率为最高(0.351 4),"国内不对称战争"弱者胜率次之(0.285 7),它们高于平均水平(0.283 6),而"体制外不对称战争"胜率在比较中居于末位(0.211 3)。然而,就是居于末位的"体制外不对称战争"弱者胜率却随时间发展而显著提升(0~0.8);其他两类战争却没有体现出明显趋势。

表1 控制类别变量后的"不对称冲突"时期分布

	1816—1839	1840—1879	1880—1919	1920—1959	1960—2002	总计
国内战争	10(3)	19(4)	8(3)	6(1)	14(5)	56(16)
	0.3	0.210 5	0.375	0.166 7	0.384 6	0.285 7
体制外战争	7(0)	17(1)	26(3)	16(7)	5(4)	71(15)
	0	0.058 8	0.115 4	0.437 5	0.8	0.211 3
国家间战争	3(1)	18(2)	22(11)	13(5)	18(7)	74(26)
	0.333 3	0.111 1	0.5	0.384 6	0.388 9	0.351 4
总计	20(4)	54(7)	56(17)	35(13)	36(16)	201(57)
	0.2	0.129 6	0.303 6	0.371 4	0.444 4	0.283 6

注:每个类别之中,第一行数字表示战争次数以及弱者获胜次数;第二行为相应比率。

就策略互动命题而言,干预后的样本显示:总体上,三个分类分别在"反向策略互动"与"同向策略互动"下都吻合作者中心论点,尤其以"国内不对称战争"最为显著。但是,在体制外情形下,弱者在不确定策略模式下胜率为0.312 5,高于"同向策略模式"的0.122 4;在"国家间战争"情形下,不确定策略模式胜率高达0.75,超过"反向策略模式"的0.5 和"同向策略模式"的比重0.318 2。不确定模式比重的独大势必影响作者的中心命题。在胜率趋势方面,"反向策略互动"的弱者胜率在"国内不对称战争"情形下都高于"同向策略互动"的比率;在其他两种类型之下,这种趋势却并不明显。这种反差耐人寻味。

表2 控制类别变量和策略互动模式后的弱者获胜比率

		1816—1839	1840—1879	1880—1919	1920—1959	1960—2002	总计
国内战争	N	0/0	0/0	0	0	0	0
	O	1	0.4	1	0.5	1	0.692 3
	S	0.222 2	0.142 9	0.333 3	0	0.222 2	0.189 2
体制外战争	N	0/0	0.333 3	0	0.375	0.5	0.312 5
	O	0/0	0/0	0.333 3	0/0	0.5	0.666 7
	S	0	0	0.1	0.5	1	0.122 4
国家间战争	N	0/0	0/0	0.5	1	0/0	0.75
	O	1	0	0/0	0/0	1	0.5
	S	0	0.117 6	0.5	0.3	0.352 9	0.318 2

注:N代表"不确定策略互动模式";S代表"同向策略互动模式";O代表"反向策略互动模式"。

这一框架必须面对的诘问是,不同类别的"不对称战争"为什么弱者胜率不同?"体制外不对称战争"的直线式增长速度对整体弱者胜率增长有何影响?其他两类战争的递增趋势为什么不明显?在非国内的"不对称战争"中,"反向策略互动"为什么没有体现出支配弱者胜利的递增规律?这些诘问不仅仅需要进一步的逻辑思考,在资料整理和样本设置方面同样需要进一步的考究。控制操作后的样本在相当程度上改变了作者所赖以分析的事实基础和趋势认知,这无疑冲击了原有的理论框架。

六、结　论

　　当前的"不对称冲突"研究实际上是对"实力—胜利"因果链主导下的传统理论的一种反思。这种反思主要关注三个方面,即"不对称战争"为什么会发生？弱者为什么在这种战争冲突中战胜强者？并且,弱者获胜的比率为什么会随时间发展而逐渐提升？结构分析和进程分析分别以各种视角对上述问题予以解答。在当前的"不对称冲突"理论构建过程中,策略以及冲突方之间的策略互动充当了"实力—胜利"因果链之间的中介变量角色,这种角色推动了传统理论和主导因果关系的进步和完善,即"实力—策略互动—胜负"因果链。作为一种进程性的动态分析,它也吸纳结构性分析中的有价值命题予以整合,从而极大提升了综合理论框架的解释力。当然,现存的研究依旧处于初级阶段,面临若干逻辑性和方法性的缺陷;需要继续对各种变量予以分析、控制或排除,从而更好地理清因果关系。如何对新的调整后的数据资料进行分析和进一步的理论框架建构,使其向进步的科学纲领目标前进,成为相关学者必须要认真面对的问题。

经验理论、规范批判理论和方法论:马克思主义国际关系理论考察[*]

【内容提要】 经过若干马克思主义学者的努力,马克思主义国际关系理论在国际关系理论舞台上已经占有重要位置。但是,马克思主义国际关系理论群的松散特性严重影响其整体的竞争力。本文关注理论群的各自关注视域,试图通过对经验理论、规范批判理论和方法论的划分而力求对其予以有益梳理,从而厘清其庞杂的内容体系,提升其竞争力。

【关键词】 马克思主义国际关系理论 经验理论 规范批判理论 方法论

一、导 言

严格来说,马克思和恩格斯并未建立国际关系理论,但是经过若干

---

[*] 本文原发表于上海国际问题研究院内部刊物《国际问题论坛》2005 年 10 月秋季号(第 133－148 页);收入本文集时做了一些文字和技术性改动。

马克思主义学者的努力,马克思主义成为国际关系理论的重要解释范式,乃至于成为可以与现实主义和自由主义相抗衡的第三大主流理论。[1] 但是,马克思主义国际关系理论实际上是共享某些知识的松散理论群,其内色彩斑驳、内容庞杂;各个派别侧重点各异,又互相攻讦;对马克思相关理论的解读也存在若干"断裂"处,这严重影响马克思主义整体理论的发展,削弱其国际关系理论的整体竞争力,使其日益存活于现实主义、自由主义以及后起的建构主义的夹缝之中,而处于边缘化境地。[2]

尽管如此,马克思主义国际关系理论群中的若干观点对当今国际事务依旧拥有独具特色的解释力。因此,要想深入了解马克思主义国际关系理论,展现其对国际形势的解释力及其竞争力,改变其内部杂乱现状,为其整合和重构做准备,对马克思主义国际关系理论群予以某种思路的理论梳理则成为必要步骤。[3]

本文所言的马克思主义国际关系理论,既包括经典马克思主义诠

---

[1] See Paul Viotti & Mark Kauppi eds., *International Relations Theory: Realism, Pluralism, Globalism and Beyond*, Boston: Allyn and Bacon, 1997; also see Bendulka Kubálková & Albert Cruickshank, *Marxism and International Relations*, Clarendon Press, Oxford, 1985.
[2] 这种情况实际上是与当代马克思主义理论的总体研究和发展背景相联系的。其一,社会主义联盟的瓦解、苏联东欧的崩溃以及若干标榜以马克思主义理论为指导的国家行为使得马克思主义作为一种社会思潮遭受重大挫折,世人对马克思主义思潮的态度发生极大逆转;其二,马克思主义理论群内部各个流派之间分歧扩大,流派之间存在"正统"之争,各执一端,内耗严重,呈现一种"无政府状态",流派之间缺乏相互学习的态度,未建立起明确的理论体系和评价体系;同时,马克思主义研究陷入教条化和封闭化的境地;其三,作为马克思主义实践者的马克思主义斗士的实践和理论发展与西方马克思主义理论家的研究存在严重脱节,这使得推崇实践与理论相结合的马克思主义学说难以展现本身竞争力。
[3] 近年来,郭树勇和胡宗山对马克思主义国际关系理论进行了若干有成效的类似研究。李滨曾经依照冲突和动态的世界观、历史唯物主义的方法论、对资本主义世界体系的社会分析和对社会主义的向往来界定马克思主义国际关系理论。但是他也承认他采用的这种界定方法有简化的嫌疑。参见李滨:《什么是马克思主义的国际关系理论》,载《世界经济与政治》2005年第4期。

释,也包括以法兰克福学派(Frankfurt School)为代表的西方马克思主义(Western Marxism)和新马克思主义(Neo-Marxism)流派展现的国际关系思想,[①]还包括"后马克思主义"思潮展现的部分内容,[②]此外,从作为社会主义国家(苏联、中国等)意识形态指南的"正统"马克思主义思想中产生的各国外交实践和理论也被认为是该理论的有益组成部分。笔者将关注理论群的内部纷争和各自关注视域,试图通过对经验理论、规范批判理论和方法论三部分的划分而力求对其予以有益梳理。

二、经验理论

在当今国际关系理论领域中,马克思主义国际关系理论相对于现实主义和自由主义日益边缘化的另一个原因是,人们常常将其归类于与"后现代主义(postmodernism)"为伍的纯批判理论之中。以法兰克福学派为基底的西方马克思主义和新马克思主义自不待言,连"依附理论(Theory of Dependence)"和"世界体系论(World-System Theory)"也被打上深深的批判烙印。马克思主义话语日益被认为是一种"逞口舌一时之快"的批判者角色。这对马克思主义理论及其相关的国际关系思想存在明显误解。

批判固然对马克思主义而言非常重要,但是它从来就不是一种仅

---

① 若干文章将西方马克思主义和新马克思主义等同,而实际上,新马克思主义与西方马克思主义是源与流的关系,但二者在学理上又是直接同质同构的。新马克思主义又都被更宽泛地指认欧洲以外的非教条主义的马克思主义思潮。参见张一兵、胡大平:《西方马克思主义哲学的历史与逻辑》(电子书稿),南京大学出版社 2003 年版:前言。

② 对于"后马克思主义"思潮到底是否是马克思主义还存在若干争议,本文将其某些部分视为马克思主义的。可以参阅胡大平:《马克思主义之后——后马克思主义的论题和理论逻辑》和张一兵:《后马克思思潮不是马克思主义》,载《南京大学学报(哲学·人文·社科版)》2003 年第 2 期。

限于批判的理论。① "建设性"角色——先破后立,破立结合——才是马克思主义及其国际关系理论的主旨。马克思指出:"哲学家们只是用不同的方式解释世界,而问题在于改变世界"。② 实践性是马克思主义理论之根本。哲学家孙伯鍨先生在对马克思主义进行解读时生动地指出:"马克思主义的诞生地和落脚点不是在书斋里,也不是在讲台上,而是在各民族各阶层人民生活于其中的现实世界里。它的真理性、现实性和力量表现在它是否有能力以及在多大程度上敢于和改变这个世界的实际进程。脱离现实历史进程的理论,在各种自发的社会力量面前束手无策、随波逐流的理论,不管怎样高深莫测和自我标榜,它们的真正价值都是大可质疑的。"③ 马克思主义及其国际关系理论向来不乏"问题意识",聚焦并作用于实际问题则是马克思主义基本原理所一直倡导的。虽然由于时代不一、国家不同,马克思主义国际关系理论处于意识形态的下风和理论争鸣的边缘化地位,但是这并不能抹煞或阻碍面向现实问题的马克思主义国际关系经验理论的发展。

1. 就国际政治词汇而言,1864 年,马克思在第一国际的就职演说中指出:历史"赋予工人阶级以掌握国际政治秘密(mysteries of international relations)的义务"。④ 尽管如此,马克思、恩格斯并未建构出国际关系理论。但是,他们针对 19 世纪的资本主义发展和世界发展趋势问题曾经提出若干颇有教益的概念和观点,如"世界历史"、"世

---

① 第三部分将对此予以详细阐述。
② 《关于费尔巴哈的提纲》,选自[德]恩格斯:《路德维希·费尔巴哈和德国古典哲学的终结》,北京:人民出版社 1972 年版,第 53 页;实践的问题在马克思主义著作中可谓汗牛充栋,方法论部分将对实践观予以阐述。
③ 引自孙伯鍨、张一兵:《走进马克思》,南京:江苏人民出版社 2001 年版,序第 2 页。
④ Stephen Hobden and Richard Wyn Jones, "Marxist theories of International Relations", John Baylis and Steve Smith eds., *The Globalization of World Politics* (*2nd edition*), Oxford University Press, 2001, p.203.

界性场所"、"世界交往"、"世界市场"、"世界革命"、"殖民制度"、"商业战争"、"民族压迫"、"被剥削者的兄弟联盟"、"阶级斗争"等。马克思主义的国家理论、国际利益观、全球化思想、民族思想和世界交往思想,以及他们对和平和战争问题的关注都极大影响了国际关系研究,当今时代的若干特征也符合他们的阐述。[①] 马克思和恩格斯针对当时现实提出的"阶级分析法"虽屡遭诟病,但也的确指导了若干学者的研究和若干社会主义国家的内政外交,其政治学说也的确引发了欧洲范围内的多次变革,冲击了当时国际关系。

2. 第一个比较系统的马克思主义国际关系理论当属于以霍布森(Hobson)、列宁(Lenin)、希法亭(Hilferding)为代表的"帝国主义论(Imperialism)"。它主要关注资本主义世界向垄断资本主义转变这一事实,来分析转变的原因和影响;同时,列宁将帝国主义国内视角扩展开来应用到国际事务,从而来解释由资本主义国家占主导的全球体系之中国家间的关系。[②]

3. 二战后,马克思主义理论家将视角放在对"发展"问题的关注之上,旨在研究非西方欠发达国家的现代化和社会发展的条件、方法和途径,研究新兴国家与发达资本主义国家之间的关系。多斯桑托斯(Dos Santos)等人代表的"依附理论"、阿明(S. Amin)为代表的"不平等交换理论(Theory of Unequal Exchange)"以及沃勒斯坦(I. Wallerstien)的"世界体系论"便是这种马克思主义国际关系理论关注点的体现。

---

① 参见郭树勇、郑桂芬主编:《马克思主义国际关系理论》,北京:军事谊文出版社,2004年版;胡宗山:《主题·动力·范式·本质——马克思主义与西方主流国际关系理论比较研究》,载《教学与研究》2005年第2期。
② 具体内容可以参见列宁:《帝国主义是资本主义的最高阶段》;华尔兹曾经对帝国主义论做过现实主义视角的分析,可参见其《国际政治理论》。

4. "当代的马克思主义,就其本质特征来说,正是关于领导权的历史的、政治的概念。"①马克思主义学者高度重视对意识形态问题和文化霸权(领导权)(hegemony)理论的探讨及其对国家间关系的影响。尽管马克思并没有留下详细的意识形态定义,也没有发展出一种完整的意识形态理论,但是从《德意志意识形态》开始,经过卢卡奇(George Lukacs)到阿尔都塞(Althusse)和葛兰西(Gramsci),这个问题逐渐得到根本性改观,并激活葛兰西的文化霸权理论;近年来,对葛兰西文化霸权研究的兴起,丰富了马克思主义国际关系理论。②

5. 伴随国际关系研究领域的扩展,马克思主义国际关系学者也开始深入研究生态等全球问题,并涌现出"生态学马克思主义"或"生态社会主义"流派。它从人类生存的自然环境面临严重危机这一事实出发,联系并发掘马克思主义的某些理论中的生态思想,分析资本主义制度与全球性生态危机的必然联系,批判资本主义,重新思考社会主义等问题,认为生态危机的出现表明资本主义的具有无限倾向的生产能力与生态环境有限的承受能力之间存在着尖锐的不可克服的矛盾;并形成比较完整的理论体系。尤其是,这一流派通过对"生态帝国主义"的批判,进一步揭示资本主义制度与全球环境恶化的内在联系。"生态帝国主义"是用来描述当代发达资本主义国家将生态危机转嫁发展中国家,对这些国家进行"生态掠夺"的行为。③ 总之,"生态学马克思主义"对

---

① 转引自 David McLellan, "Then and Now: Marx and Marxism", *Political Studies*, Vol. 47, No. 5, 1999, pp. 955 - 966.
② [意]安东尼奥·葛兰西:《狱中札记》,北京:中国社会科学出版社 2000 年版;郭树勇、郑桂芬主编:《马克思主义国际关系理论》,第 288 - 312 页;张一兵、胡大平:《西方马克思主义哲学的历史与逻辑》。
③ 俞可平主编:《全球化时代的"社会主义"》,北京:中央编译出版社 1998 年版,第 202 - 247 页;David N. Balaam & Michael Veseth eds., *Introduction to International Political Economy*, 2nd ed., Upper Saddle River, New Jersey, pp. 412 - 434.

发达国家和发展中国家之间的关系、发达国家或主要国际组织对落后地区的经济援助等问题拥有比较独特的见解。

6. 除以上各种马克思主义的理论探讨之外,以苏联、中国为代表的社会主义国家所实行的外交政策及理论指南也属于经验理论内容。马克思主义思想并不能生搬硬套地运用于各国实际,"正确的理论必须结合具体情况并依据现有条件加以阐明和发挥"。[①] 在恩格斯看来"马克思的历史理论是任何坚定不移和始终一贯的革命策略的基本条件;为了找到这种策略,需要的只是把这一理论应用于本国的经济条件和政治条件"。[②] 所以,"马克思主义斗士们"通过实践总结出的关注点不尽相同的国际关系思想,其理论观点也各有特色。

马克思主义思想真正应用于处理国家间关系肇始于列宁领导的苏维埃俄国。一战末,十月革命爆发,俄国布尔什维克夺取政权,开始了马克思主义指导的政权处理国际关系的历程。马克思主义思想在应用于俄国实际国情时得到若干调整和修改。其中之一便是,苏俄政权建立之后,它面对的是西方资本主义国家行为体,这与马克思主义所推崇的阶级分析方法和国家消亡观点产生一定分歧;对此,苏俄政权一方面坚持阶级分析观察形势,另一方面又默认国家作为主要行为体的现实性。为了维护革命果实,苏俄政权以国家行为体的身份与德国签订停战条约。随后,列宁、斯大林、赫鲁晓夫等领导人在针对资本主义和帝国主义围堵、冷战对峙、美苏争霸和社会主义国家之间关系处理等一系列问题时,虽然具有浓厚的现实主义和"沙文主义"情结,但其中"资本主义的掘墓人"、帝国主义战争论、意识形态殊死斗争和"无产阶级国际主义"精神都有深刻体现。

---

① 《马克思恩格斯全集》第 27 卷,1972 年版,第 433 页。
② 引自《致维·伊·查苏利奇》,《马克思恩格斯选集》第 4 卷,1972 年版,第 450 页。

中华人民共和国的国际关系实践也是经验理论的补充。自从中国共产党在内战中由"战略防御"转为"战略进攻",政权建立就正式提上议程。中国共产党在处理与苏共(布)和苏联政府之间的关系过程中,逐步将马克思主义思想与中国国情结合应用于处理国家间关系的事务。"一边倒"政策便是根据当时实际情况制定的。其一,它是基于社会主义阵营内部的"阶级兄弟友谊"而处理阵营内部关系,阶级分析、意识形态的同质性和无产阶级国际主义是其内在方略;[①]其二,对资本主义国家的政策,则是以阶级分析和国家分析相结合,有选择地处理关系。[②] 随后的中苏交恶实际上宣告社会主义阵营的崩溃,这也对阶级分析法和国际主义的实际功效提出质疑;中国对苏联式"帝国主义"的探讨具有很大影响。"和平共处五项基本原则"、"三个世界"论、输出革命、无偿援助及其中的浪漫主义和国际主义精神等也都体现了当时中国的外交指南。改革开放后,中国推崇务实外交,依据实事求是的原则对国际形势做出重新评判,提升国家利益的地位,弱化意识形态影响,"坚持同对我们友好的西方国家交往",[③]对马克思主义思想在国际关系中的运用做出某种调整和发展,扭转了片面强调阶级斗争的情形,以国家作为国际行为体的基本单元来分析和处理国家间关系;实际上,以阶级分析国际形势已经不再占主要位置,只是以"由于国内的因素和国际的影响,阶级斗争还在一定范围内长期存在,在某种条件下还有可能

[①] 可以参见周恩来在苏共 22 大上的致词,王绳祖主编:《国际关系史(第 9 卷)》(1960—1969),北京:世界知识出版社 1995 年版,第 90 页。
[②] 新中国前后的具体外交指南可以参见沈志华翻译并编纂的《关于 1949 年刘少奇访苏的俄国档案文献》之《刘少奇给联共(布)中央和斯大林的报告》(1949 年 7 月 4 日)之(三)关于外交问题和(四)关于苏中关系问题。
[③] 邓小平 1980 年 12 月 25 日在中共中央工作会议上的讲话《贯彻调整方针,保证安定团结》。

计划,但已经不是主要矛盾"①来标识阶级分析的某些宣示而已。同时,将政党外交和国家外交予以区分开来。邓小平和江泽民时期中国的外交实践及理论探讨也着眼于国际形势转变以及国家面临的机会和挑战而得以发展。②

此外,东欧国家、越南、古巴和朝鲜等国家也将马克思主义思想与本国实际相结合,为马克思主义国际关系经验理论提供了不少独特内容。

三、规范批判理论

规范理论关注世界"应该如何(ought to be)"的价值性问题;国际关系规范理论是指"解决国际关系的道德维度(moral dimension)和与此相关的意义和诠释等广泛问题,其最基本之处在于共同体或国家之间的伦理性质(ethical nature),包括人们在生活中遇到的各类问题,如秩序问题、战争与和平问题、正义与非正义、人权、对国家主权的干涉、环境保护和其他类似的伦理性问题"等,③它偏重于国际关系的道德哲学内容。与规范理论紧密相连的是以规范为追求而对现存秩序不满的批判理论。批判理论"与世界的主导秩序保持距离,并追问这些秩序是如何形成的",它试图通过关注既成现实的"缘起、它们处于变化之中的

---

① 《中国共产党章程》(中国共产党第十六次全国代表大会部分修改,2002 年 11 月 14 日通过);也有学者认为现有政权的官方马克思主义愈益成为礼仪性的,领导人和意识形态工作者自身的实际信仰都已转向其他主义:民族主义、技术权威主义、实用主义、大国政治、小国存在主义等。参阅[英]约翰·伊特韦尔等编:《新帕尔格雷夫经济学大辞典(第三卷)》,北京:经济科学出版社 1996 年版,第 416 - 417 页。
② 参见郭树勇、郑桂芬主编:《马克思主义国际关系理论》;还可以参阅郭老师的相关文章。
③ Robert Jackson & Georg Sørensen, *Introduction to International Relations*, Oxford University Press, 2003, pp. 259 - 260.

方式以及是否会经历变化,来对他们提出质疑"。① 批判理论家主要拒绝实证主义(positivism)的三个预设,即客观的外部现实、主客观之间的泾渭分明和社会科学价值中立。② 自从康德推出其"三大批判"而对哲学体系进行建构之后,批判就成为"哲学家手中的法宝"。③

马克思和恩格斯为人类的发展描绘出一种美妙的共产主义图景,在那里"每个人的自由发展是一切人的自由发展的条件",④其根本命题在于一切人的自由而全面的发展。⑤ 各类价值,如自由、平等和正义等,为马克思主义规范理论的出现提供了话语基础。⑥ 其规范倾向散布于马克思主义理论家的论述之中。当然,对于这种美好图景是否必然实现存在某种分歧。经典马克思主义者认为共产主义及其图景必然实现,而某些世界体系论者认为,这仅是若干图景中的一种,经过人们的追求,它有可能实现。⑦ 但这丝毫不影响马克思主义规范理论和伦理学的发展与蓬勃。马克思主义关于"共产主义"和"世界社会"的设想为世人提供了极具特色的景象和宝贵的知识财富积累。

批判性是植根于马克思主义哲学中的一种深刻反思模式,它贯穿马克思理论发展始终,其本身便是一种"批判的武器"。⑧ 作为马克思

---

① [加]考克斯:《社会力量、国家与世界秩序:超越国际关系理论》,载[美]基欧汉编:《新现实主义及其批判》,郭树勇译,秦亚青校,北京:北京大学出版社 2002 年版,第 191 页。
② Robert Jackson & Georg Sørensen, *Introduction to International Relations*, p248.
③ 张康之:《"社会批判理论"是批判的终结——评"社会批判理论"的绝对否定观》,载《社会科学论坛》1999 年第 4 期。
④ 马克思、恩格斯:《共产党宣言》,北京:人民出版社 1997 年版,第 50 页。
⑤ 俞可平:《马克思主义的最高命题》,载《理论动态》2004 年 1634 期。
⑥ 从历史背景来看,马克思没有专门对这些观念从理论上进行过系统的分析和论证,但是马克思和恩格斯对资本主义社会的批判、对社会主义的论述实际上蕴涵着自由、平等和正义的价值观。可参见魏小萍:《马克思主义与自由、平等和正义的话题——历史变迁后前东德学者的反思》,载《哲学研究》2003 年第 9 期。
⑦ 江华:《世界体系理论研究》,复旦大学 2003 年博士论文,第 68 - 82 页。
⑧ 《〈黑格尔法哲学〉批判导言》,《马克思恩格斯选集》第 1 卷,1972 年版,第 9 页。

主义理论核心部分的辩证法"不崇拜任何东西,按其本质来说,它是批判和革命的"。① 马克思主义思想内蕴的解放性、激进色彩和对全体人类的关注更是为国际关系批判理论提供了一种积淀。在其发展过程中,它不断对社会秩序的现存合理性予以"追问",并非针对简单的现实本身,而是直接源于超越现实的观念,"光是思想竭力体现为现实是不够的,现实本身应当力求趋向思想"。② 但是,从马克思主义整体而言,注重实践、有破有立和"激情的理性"是其内在要求。

国际关系批判理论则直接是马克思主义思想的发展,③最著名的当属法兰克福学派。其奠基人霍克海默(Max Horkheimer)认为,我们的时代是一个批判的时代,而批判的时代所需要的是批判的理论。④对批判主义者而言,知识永远不可能道德中立或政治无涉或与意识形态无关,任何知识都反映了观察者的某种利益,"理论永远是为了某些人和某些目的"。⑤ 它在某种意义上是"代表一种选择性秩序的内在图景的乌托邦主义"。⑥ 具体而言,它是从马克思和恩格斯开始的系列理论家运用马克思主义对世界未来予以展望并针对现存国际形势、国际秩序等问题予以剖析批判的各种相关理论。⑦

首先,马克思、恩格斯和列宁等马克思主义思想先驱的理论及其国际关系相关思想都是源自对现实秩序和社会问题的批判。回顾他们毕

---

① 《马克思恩格斯全集》第 23 卷,1972 年版,第 24 页。
② 《马克思恩格斯选集》第 1 卷,第 10 页。
③ Robert Jackson & Georg Sørensen, *Introduction to International Relations*; Stephen Hobden and Richard Wyn Jones, *Marxist Theories of International Relations*.
④ [德]霍克海默:《批判理论》,重庆:重庆出版社 1989 年版;转引自张康之:《"社会批判理论"是批判的终结——评"社会批判理论"的绝对否定观》。
⑤ Robert Jackson & Georg Sørensen, *Introduction to International Relations*. p248.
⑥ Robert Cox, *Approaches to World Order*, Cambridge: University Press, 1996, p.90.
⑦ 郭树勇曾经对批判理论的渊源和理念做了总结。参阅郭树勇:《国际关系研究中的批判理论:渊源、理念及影响》,《世界经济与政治》2004 年第 7 期。

生的理论活动或翻阅其全部著作可以看出,他们的思想观点都是在以怀疑和反思为特征的批判中展开的。

其次,法兰克福学派的批判理论是一种致力于现代资本主义批判的理论。他们从各个角度对社会秩序予以无情剖析,揭示社会世界发展的深层次原因。过犹不及,作为学派批判基础的"否定的辩证法"却导致了"批判的终结"。[1] 他们关注"异化"问题,却不知不觉中步入了"异化的异化",[2]而日益与"后现代主义"的有关思潮"合流",转变为一种彻底的非理性和无原则目的的宣泄。

第三,考克斯是"国际关系领域应用批判理论的先驱之一",[3]而其理论则是"继沃勒斯坦之后西方最有影响的马克思主义国际关系理论"。[4] 考克斯借助葛兰西的"实践哲学"和政治理论来建立自己的国际关系理论分析框架,这种分析框架重视发展的认识论、本体相对客观性、强调意识的反思作用和关注变革,他提出国际关系的历史主义结构分析方法,即物质能力、意识和制度相互影响构成认知行为的历史具体的环境制约,并认为这三种力量都来自实践,彼此没有还原性。这种分析方法使国际关系研究的本体具有了变化性。考克斯用他的历史结构分析人类活动的生产、国家形式和世界秩序等领域,并着重分析了当前生产国际化条件下的全球性的社会阶级关系变化,以及这种关系导致的国家形态、全球治理的变化以及潜在的全球危机,提出了一些改造世

---

[1] 张康之:《"社会批判理论"是批判的终结——评"社会批判理论"的绝对否定观》。
[2] 张一兵、胡大平:《西方马克思主义哲学的历史与逻辑》,第七章第三节。
[3] 王逸舟:《西方国际政治学:历史与理论》,上海:上海人民出版社1998年版,第661页注释。
[4] 李滨:《考克斯的国际政治经济学理论》,载《世界经济与政治》2003年第5期,第38页。

界旧秩序的战略。①

另外,自我批判也是马克思主义保持生命力的要求。② 马克思强调"所谓的历史发展总是建立在这样的基础上的:最后的形式总是把过去的形式看成是向着自己发展的各个阶段,并且因为它很少而且只是在特定条件下才能够进行自我批判,——这里当然不是指作为崩溃时期出现的那样的历史时期,——所以总是对过去的形式作片面的理解"。③ 马克思主义国际关系理论注重自我理论的发展和开放,而不是固守和封闭,反对公式。"马克思主义者从马克思的理论中,无疑地只是借用了宝贵的方法,没有这种方法,就不能阐明社会关系,所以他们在评判自己对社会关系的估计时,完全不是以抽象公式之类的胡说为标准,而是以这种估计是否正确和是否同现实相符合为标准的。"④因此,以马克思主义的视野和方法论来对待马克思既有的各种经验理论和规范理论对其予以批判和扬弃,进而推动理论修正和发展,从而在这个意义上存在着马克思主义的自我批判理论;恰如恩格斯所言:"我们的理论是发展的理论。"⑤

四、方法论

"方法论"是指对方法的研究,马克思主义方法论是对马克思主义

---

① 李滨近年对考克斯思想进行了深入研究,可以参见李滨:《考克斯的国际政治经济学理论》;也参阅郭树勇、郑桂芬主编:《马克思主义国际关系理论》,第372-389页。
② Andrew Linklater, *Beyond Realism and Marxism: Critical Theory and International Relations*, Macmillan 1990.
③ 《〈政治经济学批判〉导言》,《马克思恩格斯选集》第2卷,1972年版,第108-109页。
④ 《什么是"人民之友"以及他们如何攻击社会民主主义者》,《列宁全集》,第1卷,第2版,第163-164页。
⑤ 引自《致弗·凯利·威士涅威茨基夫人》,《马克思恩格斯全集》第36卷,1974年版,第584页。

政治经济学、马克思主义哲学和马克思主义政治学说所运用分析方法的一种系统总结。马克思主义特色之处便在于改造世界的冲动和科学方法的旨趣相结合。① 方法论构成马克思主义国际关系理论最有生命力的一部分。

1. 整体性(totality)和系统分析方法。

马克思主义及其相关国际关系理论充分认识到社会世界的庞杂性,并认为社会世界只能被当作一个整体来予以研究,而学术界将社会世界划分为历史、哲学、经济和政治科学、国际关系等领域的做法是"武断而无益的"。②《资本论》就是由最简单的社会关系入手,而试图描绘出越来越复杂的图景。对马克思主义学者而言,要想对世界政治的动力予以恰当理解,那么就必须超越当下社会科学的学科边界。"帝国主义论"和"世界体系论"便是出色代表。

2. 重视经济因素在国际关系分析中的角色。

马克思以其《资本论》而首先被公认为经济学家,随后的马克思主义学者皆赋予经济变量在社会发展中的极高地位,甚至有学者认为"马克思一生所完成的两个伟大发现说到底都是哲学与经济学的创造性结合"。③ 马克思主义认为经济发展是历史的引擎,其历史唯物主义的中心关注便是:历史进程最终是社会经济发展的反映。生产关系和生产方式构成社会经济基础,正是经济基础和上层建筑的互动推动社会发展。马克思主义国际关系理论重视经济分析和政治分析的结合,这也正是它在国际政治经济学(IPE)中兴盛不衰的原因之一。近年来,现

---

① 张一兵、胡大平:《西方马克思主义哲学的历史与逻辑》,绪论。
② John Baylis and Steve Smith eds., *The Globalization of World Politics* (2nd edition), p. 204.
③ 刘怀玉:《马克思的历史观:是"经济决定论"还是"经济支配论"》,载《理论探讨》2002年第1期(总第104期)。

实主义和自由主义等主流理论都开始向马克思主义经济分析"借火",重新考量经济因素在理论中的地位。

马克思主义重视经济因素,但并未赋予其决定地位,需要澄清的便是"经济决定论"。马克思主义很容易给人以误解,即它将现实生活中的所有问题都简化为经济因素。① 实际上,"经济决定论"源于第二国际修正主义者的误读,它是一种"错误形式的历史唯物主义"。② 恩格斯很早就指出:"根据唯物史观,历史过程的决定性因素归根到底是现实生活的生产和再生产。无论马克思或我从来没有肯定过比这更多的东西。如果有人在这里加以歪曲,说经济的因素是唯一决定的因素,那么他就把这个命题变成毫无内容的、抽象的、荒诞无稽的空话。经济状况是基础,但对历史斗争的进程发生影响并且在许多情况下主要是决定着这一斗争形式的,还有上层建筑的各种因素……这里表现出这一切因素间的交互作用,而在这种相互作用中归根到底是经济运动作为必然的东西通过无穷无尽的偶然事件(即这样一些事物,它们的内部联系是如此疏远或者如此难以确定,以致我们可以忘掉这种联系,认为这种联系并不存在)向前发展。"③后来的马克思主义者也对此做了澄清。卢卡奇认为是超越于经济之上的总体才是历史发展的动力,"不是经济动机在历史解释中的首要地位,而是总体的观点,使马克思主义同资产阶级科学具有决定性的区别"。④ 阿尔都塞提出"经济支配论"和"多元

---

① 当然这种误解来源也可以从马克思理论中找出不严谨之处,参阅刘怀玉:《马克思的历史观:是"经济决定论"还是"经济支配论"》。
② 张一兵、胡大平:《西方马克思主义哲学的历史与逻辑》,绪论。
③ 《致约·布洛赫》,《马克思恩格斯选集》,第 4 卷,第 477 - 479 页。
④ [匈] G·卢卡奇:《历史与阶级意识——关于马克思主义辩证法的研究》,杜章智等译,北京:商务印书馆 1992 年版,第 77 页。

决定论",指出马克思认为"社会是一个有支配结构的复杂整体"。① 他认为,在马克思那里,社会整体存在是异质的、多元的、多层次发展的,经济在社会中并不是还原论的,即最终层次意义上("无论如何")的"决定(determinant)"作用,而是通常表现为一种主导/支配性(dominant)(可替代性)力量。②

3. 马克思主义及其相关的国际关系理论重视社会因素对政治的影响。

面对18世纪后国家和社会分离的现实,黑格尔首次区分了国家和社会,③但是其国家本位主义倾向使其做出"国家决定社会"的论断。马克思批判继承了黑格尔的研究,从唯物主义历史观出发,对国家和社会关系进行重新分析,指出国家从来就不是一个独立发展的领域,其存在与发展归根到底应该从社会的经济生活条件中得到解释。④ 他指出:"在人们生产力发展的一定状况下……就会有一定的市民社会……就会有不过是市民社会的正式表现的一定的政治国家。"⑤恩格斯也认为"每一历史时代主要的经济生产方式和交换方式以及必然由此产生社会结构,是该时代政治的和精神的历史所赖以确立的基础"。⑥ 对从摩尔根"社会政治"理论中获益颇多的马克思而言,"社会政治是社会化的政治……马克思主义的社会政治观的特点就是政治是通过社会关系

---

① [法]L·阿尔都塞:《保卫马克思》,顾良译,北京:商务印书馆1984年版,第184-195页。
② [法]阿尔都塞:《阅读〈资本论〉》,伦敦新左派书社1978年版,第186-189页,转引自刘怀玉:《马克思的历史观:是"经济决定论"还是"经济支配论"》。
③ [英]米勒、波格丹诺:《布莱克维尔政治学百科全书》,邓正来等译,北京:中国政法大学出版社1992年版,第741页。
④ 时和兴:《关系、限度、制度:政治发展过程中的国家与社会》,北京:北京大学出版社1996年版,第12页。
⑤ 《致安年柯夫的信》,载《马克思恩格斯选集》第4卷,北京:人民出版社1995年版,第319-331页。
⑥ 马克思、恩格斯:《共产党宣言》:《〈共产党宣言〉1883年德文版序言》。

直接表现出来"。① 在国际关系研究中,马克思本人对冲突的洞见深远;后来学者将社会变量应用于国际政治,如葛兰西和考克斯,取得巨大成效。伴随"全球社会"的萌发和发展和经济全球化的政治影响等,社会分析必将获得更大舞台。当今国际关系理论中的"社会学转向"也部分地汲取马克思主义社会分析方法。

4. 历史唯物主义和辩证法是马克思主义哲学的两大支柱,它们二者之间休戚相关;马克思主义理论便是历史唯物主义方法和辨证方法的内在统一,它倡导科学地历史主义地看待事物和问题。马克思主义哲学"主要的是方法,方法统帅体系"②。

马克思思想从《评李斯特》开始,经过《关于费尔巴哈的提纲》,在《德意志意识形态》、《致安年柯夫的信》和《哲学的贫困》中臻于成熟,这便是历史唯物主义的创立;这是一次把黑格尔唯心主义和费尔巴哈人本主义的方法论结合起来进行唯物主义改造的方法论革命。这一改造的成果就是物质生产实践,正是如此马克思获得了理解全部人类历史的钥匙。历史分析和辩证法的现实基础是唯物主义。这在经济分析里面已经有了较多分析,就其本体论而言,马克思主义及其国际关系理论的本体论是物质本体论。

但是,历史唯物主义范畴中的"历史"并不是通常所理解的时空范畴的社会历史,而是把事物当作"过程"而不是当作"实体"来理解的辩证思维方法。"我们仅仅知道一门唯一的科学,即历史科学。历史可以从两方面来考察,可以把它划分为自然史和人类史。但这两方面是不

---

① 刘德厚:《关于"社会政治"的一般理论》,载《武汉大学学报》(人文社会科学版),第53卷,第5期,第591页。
② 孙伯鍨:《作为方法的历史唯物主义》,载《河南大学学报》(社科版),2001年第3期。

可分割的;只要有人存在,自然史和人类史就彼此相互制约。"①此处的"历史科学"便是指把事物当作过程来研究和理解的方法。

辩证法也将研究对象放在历史过程中,从其产生发展的具体过程来加以研究,正如马克思所言:"辩证法在对现存事物的肯定的理解中同时包含对现存事物的否定的理解,即对现存事物的必然灭亡的理解;辩证法对每一种既成的形式都是从不断的运动中,因而也是从它的暂时性方面去理解。"②从"过程"角度看,辩证的观点就是历史的观点。当我们把"历史"当成一种方法理解时,"历史"和"辩证"就达到了内在统一。它们都摒弃任何体系哲学意义上的先验的哲学前提,都是从最顽强的客观事实出发,从客观生活过程本身来研究与剖析现实问题的方法。我们可以这样理解历史唯物主义,"其一个方面是指对社会历史的认识及其理论;但更重要的一个方面是指历史主义的研究方法,运用这种方法来研究问题,是更宽泛意义上的历史唯物主义"。③

与历史唯物主义和辩证唯物主义相关的便是马克思主义对实践的看法。"社会生活在本质上是实践的。凡是把理论导致神秘主义的神秘东西,都能在人的实践中以及对这个实践的理解中得到合理的解决。"④与前面对马克思主义国际关系经验理论和批判理论中的"建设者"角色相关,实践构成马克思主义理论中非常重要的一部分,科学实践观构成马克思主义哲学与旧哲学之间的根本区别。马克思在批判费尔巴哈时曾言道:"实际上,而且对实践的唯物主义者即共产主义者来说,全部问题都在于使现存世界革命化,实际地反对并改变现存的事

---

① 《费尔巴哈》,《马克思恩格斯选集》第1卷,1972年版,第21页注。
② 《马克思恩格斯全集》第23卷,第24页。
③ 上述观点可以参见孙伯鍨:《作为方法的历史唯物主义》。
④ 《马克思恩格斯选集》第1卷,第18页。

物。"① 但是,我们不能否认马克思主义的物质本体论基础;科学的实践观在马克思主义中占据重要地位,但是它并不占据本体论地位。② 马克思主义及其国际关系理论是物质本体论和科学实践观的统一。

马克思主义国际关系理论无一例外地以历史唯物主义及其派生的经济因素和社会因素作为出发点,世界体系论以长时段历史考察和社会分析而流传深广,考克斯更是将历史唯物主义作为"批判理论的最重要源泉"。③

5. 阶级是马克思主义社会分析的核心范畴,但这也是马克思主义饱受诟病之处。据有关学者考证,马克思从来没有对阶级的含义下过定义。④ 妥善处置阶级分析是马克思主义国际关系理论需要谨慎对待的问题。一方面,我们应该看到,阶级分析在国际政治中的"南北问题"方面依旧具有解释力,世界体系论中"边缘—半边缘—中心"模式的重要基础便是阶级分析;从长时段而言,阶级分析则能够深入到问题本质。另一方面,在当今主权国家为主要行为体的国际舞台上,阶级分析与其他主流理论相比的确难以适当解释国家间行为互动,社会主义阵营内部的斗争和崩溃更是使其雪上加霜。阶级分析面临的问题在于其"简化论",即阶级分析假设所有社会关系展现的问题都可以归纳为阶

---

① 《马克思恩格斯选集》,第 1 卷,第 48 页。
② 笔者不赞同将马克思主义哲学归为"实践唯物主义",它是以替代物质本体论为基础的,有学者称其为唯心主义;但是实践对马克思主义的作用不可小觑,有些实践派学者提出的超越本体论思维,确立实践论思维的思路也是值得我们思考的。关于实践唯物主义的争论代表文章可以参见赵光武:《马克思主义哲学为什么成为辩证唯物主义历史唯物主义》,载《高校理论战线》2004 年 7 月;陆剑杰:《论实践唯物主义思维的次岸性——对中国"实践唯物主义"研究的反思》,载《南京政治学院学报》2005 年第 2 期。
③ [美]基欧汉编:《新现实主义及其批判》,第 197 页。
④ [美]埃尔斯特(Jon Elster):《理解马克思》(英文版),剑桥大学出版社,1985,转引自俞吾金:《埃尔斯特的〈理解马克思〉述评》,《云南大学学报(社会科学版)》第一卷·第二期,第 76 页。

级问题。① 而由于阶级的具体表现从来没有显现出一种纯粹的形式，只是表现为多种因素决定的具体社会存在形式，因此脱离其他社会范畴独立看待阶级，会带来分析上的误导。对于阶级分析的使用，我们应该有清醒认识。

五、评　析

　　总而言之，马克思主义国际关系经验理论、规范批判理论和方法论是个同一体，三者之间紧密相连。马克思主义理论家在分析发展的世界现实状况时，自觉地将马克思主义理论的规范批判思想和方法论结合起来予以运用，而其规范批判理论也都落脚于对现实的考察和尊重以及某种方式的改造上，它们都是问题意识、批判精神和方法特质的有机结合，很难将其截然归类。

　　当然，我们也必须认识到马克思和恩格斯等先贤已逝去良久，当前世界已翻天覆地，出现了大量以前不曾有过的新情况、新问题。所以，其某些经验理论的解释力受到限制。但是这并不能影响马克思主义及其国际关系理论的生命力。马克思主义本身并非想给人们"提供可以使用于各个历史时代的药方或公式"。② 马克思、恩格斯曾经指出《共产党宣言》有些地方"已经过时"或"不完全"，"个别地方本来可以作一些修改"，但其基本原理"还是完全正确的"。③ 因此，我们不能停留在马恩和其他先驱做出的具体经验结论上，因为某些结论随着历史推移

---

① ［美］阿里夫·德里克（Arif Dirlik）:《马克思主义向何处去？》，李发、王列译；俞可平编：《全球化时代的"马克思主义"》，北京：中央编译出版社1998年版，第210－212页。
② 《马克思恩格斯选集》第1卷，第31页。
③ 马克思、恩格斯：《共产党宣言》，1872年德文版序言。

上篇　理论探索　　163

已不再有效。

然而,作为一种规范批判理论,马克思主义为人类设置的美好图景、解放性精神和进步观点激励着若干为不平等、不自由而战的人们奋勇前进。马克思主义批判理论从各个角度对当今现实予以深邃的评判,既繁荣了国际关系理论和政治哲学领域,又引发人们对其提出的问题的重视,间接推动问题的解决和社会的进步。

作为一种方法,马克思主义国际关系理论方法论更没有被超越。首先,"只要方法是从现实历史发展过程中科学地抽象出来的,因而相对于一定的历史阶段是正确的,那么它在这个一定的时空条件中就是不可被超越的。马克思主义哲学是资本主义这个特定历史阶段的产物,只要资本主义还没有退出历史舞台,它所具有的方法论意义就不会过时"。其次,"马克思主义哲学不同于旧哲学,它不是包治百病的药方,也不是包罗万象的百科全书,它提供的是一种研究社会历史的大思路,即生产方式的发展和社会发展的相关性问题"。[①]

因此,若提升马克思主义国际关系理论的竞争力,我们应该注重解决好其理论群内部的整合问题,百花齐放固然可喜,但是将它们作为一个整体发挥系统性作用更是必要;马克思主义理论并不是一个封闭的体系,马克思主义理论应继续主动向西方国际关系理论学习、借鉴,而这种借鉴已经取得了可喜的成果。[②]

[①] 孙伯鍨:《作为方法的历史唯物主义》。
[②] 郭树勇:《试论马克思主义国际关系思想及其研究方向》,载《世界经济与政治》2004年第4期。

国际关系理论之实证检验:辩护与反思[*]

一、指控与辩护

2013年,米尔斯海默(John J. Mearsheimer)与沃尔特(Stephen M. Walt)在《欧洲国际关系期刊(European Journal of International Relations)》上撰文指责当前"简单化的假设检验(Simplistic Hypothesis Testing)"有损于国际关系理论的建构,批评认为恰是这种致力于粗制滥造论文的"职业驱动"导致理论创新的衰落,即"将理论抛诸脑后"。[1] 面对这种指控,本文希望厘清如下问题,即侧重于理论假设的实证检验必然会导致理论创新不足吗?

对建构社会科学理论体系而言,假设检验拥有其自身不可替代的

---

* 本文原发表于《国际关系研究》2016年第2期(第16-20页),原为上海社会科学院国际问题研究所主办的"国际关系学科发展与外交政策实践:分离与融合"青年理论学者首届上海圆桌会议之会议论文;收入本文集时做了一些文字和技术性改动。
① John J. Mearsheimer and Stephen M. Walt, "Leaving Theory Behind: Why Simplistic Hypothesis Testing Is Bad for International Relations," European Journal of International Relations, Vol. 19, No. 3, September 2013, pp. 427–457.

作用。理论开发与假设检验①是建构社会科学体系过程中两个最为关键的步骤。当然,与假设检验相比,有学者坚持认为理论开发更为重要。② 这本无可厚非,但是将国际关系理论创新的原因归结到假设检验的盛行上面,这并不符合事实。实际上,这种指控得到了不少学者的认同;③但是,这是一种对假设检验的偏见,或者说是对其期望过高之后的一种失落,是对实证检验之功能范围的一种误解。鉴于上述指控,本文的辩护将主要集中在三个方面。

首先,对理论进行假设检验的主要目的是为了证明(或者证否)所建构理论中蕴含的命题假说,为理论开发的后续完善提供一种支持服务。每个理论框架都可以引申出若干个假设命题,每一个命题都需要通过实证程序的审视,这种增长很可能是几何级数的增长。很可能就是这个原因,造成目前实证检验类论文的大幅度增加,从而导致国际关系纯理论文章的减少,造成一种理论"贫困"的感觉。与此同时,在理论框架提出之后,实证检验需要采用一种精细且渐进的方式对理论进行评估,也同时可以根据评估的状况,对理论进行修改或完善,这一过程本身也是理论积累的过程,只不过其发展速度是日积月累的,不可能短期内就见成效,很可能无法展现出对大理论及其框架提出的影响力。

其次,这种指责暗示过多的学者将过多的精力放到了假设检验方

---

① 在术语使用方面,本文所使用的"假设检验"或者"理论检验"并不等同于统计学意义上的"假设检验";同时,本文中蕴含的"实证(empirical)"更为侧重于经验基础之上的沿袭计量统计路径的检验。当然,宽泛意义下的"实证检验"至少包括案例研究、基于抽样调查以及数据集的统计研究,以及实验设计等多种方式。
② Mearsheimer and Walt, "Leaving Theory Behind: Why Simplistic Hypothesis Testing Is Bad for International Relations.", p. 427.
③ Tim Dunne, Lene Hansen, and Colin Wight, "The End of International Relations Theory?" *European Journal of International Relations*, Vol. 19, No. 3, September 2013, pp. 405 - 425; Christine Sylvester, "Experiencing the End and Afterlives of International Relations/Theory," *European Journal of International Relations*, Vol. 19, No. 3, September 2013, pp. 609 - 626.

面,特别是重复验证那些"已得到良好验证"的理论,从而实际上挤占了提出国际关系理论所需要的人力等因素。与其他社会科学学科一样,国际关系理论学界的"分工"特征也越来越明显,这实际上是社会团体包括学术团体的正常现象。在分工方面,有的学者提出理论,其他学者对理论进行检验,这是在学术界这个"市场"上的自然选择;这种选择实际上源自知识生产流程与学者自身比较优势等众多因素的共同制约。即使在实证检验团体内部,基于方法与技术的多元化,不同学者会基于自身偏好与能力限制而选择更为专业化的检验方法,因此也出现了专业分工的趋势。"分工有理,专业无罪",这种分工与专业化虽然在某种意义上会"挤占"进行理论开发的人力物力资源,但是从整体上而言,这有助于对当前的理论框架进行更大规模的进一步的检验,从而有助于发现理论框架之因果链中存在的问题。

第三,米尔斯海默与沃尔特认为当前研究所使用的数据质量会影响假设检验的可信度,从而无法真正促进知识的积累。一般而言,数据质量只是个"相对"的概念。在那些按照科学程序收集的数据集中,当前的数据集一般都会比以往的数据集质量高,观察值多的数据集一般也会比观察值少的数据集更为反映现实情况。当然,毋庸置疑,当前存在着若干数据集因为质量问题而被搁置,可以称之为"僵尸数据";因为实证检验自身也是一个大浪淘沙的过程,一个学者通过一个数据集验证了一个假设命题,另一个学者很可能利用更多的数据集来检验理论假说以及前面学者的验证,评估理论并对以前的检验做出进一步的检验;更重要的是,定量研究也有比较的视角,比如说数据的比较与模型的比较,对同一主题的多方检验很可能会丢弃一些失真的数据与偏颇的模型,从而保留下真实的数据与正确的模型。学者有辨别力,实践有甄别力,在学术团体的检验实践中,若干数据集的质量都经受住了不同模型与检验"千锤百炼"般的考验。① 这实际上也有助于理论的完善与方法论的提升。

当然,欲戴王冠,必受其重。假设检验的繁荣后面也的确存在至少两方面的问题,若干学者从方法论角度开始检讨一些不良的假设检验倾向,②并希望通过更为严谨的手段对理论假设进行检验。一方面,沿袭着波普的发现之无线性逻辑(no linear logic)思路,③当前的实证检验科学方法,包括定性与定量方法,都强调"证实之逻辑(logic of confirmation)",而忽视了"发现之逻辑(logic of discovery)";在此,有学者批评认为,社会科学与政治学研究的方法论经典之作《社会研究设计(Designing Social Inquiry)》也在取向上偏重于证实,而不是发现与开发。④ 当然,不可否认,现存的实证检验方法理应对理论建构贡献更大一些。

另一方面,前文指控针对的"简单化"倾向也的确存在于当前政治学与国际关系研究中;例如后来的学者也对《社会研究设计》忽视因果关系复杂性、轻视因果机制建构而侧重于因果解释等倾向提出了若干批评。⑤ 当然,这种简单化的命题检验更多的是由于当时数据集与检

---

① 有学者总结了国际关系研究中运用比较广泛的数据库,见刘丰、陈冲:《国际关系研究的定量数据库及其应用》,《世界经济与政治》2011 年第 5 期,第 18 - 41 页。
② 有学者对定量政治研究中存在的问题进行了分析,并称之为定量研究的"七宗罪",见 Philip A. Schrodt, "Seven Deadly Sins of Contemporary Quantitative Political Analysis," *Journal of Peace Research*, Vol. 51, No. 2, March 2014, pp. 387 - 300.
③ Karl Popper 语,即"*There is no such thing as a logic method of having new ideas… Discovery contains 'an irrational element', or a 'creative intuition'.*"转引自 Gary King, Robert O. Keohane, and Sidney Verba, *Designing Social Inquiry: Scientific Inference in Qualitative Research*, Princeton, NJ: Princeton University Press, 1994, p. 14.
④ Alexander L. George and Andrew Bennett, *Case Studies and Theory Development in the Social Science*, Cambridge: MIT Press, 2004, pp. 11 - 13.
⑤ Alexander L. George and Andrew Bennett, *Case Studies and Theory Development in the Social Science*, pp. 11 - 12.

验技术的限制。伴随着数据集的发掘与检验技术的复杂化,复杂因果关系的检测已经得以开展。同时,现阶段实证检验存在内在局限,从而有若干实证检验文章存在模型偏颇、概念测量失当、数据失真等问题,如此很可能造成理论发展的方向偏离。但是,由于是若干研究者与团队在分门别类地聚焦于具体的研究议题,这其中存在一个互相检验的纠错机制,虽然有些文章出现模型、测量、数据上面的问题,但这些问题会在日后的研究与检验中得到进一步的修正。

所以,实证检验尽管存在其问题,但是这主要是由于其目标定位与配套技术数据发展所致。大理论的匮乏有其自身的原因,[①]并不能仅仅归因于理论假设的实证检验上。米尔斯海默与沃尔特等学者的指责实际源自他们对实证检验之"能"与"不能"的期望值存在偏差。理论开发与理论假设的检验并不遵循相同的逻辑,如波普所言,理论开发中包含着"非理性因素"或者"创造性的本能",[②]而这并不是一般人所具有的禀赋;而实证检验其中虽然也有创造成分的存在,但更多是依靠机械化的程序渐进式地分门别类地对当前议题与理论假设进行评估,寻找现实(数据)支撑或者发现理论与现实的偏离状况,从而提出新的研究问题,为下一个周期的理论开发积累知识。

二、趋势与未来

当前,实证检验的相关计量统计研究已经展现出至少三个趋势,这些新发展将可能有助于实证检验研究进一步的规范化与科学化,也可

[①] Chris Brown, "The Poverty of Grand Theory," *European Journal of International Relations*, Vol. 19, No. 3, September 2013, pp. 483–497.
[②] 转引自 King, Keohane, and Verba, *Designing Social Inquiry: Scientific Inference in Qualitative Research*, p. 14.

能有利于发现理论假设与更为精细的现实数据之间的一致或偏离,从而能够为理论的完善提供支撑或者追加新问题。

第一,理论假设检验所必需的数据支撑已经得到了数量与质量方面的双重提升。数据在广度与精度方面的拓展也体现在国际关系研究方面。多个学术期刊(如"国际互动杂志"、"冲突解决杂志"、"和平冲突杂志",以及"冲突管理与和平科学杂志")开辟专栏公布近年来的数据集进展,更为广阔地覆盖了政治学与国际关系研究的若干领域与议题。同时,数据集也展现了更为精细化的特征,可以使理论假设得到更为细致的检验,如在领导人特征方面的数据搜集。[1] 此外,不少概念得到了进一步的操作与分解,从而在更为微观的角度上对现实议题进行描述,如当前新发掘的贸易条约数据与冲突分类数据等。[2] 还有的学者针对以前数据的不全面与偏颇提供了更为准确的数据集,如国家竞争的相关数据等。[3] 若干数据也通过地理信息系统等技术得到了进一步的提

---

[1] Henk E. Goemans, Kristian Skrede Gleditsch, and Giacomo Chiozza, "Introducing Archigos: A Dataset of Political Leaders," *Journal of Peace Research*, Vol. 46, No. 2, March 2009, pp. 269 – 283; Cali Mortenson Ellis, Michael C. Horowitz, and Allan C. Stam, "Introducing the Lead Data Set," *International Interactions*, Vol. 41, No. 4, August 2015, pp. 718 – 741.

[2] Henrikas Bartusevičius, "Introducing the Categorically Disaggregated Conflict (Cdc) Dataset," *Conflict Management and Peace Science*, Vol. 33, No. 1, February 2016, pp. 89 – 110; Andreas Dür, Leonardo Baccini, and Manfred Elsig, "The Design of International Trade Agreements: Introducing a New Dataset," *The Review of International Organizations*, Vol. 9, No. 3, September 2014, pp. 353 – 375.

[3] James P. Klein, Gary Goertz, and Paul F. Diehl, "The New Rivalry Dataset: Procedures and Patterns," *Journal of Peace Research*, Vol. 43, No. 3, May 2006, pp. 331 – 348.

炼,[1]从而拓展了应用的范围。

第二,数据获取的来源更为丰富,从而有可能获取更为多元的数据集。一直以来,学者们致力于从历史文本中获取信息与定量数据,特别是近来伴随计算机技术的运用,学者们从文本中获取资料的能力与可能性得到大大提升。[2] 最为突出的是"事件数据(event data)"在国际关系领域中的拓展与应用。[3] 虽然学者们对于事件数据在误差、整合,与有效性上存在争议,[4]但是事件数据的应用的确拓展了当前的国际关系与和平冲突研究;最起码从对比的意义上,这些基于文本与新闻报道的数据可以深化我们对当前国际关系理论命题建构与检验的反思,

---

[1] Clionadh Raleigh, Andrew Linke, Håvard Hegre, and Joakim Karlsen, "Introducing ACLED: An Armed Conflict Location and Event Dataset: Special Data Feature," *Journal of Peace Research*, Vol. 47, No. 5, September 2010, pp. 651 – 660.

[2] Gary King and Will Lowe, "An Automated Information Extraction Tool for International Conflict Data with Performance as Good as Human Coders: A Rare Events Evaluation Design," *International Organization*, Vol. 57, No. 3, Summer 2003, pp. 617 – 642.

[3] 主要成果例如 Thomas Bernauer and Nils Petter Gleditsch, "New Event Data in Conflict Research," *International Interactions*, Vol. 38, No. 4, August 2012, pp. 375 – 381; Joshua S. Goldstein, "A Conflict-Cooperation Scale for Weis Events Data," *Journal of Conflict Resolution*, Vol. 36, No. 2, June 1992, pp. 369 – 385.

[4] 集中讨论请见 Nils B. Weidmann, "The Higher the Better? The Limits of Analytical Resolution in Conflict Event Datasets," *Cooperation and Conflict*, Vol. 48, No. 4, December 2013, pp. 567 – 576; Nils B. Weidmann, "On the Accuracy of Media-Based Conflict Event Data," *Journal of Conflict Resolution*, Vol. 59, No. 6, September 2015, pp. 1129 – 1149; Nils B. Weidmann, "A Closer Look at Reporting Bias in Conflict Event Data," *American Journal of Political Science*, Vol. 60, No. 1, January 2016, pp. 206 – 218; G. Dale Thomas, "Minimizing the Effects of Temporal Aggregation on Event Data Analysis," *International Interactions*, Vol. 40, No. 5, October 2014, pp. 837 – 852; Kristine Eck, "In Data We Trust? A Comparison of UCDP GED and ACLED Conflict Events Datasets," *Cooperation and Conflict*, Vol. 47, No. 1, March 2012, pp. 124 – 141.

并有助于学者对国际关系与政治学议题做出更为详尽的预测。① 除此之外,计算机等其他领域中更为多元的信息挖掘技术的发展必将进一步有助于国际关系与政治研究领域的数据获取。

第三,在数据分析的技术方面,当前的实证检验更为注重变量数据之间的关联性,渐渐地从分析单位的一元数据转变为二元数据,并且出现了方法论相互影响主义(methodological transactionalism)的倾向,使得国际关系方面社会网络分析日益兴盛。② 同时,不满于社会网络分析所具有的结构分析特征,学者们已经开始在社会网络分析中纳入时间因素,从而从时间与结构两个维度对社会网络进行更为综合的分析,以期对当前社会科学研究的实证检验发展提供技术支持。③ 再者,也有学者已经着眼于"反事实"推理框架的反思与具体统计技术的改进,比如有学者提出了"反事实"推理框架的局限④,以及流行的倾向值匹配方法的不足与改进等。⑤ 此外,若干其他领域的技术(如机器学

---

① Kalev Leetaru and Philip Schrodt, "GDELT: Global Data on Events, Language, and Tone, 1979—2012," in *International Studies Association Annual Conference*, San Francisco, March 2013; Peter Tikuisis, David Carment, and Yiagadeesen Samy, "Prediction of Intrastate Conflict Using State Structural Factors and Events Data," *Journal of Conflict Resolution*, Vol. 57, No. 3, June 2013, pp. 410 - 444; Nils B. Weidmann and Michael D. Ward, "Predicting Conflict in Space and Time," *Journal of Conflict Resolution*, Vol. 54, No. 6, December 2010, pp. 883 - 901.
② 陈冲、刘丰:《国际关系的社会网络分析》,《国际政治科学》2009 年第 4 期,第 92 - 111 页。
③ 相关进展可参阅 Vladimir Batagelj, Patrick Doreian, Anuška Ferligoj, and Nataša Kejžar, *Understanding Large Temporal Networks and Spatial Networks: Exploration, Pattern Searching; Visualization and Network Evolution*, Wiley Series in Computational and Quantitative Social Science, West Sussex, UK: John Wiley & Sons Ltd, 2014.
④ Gary King and Langche Zeng, "The Dangers of Extreme Counterfactuals," *Political Analysis*, Vol. 14, No. 2, March 2006, pp. 131 - 159.
⑤ Gary King and Richard Nielsen, "Why Propensity Scores Should Not Be Used for Matching," 2016, available at http://gking.harvard.edu/files/gking/files/psnot.pdf? m=1439838506.

习、仿真模拟与实验)也已经开始运用于政治学与国际关系研究议题中来。

三、结　语

综上所述,本文坚持认为对理论假设进行符合定量程序的实证式检验有助于正面推动理论的完善,①而不会损害学者们的理论开发。尽管理论开发是科学知识体系建构的首要任务,但是学界一方面不应该低估坚持对理论假设进行实证检验的重要性;另一方面,也不能无限拔高实证检验其自身的切实目标并期望其承担过多的任务,应注意避免陷入"方法主义"万能的迷信。② 目前各种理论源流尚未达成共识,甚至单个理论流派内部还有争议,理论与实际之间的鸿沟也依旧存在,理论假设的检验还有大量的未决任务需要完成。本文关注的实证检验在技术与数据方面固然存在自身的局限,但是当前的技术提升与数据挖掘也在改善,将会为实证检验提供新的支撑。从根本上说,理论的开发与检验遵循不同的逻辑,也形成了不同的分工,因此,致力于实证检验的学者还是应该首先立足于自身,从技术提升与数据挖掘出发,通过更为严谨的方式渐进式地对尚未达成共识的理论完善进行检验与完善。

---

① 庞珣等学者已经讨论了国际关系研究定量分析在规则与操作方面的基本原则,见庞珣:《国际关系研究的定量方法:定义、规则与操作》,《世界经济与政治》2014 年第 1 期,第 5 - 25 页。
② 关于"方法主义"的批判可以见渠敬东:《破除"方法主义"迷信:中国学术自立的出路》,《文化纵横》2016 年 4 月号。

国际贸易机制对国内武装冲突影响的研究
——基于回归断点设计的数量分析(1946—2009年)[*]

【内容提要】 国际机制不仅影响国家行为体,也影响国家层面之下的非国家行为体,并作用于两类行为体间的互动。作为最为成熟也是影响范围最为广泛的国际机制之一,国际贸易机制一方面通过机制功能作用于国内政治中的国家行为体与非国家行为体,另一方面施加影响于贸易议题从而刺激国内各行为体之间的行为。无论是机制还是贸易都与国际和平战争研究紧密相关,如"贸易和平论"与"国际制度和平论"。基于国际原因与国内产出之间的互动,国际贸易机制如何影响国内政治,特别是影响国内冲突的爆发风险? 通过回归断点分析(RDD)以及 Logit 回归,1946—2009 年之间的国际贸易机制(关贸总协定/世界贸易组织)数据及国内武装冲突数据显示,关贸总协定/世界贸易组织成员国资格的确能够在整体上显著降低国内武装冲突发生的可能性;但是,在分别控制经济因素、政治因素、社会因素、贸易因素和

---

[*] 本文原发表于《世界经济与政治》2012 年第 4 期(第 124 - 153 页);收入本文集时做了一些文字和技术性改动。

外部因素之后,实证结果显示国际贸易机制对各国国内冲突风险实际上是一种条件性的混合影响。

【关键词】 国际贸易机制　关税与贸易总协定　世界贸易组织　国内武装冲突　回归断点设计

一、引　言

贸易与和平问题在国际关系研究中由来已久。尽管相关文献不断涌现,但是对贸易与和平(或冲突)关系的研究依然处于"无休止的辩论"之中。① 近年来,相关的研究显现出了两个值得注意的新趋势:第一,尽管大多数学者依然将目光投放到传统的国际战争与和平方面,但是也有学者开始关注贸易与国内和平或者国内战争之间的实证关系,"贸易和平论"得到延伸。第二,许多学者开始将制度性因素纳入对贸易与冲突关系的考虑,"国际制度和平论"有所拓展。

基于新发展,本文致力于整合这两个趋势,并运用到国际与国内两个层次的互动之上,考察国际贸易机制对国内冲突产生的影响。因此,本文选取一脉相承的关税与贸易总协定(GATT)与世界贸易组织(WTO)作为1947—2009年之间的国际贸易机制代表,实证性地考察作为原因的GATT/WTO对作为结果的国内冲突发生率造成的影响。

与现存的大多数"贸易与冲突"研究关注货物、开放或者相互依赖因素不同,本研究试图关注贸易自由化的"制度"维度,并测量国际机制在国内政治与国内冲突中扮演的角色与施加的影响,即将国际因素视

---

① Edward D. Mansfield and Brian M. Pollins, eds., *Economic Interdependence and International Conflict*: *New Perspectives on an Enduring Debate*, Ann Arbor: The University of Michigan Press, 2003.

为原因,而将国内冲突视为结果,将国内与国际两个层面上的相关因素与行为体结合起来。本文的研究问题包括:国际贸易机制(GATT/WTO)是否会影响国内冲突发生的可能性?对一国而言,其 GATT/WTO 资格会增加还是降低其国内冲突风险?在何种程度上影响这种风险?

为解决这些问题,笔者将首先采用"回归断点设计(Regression Discontinuity Design, RDD)"方法来辨别国际贸易机制是否对国内冲突产生影响以及影响的方向与力度;随后,引入相关控制变量并诉诸 Logit 回归对影响机制做进一步的解释。

二、文献综述

本部分将通过如下脉络来梳理相关文献,关注贸易、制度与冲突议题的演变,即国际贸易与国际冲突、国际贸易与国内冲突、国际贸易机制与国际冲突,以及国际贸易机制与国内冲突。

对于"贸易与冲突/和平"关系,当前学界的大多数注意力都集中在国际贸易与国际冲突之上。其中,对于贸易是否会促生国际和平/冲突这一问题,学界主要存在至少四种不同观点,即肯定影响、否定影响、混合影响与条件制约、无显著影响等。持肯定影响的一派认为,贸易能够减少国际冲突并推动和平,这也与传统"贸易和平论"一脉相承。持否定观点者则认为国际贸易会滋生国际间武装冲突的可能性。第三类学者认为,贸易对国际冲突施加混合影响,依据不同条件而产生不同结果,如新马克思主义者与现实主义者认为对称的国际贸易会推动国际和平,而失衡的国际贸易则可能引发冲突。第四个派别则通过实证检验认为贸易与国际冲突之间并无显著的因果关系。①

与针对国际冲突的主流分析相比,学者对国际贸易与国内冲突关系的集中关注较少。但是,在一般研究中,国际贸易也被认为是重要变量。作为战争冲突研究中两个"影响深远且最常引用"的模型,②"费伦-莱廷(Fearon-Laitin)模型"与"科利尔-霍弗勒(Collier-Hoeffler)模型"都将贸易相关变量纳入考察。前一个模型强调贸易开放度与原材料出口对国内冲突的刺激作用;后者则认为大宗商品依赖可能提升国内冲突的可能性,并警告出口因素能够提升特定群体反抗的可行性(feasibility)。两个模型中的贸易相关变量都在95%置信水平上具有统计显著性。③

除一般性讨论外,许多学者也基于实证统计方法,更为关注自由贸易相关维度与国内冲突之间的关系,包括经济相互依赖程度、全球化程度、开放度与自由化程度等,其中大多结果也遵循传统"贸易和平论"。根据新自由主义论点,贸易能够在国际与国内层面上避免冲突威胁,因为国际贸易能够推动善治、经济增长、民众福利等,从而降低冲突爆发

---

① 关于对这一变量关系链接的相关综述请见 Katherine Barbieri and Gerald Schneider, "Globalization and Peace: Assessing New Directions in the Study of Trade and Conflict," *Journal of Peace Research*, Vol. 36, No. 4, 1999, pp. 387 - 404; Rafael Reuveny, " Bilateral Import, Export, and Conflict/Cooperation Simultaneity," *International Studies Quarterly*, Vol. 45, No. 1, 2001, pp. 131 - 158.
② Michael D. Ward, Brian D Greenhill and Kristin M Bakke, "The Perils of Policy by P-value: Predicting Civil Conflicts," *Journal of Peace Research*, Vol. 47, No. 4, 2010, pp. 363 - 375.
③ James D. Fearon and David D Laitin, "Ethnicity, Insurgency, and Civil War," *American Political Science Review*, Vol. 97, No. 1, 2003, pp. 75 - 90; Paul Collier and Anke Hoeffler, "Greed and Grievance in Civil War," *Oxford Economic Papers*, Vol. 56, No. 4, 2004, pp. 563 - 595; Paul Collier, Anke Hoeffler and Dominic Rohner, "Beyond Greed and Grievance: Feasibility and Civil War," *Oxford Economic Papers*, Vol. 61, No. 1, 2009, pp. 1 - 27.

的可能性。① 凯瑟琳·巴比里(Katherine Barbieri)与拉斐尔·鲁文尼(Rafael Reuveny)通过敏感度分析(sensitivity analysis)对一项大样本数据进行分析发现,对所有国家而言,贸易能够在具有统计可靠性的意义上降低内战的可能性;但是,他们也发现,对最不发达国家而言,经济开放有助于减少"正在进行中"的国内冲突,而非引发国内冲突。② 英德拉·德索伊萨(Indra de Soysa)与玛吉特·巴斯曼(Margit Bussmann)也不支持贸易依赖会引发暴力冲突的观点,认为贸易能够"直接地"促进国内和平,最主要原因是贸易可以提升国家能力。③

但是,也有学者通过实证分析发现传统"和平论"难以解释"贸易与冲突"因果链的全部。巴斯曼与杰拉尔德·施奈德(Gerald Schneider)进一步揭示出其中的混合影响,他们发现较高的经济开放度会带来较低的国内战争风险,然而经济自由化则会略微升高社会不稳定的概率;如果将时间变量纳入考虑,对外开放会同时针对社会稳定带来短期成本与长期成效。④ 菲利普·马丁(Philippe Martin)等也支持国际贸易对国内战争的混合作用,他们指出,两种相反的动力机制同时存在于因果关系中,即威慑(deterrence)与保证(insurance)。他们发现,依据国内冲突的烈度不同,贸易开放度会对国内冲突风险带来不同影响,即贸

---

① GTN, "Trade and Conflict," in Center for International Development at Harvard University, *Global Trade Negotiations*, 2005.
② Katherine Barbieri and Rafael Reuveny, "Economic Globalization and Civil War," *Journal of Politics*, Vol. 67, No. 4, 2005, pp. 1228 – 1247.
③ Indra de Soysa and Margit Bussmann, "How Taxing Is Trade? Globalization, State Capacity, and Civil War, 1960 – 99," paper presented at Polarization and Conflict Project, Universität Konstan, Germany, December 2006.
④ Margit Bussmann and Gerald Schneider, "When Globalization Discontent Turns Violent: Foreign Economic Liberalization and Internal War," *International Studies Quarterly*, Vol. 51, No. 1, 2007, pp. 79 – 97.

易开放度可以升高低烈度的国内冲突概率,却会降低高烈度的冲突风险。①

当然,整个"贸易与冲突"因果链的可靠程度也遭到克里斯托弗·马吉(Christopher S. Magee)与坦萨·马苏德(Tansa G. Massoud)等的质疑,他们检验了经济开放度与国内冲突之间的关系,并认为通过"某种测量",较大开放度会带来较少冲突。但是,若考虑到"内生性"问题,开放度并不会"显著"降低国内冲突。②

制度被称为"政治的最显著特征"。③ 近来,冲突研究开始日益重视制度因素。例如,巴比里与施奈德在分析贸易与冲突关系时,强调政治机制与冲突行为之间的因果机制;④施奈德与尼娜·韦泽霍迈尔(Nina Wiesehomeier)检验了不同政治机制与国内冲突间的关系,发现政治机制可以减少多元社会中的冲突可能性,并且包容性规则能够缓解社会紧张。当然,此处"机制"主要指国内层面的政治安排。⑤

这一动向也推动学者重新审视国家间贸易机制对国际冲突的影响。爱德华·曼斯菲尔德(Edward D. Mansfield)等通过统计分析发

---

① Philippe Martin, Mathias Theonig and Thierry Mayer, "Civil Wars and International Trade," *Journal of the European Economic Association*, Vol. 6, No. 2 - 3, 2008, pp. 541 - 550.
② Christopher S. Magee and Tansa George Massoud, "Openness and Internal Conflict," *Journal of Peace Research*, Vol. 48, No. 1, 2010, pp. 1 - 12.
③ Helen V. Milner, *Interests, Institutions, and Information: Domestic Politics and International Relations*, Princeton: Princeton University Press, 1997, p. 18.
④ Katherine Barbieri and Gerald Schneider, "Globalization and Peace: Assessing New Directions in the Study of Trade and Conflict," pp. 387 - 404.
⑤ Gerald Schneider and Nina Wiesehomeier, "Rules That Matter: Political Insituttions and the Diversity-Conflict Nexus," *Journal of Peace Research*, Vol. 45, No. 2, 2008, pp. 183 - 203.

现,特惠贸易协定(PTA)能够防止成员之间的冲突并促进和平。① 更有其他学者区分了国际贸易机制的不同形式,分别来考察不同形式机制与国际冲突之间的关系。马丁等学者发现,地区或双边贸易协定会带来较低的地区冲突可能性,却会引发与其他地区间的冲突;多边贸易的自由化则可能增加双边冲突的可能性。② 郎平通过比较研究发现,地区特惠安排的和平效应比全球贸易体制的和平效应更强。③ 文森特·维卡德(Vincent Vicard)同样认为,关税同盟或共同市场等深层次的地区贸易协定(RTAs)一般倾向于降低国际战争机率,即使是局部片面的自由贸易协定也不会对战争爆发产生显著作用。④ 但是,埃米莉·哈夫纳伯顿(Emilie M. Hafner-Burton)与亚历山大·蒙哥马利(Alexander H. Montgomery)基于社会网络分析发现,贸易机制并不会"永远"推动和平,因为信心建构(trust-building)功能难以自动发挥作用,鉴于某些条件下的不信任,特惠贸易协定可能会引发冲突。⑤

---

① Edward D. Mansfield, "Preferential Peace: Why Preferential Trading Arrangements Inhibit Interstate Conflict," In Edward D. Mansfield and Brian M. Pollins, eds., *Economic Interdependence and International Conflict: New Perspectives on an Enduring Debate*, pp. 222 – 231; Edward D. Mansfield and Jon C. Pevehouse, "Trade Blocs, Trade Flows, and International Conflict," *International Organization*, Vol. 54, No. 4, 2000, pp. 775 – 808; Edward D. Mansfield, Jon C. Pevehouse and David H. Bearce, "Preferential Trading Arrangements and Mitary Disputes," *Security Studies*, Vol. 9, No. 1 – 2, 1999, pp. 92 – 118.
② Philippe Martin, Thierry Mayer and Mathias Theonig, "Make Trade Not War?" *The Review of Economic Studies*, Vol. 75, No. 3, 2008, pp. 865 – 900.
③ 郎平:《贸易制度的和平效应分析——基于地区特惠安排与全球贸易体制的比较》,载《世界经济与政治》2009年第7期,第66 – 72页。
④ Vincent Vicard, "Trade, Conflict, and Political Integration: Explaining the Heterogeneity of Regional Trade Agreements," *European Economic Review*, Vol. 56, No. 1, 2011, pp. 54 – 71.
⑤ Emilie M. Hafner-Burton and Alexander H. Montgomery, "War, Trade, and Distrust: Why Trade Agreements Don't Always Keep the Peace," *Conflict Management and Peace Science*, Vol. 29, No. 3, 2012, forthcoming.

此外,也有学者开始讨论国际贸易机制对国内冲突的影响,但大多数文献还处于理论建构阶段,并采用定性研究方法,缺乏进一步实证检验。其中,国际非政府组织较早地呼吁人们警惕贸易自由化和全球化的负面影响,认为 WTO 会损害安全、怂恿军事主义(militarism)、偏向跨国公司和资本利益、危害民众福利,并会导致冲突。[1] 奥利·布朗(Oli Brown)等理论化地梳理了地区贸易协定引发国内冲突的可能性。他们认为,地区贸易协定可能带来对新关税壁垒的调整、激烈竞争、失业、贫困、经济不稳定、民众期待落差、减弱的国家能力等因素,这都与国内冲突爆发息息相关。[2] 也有研究者基于结构暴力(structural violence)框架来分析世界贸易组织是否有助于确保和平的问题。[3]

在初步的实证研究中,菲利普·马丁等将 GATT/WTO 会员资格视为工具变量,认为会员资格会提升贸易开放度。然而,他们也辩称 GATT/WTO 资格是解释贸易开放度与国内冲突烈度关系的"微弱"工具。[4] 马吉与马苏德发现,伴随自由化进程,国内战争概率逐渐降低。他们在其数据库中将 GATT/WTO 资格纳入考量,但在其分析中

---

[1] Susan George, "The Corporate Utopian Dream," Mark Ritchie, "Peace and International Systems," Steven Staples, "The WTO and War: Making the Connection," in Estelle Taylor, ed., *The WTO and the Global War System* (*November 28, 1999*), Seattle, Washington: Northwest Disarmament Coalition, End the Arms Race, Abolition 2000 Working Group on Corporate Issues, International Network on Disarmament and Globalization, 1999, pp. 1 – 2, 3 – 5, 9 – 12.

[2] Oli Brown, Faisal Haq Shaheen, Shaheen Rafi Khan and Moeed Yusuf, *Regional Trade Agreements: Promoting Conflict or Building Peace?* Winnipeg, Manitoba, Canada: International Institute for Sustainable Development (IISD), 2005.

[3] Lars Martin Berg, "Does the International Trade-System Help Promote Peace?" Master Thesis, *Center for Peace Studies*. Tromsø: University of Tromsø, 2009.

[4] Philippe Martin, Mathias Theonig and Thierry Mayer, "Civil Wars and International Trade," pp. 541 – 550.

并未展示出 GATT/WTO 在国内冲突中的角色。①

综上所述,学者对贸易与国内冲突之间关系的关注依然不足。首先,学者对国际贸易机制与国际冲突关系的研究有所进展,但是很少有文献关注国际贸易机制(GATT/WTO)对国内冲突的影响,因此无论是理论建构还是影响机制探索都需要进一步地完善。其次,关于贸易机制与国内冲突关系的理论模型与假设推断需要进行实证检验。最后,鉴于贸易、机制与国际冲突间关系的学术进展,对贸易机制与国内冲突关系进行关注更需要从类似研究中借鉴相关的路径与方法。

三、理论框架

本文主要探讨国际贸易机制(GATT/WTO)对国内冲突发生率(incidence)的影响。这一目标试图衔接三个主要变量,即贸易、机制与国内冲突;它也同时沟通了国际层面的驱动因素与国内层面的结果因素。因此,自变量是 GATT/WTO 会员资格,应变量是国内冲突发生率与风险。为考察国际贸易机制与国内冲突间的因果关系,本研究理论框架至少基于三种相互关联的研究,即"颠倒的第二意象"理论、国际机制理论以及贸易与国内冲突研究等,其中,贸易与国内冲突研究是框架构建的主要基础。

(一)"颠倒的第二意象"

传统国际关系理论大多将国家视为一元行为体。近年来,越来越

---

① Christopher S. Magee and Tansa George Massoud, "Openness and Internal Conflict," pp. 1 – 12.

多的学者呼吁"将国内政治带回到国际关系理论之中",[1]由此产生了两个走向:一个分支试图讨论国内因素对国际政治的影响,这是传统的"第二意象"框架;[2]另一个分支则是关注国际政治及国际结构如何影响国内政治的问题,其中国际动力成为自变量,它会"在决策、重大事件或者政策形成的特殊时刻"塑造国家行为。[3] 由此,学者开始关注国内政治变化的国际原因,即将国内结果归因于国际因素。[4] 但大多数文献都关注国际因素对国家行为体或政府行为的影响,国际因素对非国家行为体行为的塑造则被相对忽视。

在冲突研究方面,学者通过案例研究与实证检验聚焦于与国内战争相关联的国际或跨国因素,有助于改变将国内冲突系于一国特殊性的不足。[5] 有些学者强调全球政治及资本主义经济对于国内战争的影响,试图从"全球经济对抗政治结构"角度来探索冲突的机制。[6] 具体言之,如外部干涉、恐怖主义、跨国族群、移民等因素都被认为与国内战

---

[1] Helen V. Milner, *Interests, Institutions, and Information: Domestic Politics and International Relations*, p. 3.

[2] Kenneth N. Waltz, *Man, the State, and War*, New York: Columbia University Press, 1959.

[3] Peter Gourevitch, "The Second Image Reversed: The International Sources of Domestic Politics," *International Organization*, Vol. 32, No. 4, 1978, p. 883.

[4] Helen V. Milner and Robert O. Keohane, "Internationalization and Domestic Politics: A Conclusion," in Robert O. Keohane and Helen V. Milner, *Internationalization and Domestic Politics*, New York: Cambridge University Press, 1996, pp. 243 – 258; Helen V. Milner and Robert O. Keohane, "Internationalization and Domestic Politics: An Introduction," in Robert O. Keohane and Helen V. Milner, *Internationalization and Domestic Politics*, pp. 3 – 24.

[5] Kristian Skrede Gleditsch, "Transnational Dimensions of Civil War," *Journal of Peace Research*, Vol. 44, No. 3, 2007, p. 293.

[6] J. Craig Jenkins and Kurt Schock, "Global Structure and Political Processes in the Study of Domestic Political Conflict," *Annual Review of Sociology*, Vol. 18, 1992, p. 181.

争相联系。①

基于海伦·米尔纳(Helen V. Milner)的三变量国内政治分析框架,本文假设国际因素(国际贸易机制)会同时影响国家层面之下的国家行为体与非国家行为体,这种影响主要通过塑造偏好、界定利益以及决定信息分配等得以实现;同时,国际机制也会影响相应的国内政治机制发生变化。② 在这种情形下,每一行为体都具有不同的偏好和信息分配,基于国际机制的进入与国内机制的变化,这些行为体会重新界定利益、计算得失,并做出合作还是冲突的决定。

(二) 国际机制理论

机制也是一个"极其混乱的概念"。③ 尽管如此依旧可以将它定义

---

① Hans-Peter Gasser, "Internationalized Non-International Armed Conflicts: Case Studies of Afghanistan, Kampuchea, and Lebanon," *American University Law Review*, Vol. 33, 1983, pp. 145 – 161; Steven E. Lobell and Philip Mauceri, *Ethnic Conflict and International Politics: Explaining Diffusion and Escalation*, New York: Palgrave Macmillan, 2004; Karen Rasler, "Internationalized Civil War: A Dynamic Analysis of the Syrian Intervention in Lebanon," *Journal of Conflict Resolution*, Vol. 27, No. 3, 1983, pp. 421 – 456; Gregory A. Raymond and Charles W. Kegley, Jr., "Long Cycles and Internationalized Civil War," *The Journal of Politics*, Vol. 49, No. 2, 1987, pp. 481 – 499; Mike Ryckman, "International Terrorism as Internationalized Civil War," paper presented at the annual meeting of the ISA's 50th Annual Convention "Exploring the Past, Anticipating the Future," New York Marriott Marquis, New York City, USA, February 15, 2009; Idean Salehyan, *Rebels without Borders: Transnational Insurgencies in World Politics*, Ithaca and London: Cornell University Press, 2009; Sidney Tarrow, "International Insitutions and Contentious Politics: Does Internationalization Make Agents Freer or Weaker?" paper presented at "Coping with World Transitions," American Sociological Association Annual Meeting, Chicago Illinois, August 6, 1999.
② Helen V. Milner, *Interests, Institutions, and Information: Domestic Politics and International Relations*, p. 18.
③ Robert O. Keohane, "International Institutions: Two Approaches," *International Studies Quarterly*, Vol. 32, No. 4, 1988, pp. 382 – 383.

为"塑造人类行为的、已被社会接受的限制或规则",①或"一种特殊的正式或非正式的人类建构起来的安排"。② 从理性视角而言,机制能够减少不确定性,改变交易成本,提供信息,稳定期待,使强制变得可行,并有助于期待与预期。同时,机制能够预测可被接受的国家行为,却同时禁止不被接受的行为类型。学者认为,机制之所以重要是因为它能够塑造国际政治中重要行为体的行为,特别是国家行为。③

和平与冲突也是国际机制理论的聚焦。尽管现实主义学者并不认同,④"国际制度和平论"学者依旧认为机制能够使国家"远离战争","促进稳定"。布鲁斯·拉西特(Bruce M. Russett)和约翰·奥尼尔(John R. Oneal)认为,国际组织能够为成员提供私人信息,从而降低不确定性;同时也能够推动加入国家之间和平解决冲突,并拓展国家在利益界定方面的观点。⑤ 问题在于,学者大多将国家视为一元行为体,很少关注国际机制对国内冲突以及国内各行为体的影响。

有些学者试图打破国际机制与国内政治之间的障碍,莉萨·马丁

---

① Helen V. Milner, *Interests, Institutions, and Information: Domestic Politics and International Relations*, p. 18.
② Robert O. Keohane, "International Institutions: Two Approaches," pp. 382 – 383.
③ Robert O. Keohane, "International Institutions: Two Approaches," pp. 386, 388; John J. Mearsheimer, "The False Promise of International Institutions," *International Security*, Vol. 19, No. 3, 1994, p. 8; Lisa L. Martin and Beth A. Simmons, "Theories and Empirical Studies of International Institutions," *International Organization*, Vol. 52, No. 4, 1998, p. 742; Robert O. Keohane and Lisa L. Martin, "The Promise of Institutionalist Theory," *International Security*, Vol. 20, No. 1, 1995, pp. 39 – 51.
④ John J. Mearsheimer, "The False Promise of International Institutions," p. 14.
⑤ Bruce M. Russett and John R. Oneal, *Triangulating Peace: Democracy, Interdependence, and International Organizations*, New York: W. W. Norton & Company, 2001;国内讨论可参见郭树勇:《评国际制度和平论》,载《美国研究》2000年第1期,第24 – 40页;常欣欣:《国际组织与国际和平关系的理论考察:兼评国际制度和平论》,载《新视野》2011年第4期,第90 – 93页。

(Lisa L. Martin)与贝丝·西蒙斯(Beth A. Simmons)通过"层次分析分解(level-of-analysis divide)"重新审视机制,强调国内政治在国际政治中的角色。他们认为,只有通过"国内政治渠道"或者"替代国际实践",国际机制才能影响国家行为。① 当然,他们也更多地关注国家行为体的行为,非国家行为体也被忽略。关于国际机制影响国内政治的相关机制,田野认为,在给定偏好之下,国际机制能够改变当前不同国家之间的信息分布、权力分配与利益分配等;根据国内机制的不同特征以及国家的承诺遵守情况,国际机制能够充当信号和承诺装置、权力资源再分配工具以及社会集团政治动员工具等角色。② 国际机制的效果可以视为"简单的二元变量",即合作与否、遵守与否。进一步而言,机制对国家行为具有两种影响,即趋同(convergence)与差异(divergence),前者是国家行为标准偏差的缩减,而后者则是国家行为标准偏差的扩大。③

本文将国内冲突视为国内行为体(政府与各非国家行为体)在国际机制影响之下的互动结果。基于不同的偏好,本文首先假设国际机制能够影响不同行为体间的信息、利益与权力分配,因此导致国家行为体与非国家行为体在行为方面的趋同或差异,从而引发冲突或者合作等不同结果。

其次,基于不同的国内政治机制以及国家与国际机制间的不同关

---

① Lisa L. Martin and Beth A. Simmons, "Theories and Empirical Studies of International Institutions," pp. 739, 747.
② 田野:《国际制度对国内政治的影响机制:来自理性选择制度主义的解释》,载《世界经济与政治》2011 年第 1 期,第 5 - 24 页。
③ Lisa L. Martin and Beth A. Simmons, "Theories and Empirical Studies of International Institutions," p. 752; Liliana Botcheva and Lisa L. Martin, "Institutional Effects on State Behavior: Convergence and Divergence," *International Studies Quarterly*, Vol. 45, No. 1, 2001, pp. 3 - 5.

系,国际机制可以被视为信号和承诺装置、权力资源再分配工具及社会集团政治动员工具等,因此国际机制对不同的行为体而言,具有不同的角色定位,并且带来国内战争的各种可能性。

最后,在国际和地区层面上,存在着多种多样的国际贸易机制,包括全球性的 GATT/WTO 与地区贸易协定等。因此,"机制链接(institutional linkage)"与机制"簇"的问题必须得到正视。[1] 本文假设 GATT/WTO 除了能够直接影响国内机制与行为体外,还能通过其他国际机制(如地区贸易协定)影响国内机构与行为体。

(三) 贸易与冲突研究

根据当前国内冲突研究,贸易相关议题是学者关注的重要变量,其中可以分为两种观点,新自由主义观点与非新自由主义观点。

作为一种"广为接受的智慧",贸易被认为是经济增长、贫困减除与工作岗位创造的"有力驱动",这些都有助于和平的缔造。[2] 其中,最为显著的是世界贸易组织提出的"十大助益",它宣称自由贸易有助于削减生活成本、为消费者提供更多选择、增加收入、刺激经济增长、创造更多就业,推动善治。并且,世界贸易组织认为和平源于其三个基本原则,即"推动贸易平和流动"、"管理贸易议题争端"和"国际信心与合作"。[3] 世界和平会提供一个和平环境,从而有助于降低国内冲突的风险。

---

[1] Oran R. Young, *Governance in World Affairs*, Ithaca: Cornell University Press, 1999, p. x.
[2] Oli Brown, Faisal Haq Shaheen, Shaheen Rafi Khan and Moeed Yusuf, *Regional Trade Agreements: Promoting Conflict or Building Peace?* Winnipeg, Manitoba, Canada: International Institute for Sustainable Development (IISD), 2005.
[3] WTO, 10 *Benefits of the WTO Trading System*, Geneva: World Trade Organization, 2008.

然而,若干学者认为,伴随贸易自由化与全球化,世界贫困与不平等程度增强,尽管绝对贫困状况减少,但是相对贫困与收入不平等状况加剧。同时,较高贫困发生率、更慢经济增长、高失业率以及犯罪率也有所增加,因此,全球化与自由化"远离"新自由主义者所期待的状况。[1]

根据当前国内冲突研究成果,除前文所述论断与变量外,贸易也通过多种因素和途径对各种国家及国内各行为体施加正面或者负面、或大或小的影响,从而最终影响国内冲突发生的风险,参见图1。

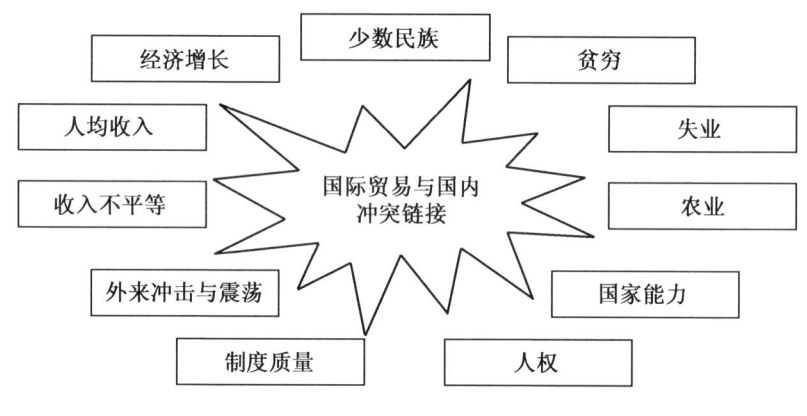

图1 贸易与国内冲突的议题联结

第一,学者认为,一国的原材料或资源出口份额过大,可能为潜在

---

[1] Katherine Barbieri and Gerald Schneider, "Globalization and Peace: Assessing New Directions in the Study of Trade and Conflict," pp. 387-404; Robert Hunter Wade, "Is Globalization Reducing Poverty and Inequality?" *World Development*, Vol. 32, No. 4, 2004, pp. 567-589; Ray Kiely, "Globalization and Poverty, and the Poverty of Globalization Theory," *Current Sociology*, Vol. 53, No. 6, 2005, pp. 895-914; Marion Jansen and Eddy Lee, *Trade and Employment: Challenges for Policy Research*, Geneva: World Trade Organization and International Labour Office, 2007; Edward Miguel, Shanker Satyanath and Ernest Sergenti, "Economic Shocks and Civil Conflicts: An Instrumental Variable Approach," *Journal of Political Economy*, Vol. 112, No. 4, 2004, pp. 725-753.

的叛乱群体提供资金支持;同时,较高的原油出口也会削弱国家能力,而对其他群体提供反抗的诱因;国内生产总值(GDP)中的大宗物品依赖与自由化也是升高国内冲突风险的重要原因。①

第二,许多反全球化者认为贸易开放度会"掏空"国家,并引发群体间的冲突与仇恨。② 但是,令人困扰的是,也有学者发现两者之间是一种负相关关系,贸易开放度会降低国内冲突风险。③

第三,机制质量(quality of institutions)是国家利益分配与再分配的重要变量。机制能够界定国内行为体的利益与权力,并影响国内行为体的偏好。④ 同时,阿克塞尔·博尔曼(Axel Borrmann)等认为机制质量对于贸易与经济增长具有正相关关系。如果机制质量较低,则难以从贸易中获益。机制质量包括劳动市场规制、市场准入管理、税收系

---

① Paul Collier and Anke Hoeffler, "Greed and Grievance in Civil War," pp. 563–595; James D. Fearon, "Primary Commodity Exports and Civil Wars," *Journal of Conflict Resolution*, Vol. 49, No. 4, 2005, pp. 483–507; Indra de Soysa and Margit Bussmann, "How Taxing Is Trade? Globalization, State Capacity, and Civil War, 1960–99," December 2006; Margit Bussmann and Gerald Schneider, "When Globalization Discontent Turns Violent: Foreign Economic Liberalization and Internal War," pp. 79–97; Philippe Martin, Mathias Theonig and Thierry Mayer, "Civil Wars and International Trade," pp. 541–550; David Keen, "Liberalization and Conflict," *International Political Sience Review*, Vol. 26, No. 1, 2005, pp. 73–89.
② Amy Chua, *World on Fire: How Exporting Free Market Democracy Breeds Ethnic Hatred and Global Instability*, New York: Doubleda, 2003.
③ Indra de Soysa and Margit Bussmann, "How Taxing is Trade? Globalization, State Capacity, and Civil War, 1960–99," December 2006; Margit Bussmann and Gerald Schneider, "When Globalization Discontent Turns Violent: Foreign Economic Liberalization and Internal War," pp. 79–97.
④ Helen V. Milner, *Interests, Institutions, and Information: Domestic Politics and International Relations*, p. 127.

统有效性、法律规则与政府有效性等。①

第四,贸易自由化涉及关税削减、外来竞争以及国内产业调整等,因此会对国家的财政收入带来不利影响。特别是对许多低收入国家而言,其贸易税收是政府收入的最主要来源。但是,根据研究,贸易自由化与贸易改革会依据一国状况而造成"模糊"影响,对欠发达国家而言,负面影响居多。② 这可能损害一国的国家能力。一旦国家能力遭到弱化,国内战争风险就会增高。对于贸易开放度、国家能力与国内冲突之间的关系已经被学者厘清并得到检验。③

第五,一国进入贸易机制和世界市场,并不必然带来经济收益,也会使本国暴露在外国经济影响之下。爱德华·米格尔(Edward Miguel)等学者发现,经济震荡与冲击对国内冲突风险具有"显著的因果影响"。马克·尼曼(Mark Nieman)也发现,全球性经济、社会与政治等层面的剧烈变化与国内冲突风险升高具有统计显著性。④

第六,若干研究显示,贸易对一国人权状况具有实际效果,贸易提

---

① Axel Borrmann, Matthias Busse and Silke Neuhaus, "Institutional Quality and the Gain from Trade," *HWWA Discussion Paper 341*, Hamburgisches Welt-Wirtschafts-Archiv, Hamburg Institute of International Economics, 2006.
② Liam Ebrill, Janet Stotsky and Reint Gropp, "Fiscal Dimensions of Trade Liberalization," in Bernard Hoekman, Aaditya Mttoo and Philip English, eds., *Development, Trade, and The WTO: A Handbook*, Washington, D. C.: The World Bank, 2002, pp. 24 – 27.
③ Timothy Besley and Torsten Persson, "State Capacity, Conflict and Development," *Econometrica*, Vol. 78, No. 1, 2010, pp. 1 – 34; Indra de Soysa and Margit Bussmann, "How Taxing is Trade? Globalization, State Capacity, and Civil War, 1960 – 99," December 2006; Thierry Verdier, "Openness, Conflicts and State Capacity Building: A Political Economy Perspective," paper presented at 6th Australasian Trade Workshop, March 12, 2011.
④ Edward Miguel, Shanker Satyanath and Ernest Sergenti, "Economic Shocks and Civil Conflicts: An Instrumental Variable Approach," pp. 725 – 753; Mark David Nieman, "Shocks and Turbulence: Globalization and the Occurrence of Civil War," *International Interactions*, Vol. 37, No. 3, 2011, pp. 263 – 292.

升可能会导致一国人权状况恶化。贸易可能会影响可持续发展、民众健康、人口贩卖、贫困与少数民族边缘化等因素。① 人权已经被冲突研究引入,认为这是预测战争爆发的显著变量。②

第七,农业是一国稳定与民众生计的基础,是减贫与消除饥饿的重要手段,对一国可持续发展与政治稳定都有深刻影响。但是,贸易自由化对一国之内的不同群体、不同产业会产生不均匀的影响,发展中国家与欠发达国家的农业及其群体经常遭受发达国家的冲击。面对贸易自由化,欠发达国家从中获得收益的能力受到多种限制,实际上是失败者。就一国而言,贫困与边缘群体较难从经济增长中获益。③

第八,少数民族群体是受贸易自由化影响最为显著的群体之一。大多数少数民族群体是"贫困中的最为贫困者"。他们一般面临较少的

---

① Berta Esperanza Hernandez-Truyol and Stephen J. Powerll, *Just Trade: A New Covenant Linking Trade and Human Rights*, New York: New York University Press, 2009; Robert A. Sirico, "Free Trade and Human Rights: The Moral Case for Engagement," *Trade Policy Briefing Paper*, No. 2. Cato Institute, 1998; Gudrun Zagel, "The WTO and Trade-Related Human Rights Measures: Trade Sanctions vs. Trade Incentives," *Austrian Review of International and European Law*, Vol. 9, 2004, pp. 119 – 160.

② Nicolas Rost, Gerald Schneider and Johannes Kleibl, "A Global Risk Assessment Model for Civil War," *Social Science Research*, Vol. 38, No. 4, 2009, pp. 921 – 933; Oskar N. T. Thoms and James Ron, "Do Human Rights Violations Causes Internal Conflict?" *Human Rights Quarterly*, Vol. 29, No. 3, 2007, pp. 674 – 705.

③ Niek Koning and Per Pinstrup-Andersen, "Agricultural Trade Liberalization and the Least Developed Countries," in Niek Koning and Per Pinstrup-Andersen, eds., *Agricultural Trade Liberalization and the Least Developed Countries*, Dordrecht, The Netherlands: Springer, 2007, p. 10; UNDP, *Human Development Report 2005: International Cooperation at a Crossroad (Aid, Trade and Security in an Unequal World)*, New York: United Nations Development Programme, 2005, p. 113; Caf Dowlah, ed., *Backwaters of Global Prosperity: How Forces of Globalization and GATT/WTO Trade Regimes Contribute to the Marginalization of the World's Poorest Nations*, Westport: Praeger, 2004.

从发展中获益的机会,甚至从国家增长过程中被排除出去。① 同时,少数民族及其构成在国内冲突要素中居于显著地位。因此,贸易自由化可能威胁少数民族生计而最终影响国内冲突风险。②

综上所述,本部分已经初步确认出连接国家贸易与国内冲突的不同因果路径与中介变量。本文假定,国内战争发生在政府与非国家行为体之间,或者非国家行为体之间。伴随贸易自由化,行为体会得到收益或遭受损失。一方面,国家因为税收减少而损害国家能力;另一方面,非国家行为体因为在自由化中被边缘化而心生不满,或者因为资源出口而权衡利弊衍生出进行武装反抗攫取更大利益的动机,并以此得到资源和大宗物品的资金支持。这些"委屈(grievance)"因素与"贪婪(greed)"因素都可能在贸易自由化中得到凸显。除利益纷争与诱惑之外,国内行为体也会面临彼此之间权力的失衡,从而改变旧有的均衡状

---

① Robert Archer and Mohammad-Mahmoud Ould Mohamedou, "Racial and Economic Exclusion: Policy Implications," Versoix, Switzerland: International Council on Human Rights Policy, 2001; DFID, "Aid For Trade: Sharing the Benefit of Trade," *Strategy 2008 -13*, Department of International Development, UK, 2008; MRG, "Minority and Indigenous Peoples' Rights in the Millennium Development Goals," *MRG Briefings*, *Minority Rights Group International*, 2003; Milo Vandemoortele, Dan Harris and Kate Bird, "Trade and Pro-poor Growth," *JLP-PPG Briefng Note 5*, London: Overseas Develop Institute, 2010.

② Randall J. Blimes, "The Indirect Effect of Ethnic Heterogeneity on the Likelihood of Civil War Onset," *Journal of Conflict Resolution*, Vol. 50, No. 4, 2006, pp. 536 – 547; Joan Esteban and Gerald Schneider, "Polarization and Conflict: Theoretical and Empirical Issues," *Journal of Peace Research*, Vol. 45, No. 2, 2008, pp. 131 – 141; James D. Fearon and David D Laitin, "Ethnicity, Insurgency, and Civil War," pp. 75 – 90; Jose G. Montalvo and Marta Reynal-Querol, "Ethnic Polarization, Potential Conflict, and Civil Wars," *American Economic Review*, Vol. 95, No. 3, 2005, pp. 796 – 813; Marta Reynal-Querol, "Ethnicity, Political Systems and Civil War," *Journal of Conflict Resolution*, Vol. 46, No. 1, 2002, pp. 29 – 54; Nicholas Sambanis, "Do Ethnic and Nonethnic Civil Wars Have the Same Causes," *Journal of Conflict Resolution*, Vol. 45, No. 3, 2001, pp. 259 – 282.

态,引发国内冲突。

(四) 小结:综合框架与假设命题

作为主要的国际贸易机制,GATT/WTO 主要通过直接与间接两个途径作用于国内多元行为体之间的互动,从而影响国内冲突的风险。本文根据国际与国内两个层次对相关变量进行区分。在国际层面上,本文将关注基于不同议题的国际机制,主要是 GATT/WTO 与地区贸易机制;在国内层面上,则关注行为体、议题与国内机制。

如图 2 所示,就影响的直接途径而言,GATT/WTO 可以同时通过对相关贸易议题与国内机制施加作用,从而影响政府与其他行为体之间的互动。在议题方面,GATT/WTO 能影响一国的贸易,而贸易

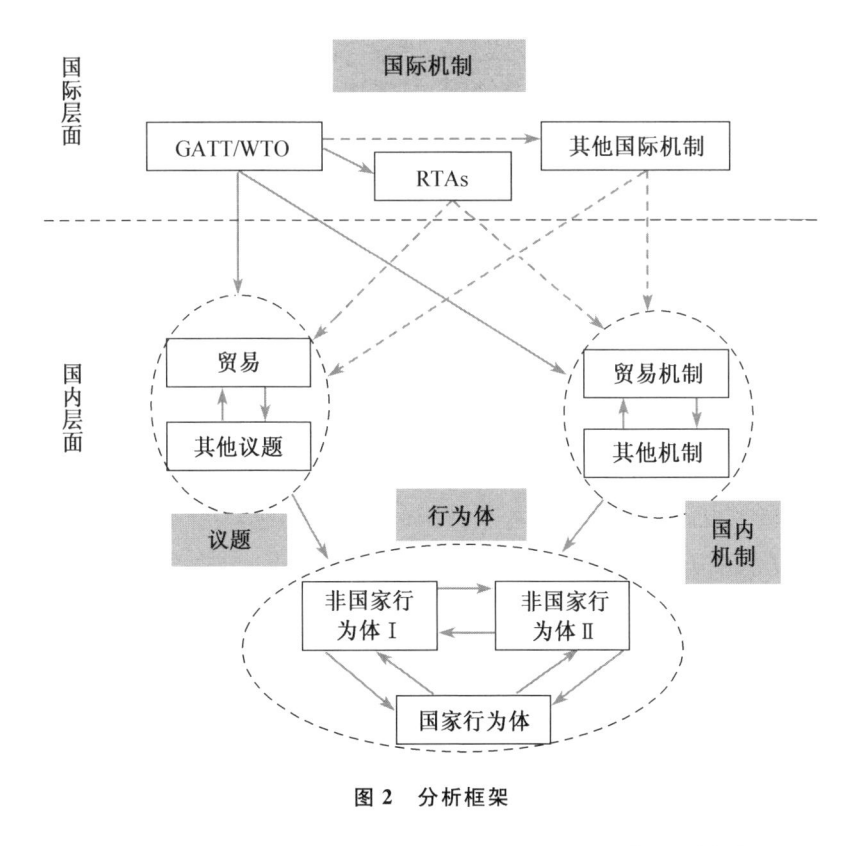

图 2 分析框架

上篇 理论探索

又与人权、就业、收入、增长等议题息息相关,从而进一步影响行为体间的互动,并导致不同的国内冲突风险。同时,进入一种国际机制,大多数成员必须调整其国内机制,机制调整势必牵扯到政治价值的重新分配,最终作用到行为体身上。

就间接途径而言,GATT/WTO资格也会影响地区贸易协定与其他类型的国际机制。GATT/WTO提供了一般化的规制框架。当前,无论是成员还是非成员,大多都融入贸易自由化潮流之下,并且被国际贸易规则所影响。可以确定的是,与非会员国相比,国际贸易规则对会员的影响更具有强制性与可预测性。

本文将一国加入GATT/WTO分解为四个不同的维度,分别是国家是否具有GATT/WTO资格、国家融入GATT/WTO的程度、国家的机制适应时间以及GATT/WTO自身的贸易自由化阶段等。本文假设国际贸易机制的每个维度都会作用于一国发生国内冲突的可能性。

假设1:与GATT/WTO非成员国相比,GATT/WTO成员国通常面临着较低的国内武装冲突风险。

当一国进入GATT/WTO机制,它就必须接受相关的国际贸易规则。除对国家行为造成影响外,国际规则进入一国之后,必定会影响不同国内行为体,影响其偏好选择、利益界定和信息分配等。一般而言,GATT/WTO能够减少国内行为体行为的不确定性,在贸易自由化规则下减少彼此间的交易成本,增强未来预期,加之GATT/WTO拥有强制与惩戒机制,因此行为体行为也会趋同。

对GATT/WTO非成员国而言,即使它已主动接受GATT/WTO规则,但是由于未得到GATT/WTO的接纳,其对贸易规则的接受具有更大不确定性,因此将影响国内行为体的交易成本与未来预期,行为体行为可能倾向于差异化,而行为的差异化则会导致双方冲突的发生。

假设2:一个国家融入GATT/WTO的程度越高,其国内武装冲突发生的风险就越低。

自GATT建立以来,一国与国际贸易机制发生互动可以分为四种程度,分别是事实地位、部分加入、GATT缔约方与WTO成员国等。其中,前三个阶段都是GATT时期存在的类型。每个程度下的国家权利义务、规制程度与制度化水平各不相同。与前两个阶段相比,GATT缔约方与WTO成员国是规制管理程度与制度化水平最高的。在高制度化水平之下,贸易自由化对各国以及其国内行为体影响程度更大,有助于提高国内行为体行为的预期,并且能够通过相应政策来控制并惩戒违反相关规则的行为。由此,国内行为体间发生冲突的风险会降低。

假设3:一国正式进入GATT/WTO的时间越长,国内武装冲突发生的可能性越小。

当一国进入国际机制,其国内机制与国内行为体则必然面临对国际规则的调整与适应。这种调整与适应至少与两个因素相关,即国内行为体政策偏好与国际机制政策偏好的距离以及各国调整并适应国际规则的时间。当其国内规则与国际规则差距较小时,其与国际机制的一致性可能在很短时间内能够实现。但是,当其内部机制与国际机制相差较大时,它便需要较长时间来适应国际机制。一国正式进入GATT/WTO的时间越长,其拥有的调整和适应时间就越长,其行为体就会越来越接近国际机制的要求,行为会日益趋同。就长时段来看,不同行为体的偏好有趋同倾向,它们之间发生冲突的可能性就会降低。

假设4:在GATT/WTO中,一国越处于较早期的回合之中,其国内武装冲突的发生率便越低。

自诞生以来,国际贸易机制逐步削减关税及其他贸易壁垒,拓展自由贸易覆盖面,并推行其贸易自由化进程。1947—2009年,国际贸易机制总共经过并实施了八个成功的谈判回合,即 1947 年的日内瓦回合、1949 年的安纳西回合、1950 年的托奎回合、1956 年的日内瓦回合、1960—1961 年的狄龙回合、1964—1967 年的肯尼迪回合、1973—1979 年的东京回合以及 1986—1994 年的乌拉圭回合;多哈回合自 2001 年开启以来尚未达成协议,[①]因此不包括在内。这八个回合的自由化力度愈来愈高,其自由化趋势会更加影响相关的贸易议题,对各个团体的冲击也越来越严重,因此就会在国内各个行为体间造成更为剧烈的利益冲突。因此,一国越是处于 GATT/WTO 的早期回合之中,其面临的国内冲突可能性越低;一国越是处于 GATT/WTO 的晚期阶段,其面临的国内冲突可能性会升高。

综上所述,基于国际政治对国内政治影响、国际机制理论以及贸易与国内冲突的相关研究,本文假设加入 GATT/WTO 有助于相对降低国家发生国内冲突的风险。同时,一国与 GATT/WTO 关系的不同维度可能产生不同的国内冲突可能性。加之,不同的国家具有不同的具体情况,在不同控制变量之下,GATT/WTO 资格对一国国内冲突的影响大多是条件性的混合影响。

四、方法、变量与数据来源

本文试图通过回归断点设计(RDD)与 Logit 回归来确认并估计国际贸易体制(自变量)对国内战争冲突发生风险(应变量)的影响,并检验上述假设及其因果性。

---

① WTO, *Understanding the WTO*, Geneva: World Trade Organization, 2011.

(一) 方法及适用性

回归断点分析是近年来计量研究中日益受到关注的重要研究方法。鉴于当前计量方法"无必要的复杂"、"甚至有害"的倾向,乔舒亚·安格里斯特(Joshua D. Angrist)与袁恩-史蒂芬·皮施克(Jörn-Steffen Pischke)指出,计量经济学核心且基础的方法有三种,分别是针对统计控制的线性回归、针对自然试验分析的工具变量方法以及探索政策变化的双重差分分析(difference-in-differences)等。在此基础上,他们又对计量方法进行延伸,其中之一便是回归断点分析。这些方法被称为"最为无害"的计量方法。回归断点分析可以用于发掘探索那些决定干预措施(treatment)的相关规则及影响。[①] 除在经济研究中得到广泛应用外,回归断点分析在政治研究中也得到越来越多的运用,其主题包括选举研究、国际组织领导权、对外援助问题以及发展援助与国内冲突等。[②]

回归断点分析经常被用于这种情形,即基于分类值是否超过一个阈值或断点,一些样本得到选择并受到干预,这些样本会具有不同于未

[①] Joshua D. Angrist and Jörn-Steffen Pischke, *Mostly Harmless Econometrics*: *An Empiricist's Companion*, New Jersey: Princeton University Press, 2009, p. 251.

[②] 运用回归断点分析的政治研究类文章可见:Edward Miguel and Farhan Zaidi, "Do Politicians Reward Their Supporters? Regression Discontinuity Evidence from Ghana," Burkle Center for International Relations, University of California, Los Angeles, 2003; Erik Voeten, "Do Nationals in Leadership Positions Affect Cooperation with International Organizations? Evidence from the International Criminal Court Using a Regression Discontinuity Design," September 24, 2009, available at SSRN: http://ssrn.com/abstract = 1478167; Jean-Louis Arcand, Adama Bah and Julien Labonne, "Conflict, Ideology and Foreign Aid," *CERDI*, *Etudes et Documents* No. E 2010. 21, 2010; Benjamin Crost and Patrick B. Johnston, "Aid under Fire: Development Projects and Civil Conflict," *Belfer Center Discussion Paper*, *No. 2010 -18*, Belfer Center for Science and International Affairs, Harvard Kennedy School, 2010, pp. 1 - 56.

受干预的样本表现。它经常被用于资源分配或者施加制裁的情形中。有效运用回归断点分析的前提条件是,确定断点或阈值必须独立于样本对象的分类选择。① 因此,回归断点分析能较好控制内生性问题,其实质是一种"局部随机试验",更加接近于真正的随机试验。② 根据样本中的合格观察值被分配给实验组或对照组的情况,回归断点分析可以分为"严格(sharp)"分析与"模糊(fuzzy)"分析。前者将所有合格的样本全部纳入实验组,不合格的样本全部进入对照组;后者则是一定比例的合格样本未进入实验组,同时,一定比例的不合格样本却进入了实验组。③

鉴于本文研究主题操作的困难,本文采用理想状态下的"严格"分析,假定所有合格的国家都接受 GATT/WTO 的干预,而对照组中的所有样本都不合格。这个假定的不妥之处在于,它排除了加入 GATT/WTO 谈判过程中的复杂政治权衡。

加入 GATT/WTO 意味着相关国家国内政策甚至全球政策的改变(特别是大国加入时)。这将必然带来某种程度的资源分配或者重新分配,这符合回归断点分析的要求。本文将"干预"定义为一国正式进入国际贸易规则体系,由此区分会员国或非会员国。为使断点确定与样本遴选之间的关联最小化,本文将一国加入 GATT/WTO 的时间长短视为驱动变量(running variable)。加入 GATT/WTO 的时间长短实际上是一种"调整年",而不是自然年。一国加入 GATT/WTO 的当年记为 0 年,其前一年则为 −1 年,后一年记为 1 年,以此类推。因此,

---

① Howard S. Bloom, "Modern Regression Discontinuity Analysis," *MDRC Working Papers on Research Methodology*, December 2009, pp. 1 – 51.
② David S. Lee and Thomas Lemieux, " Regression Discontinuity Designs in Economics," *Journal of Economic Literature*, Vol. 48, 2010, p. 283.
③ Howard S. Bloom, "Modern Regression Discontinuity Analysis," pp. 1 – 51.

一国融入 GATT/WTO 的最大年限为 61 年。若一国尚未加入 GATT/WTO,其所有加入时间记为－99 年。考虑到国际贸易规则机制可能带来滞后效应,本文将 GATT/WTO 资格滞后两年。由此,断点的确定与某年某国加入 GATT/WTO 与否之间相互独立。

在本文中,测量贸易规则体制对国内冲突产生影响的表达式规定为:

$$\tau_{trade} = \lim_{x \downarrow c}(Y_i \mid X_i = x) - \lim_{x \uparrow c}(Y_i \mid X_i = x)$$

此处,Y_i 表示给定年份 i 的冲突与否(1 或 0),X_i 代表一国是否正式进入国际贸易机制,x 表示一国进入到 GATT/WTO 中的时间长短;$x \in [-99, 61]$;c 是区分对照组与实验组的断点值,鉴于滞后效应,c 为常量 2。若 $x \geq 2$,则代表该国在该年接受 GATT/WTO 干预。

显而易见,一国 C_i 在加入 GATT/WTO 前后,其国家特征(如人口、经济、收入、族群等)不会改变过多,可以分为相对同质的 C_{preGW} 与 C_{postGW},并分配对照组与实验组。若在断点附近,各国面临的国内冲突风险有显著差异(通过 t 检验),就可以确定 GATT/WTO 的确能够影响各国面临的国内冲突风险。

在完成回归断点分析的图示比较与断点附近平均效果计算后,一般还需进行有效性与稳健性检验,从而更精确地确认结果的有效性与可靠性。[①]

(二) 变量与数据

本文的分析单位为"国家年(country-year)"。所关注国家为乌普萨拉冲突数据项目(UCDP)所列国家,共有 178 个,包括自 1946 年以来的大多数国家。因此,1946—2009 年,总共有 8 748 个观察值。

---

① Howard S. Bloom, "Modern Regression Discontinuity Analysis," pp. 1 - 51.

自变量为一国是否加入国际贸易机制。本文假定 GATT 与 WTO 基本为不同时期的同质机构。其制度化程度与自由化程度之不同由自变量其他维度进行区分。到 1994 年年底,共有 128 个国家是 GATT 缔约方;到 2008 年 6 月底,WTO 共有 153 个成员。①

考虑到一国融入 GATT/WTO 的程度,本文区分了五类从低到高的程度,并分别予以赋值,即无涉入(0)、事实地位(1)、部分加入(2)、GATT 缔约方(3)以及世贸成员(4)。同时,GATT/WTO 经历并实施了八个谈判回合,每个回合都是自由化的重要阶段,加上 GATT 前阶段,本文也分别予以赋值(从 1 到 9)。自变量数据主要参考 GATT 与 WTO 的官方文件与历年年鉴。②

国内武装冲突发生情况为应变量。"武装冲突"界定为超过 25 人死亡的冲突。若一国在给定年份有至少一次冲突,不管是新爆发还是进行中,其"国家年"便编码为"1",反之为"0"。数据源自乌普萨拉冲突数据项目。③ 自 1946—2009 年总共有 8 750 个观察值。本文丢弃缺少国家归属的两个记录,因此最终冲突数据库有 8 748 个观察值。

自 1946—2009 年,国内武装冲突历年发生率与历年发生比例 (ratio of incidence) 如图 3 所示。"国内武装冲突历年发生率"是指 8 748 个"国家年"观察值中,同年国内冲突发生的频次;"国内武装冲

---

① GATT, *GATT Activities* 1994—1995, Geneva: World Trade Organization, 1996; WTO, *Annual Report* 2009, Geneva: World Trade Organization, 2009.
② GATT, *Basic Instruments and Selected Documents*, Geneva: The Contracting Parties to the General Agreement on Tariffs and Trade, 1952—1966, 1968, 1995; GATT, *GATT Activities*, Geneva: General Agreement on Tariffs and Trade, 1970, 1972—1977, 1981—1983, 1985—1986, 1988—1994, 1996; WTO, *Annual Report*, Geneva: World Trade Organization, 1996—2009; WTO, *Understanding the WTO*, 2011.
③ Lotta Harbom and Peter Wallensteen, "Armed Conflict, 1946—2009," *Journal of Peace Research*, Vol. 47, No. 4, 2010, pp. 501–509.

突发生比例"是同年中国内冲突发生的"国家年"频次占当年"国家年"观察值的比例。

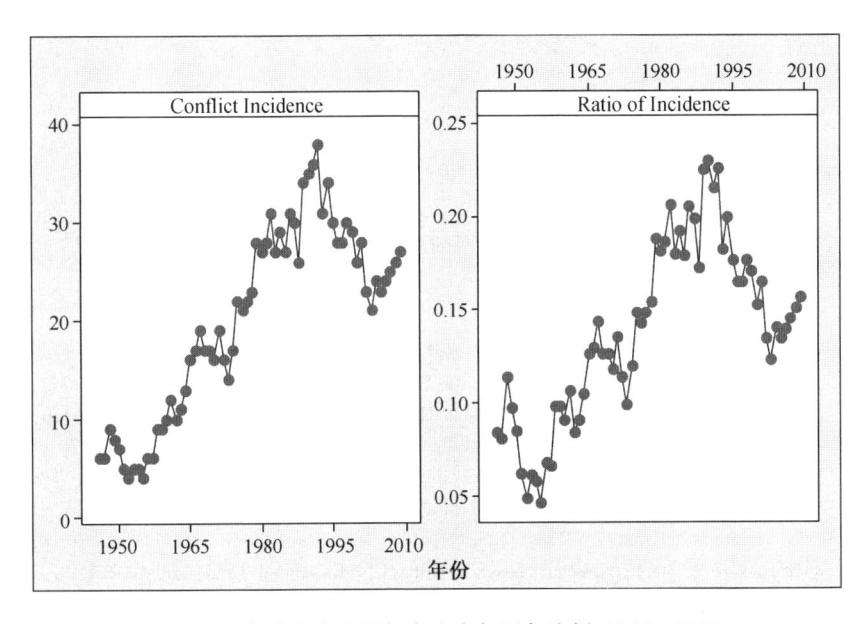

图3 国内武装冲突历年发生率与历年比例，1946—2009

此外，本文还将引入并分析一系列控制变量，明晰化国际贸易机制与国内冲突发生的关系。包括地区性贸易协定、贸易开放度、机制质量、国内生产总值、收入、不平等、失业率、人权、贫困（新生儿死亡率替代）、国家能力、民族分化、信仰分化、人口、农业人口比例、原油出口国与否、政体、出口与进口、山地地区比例、青年人口、能源与非能源价格变动指数、邻国战争、和平年代与全球震荡等(参见表4)。①

五、实证讨论与检验

(一) 含混不清的常规分析

在控制 GATT/WTO 加入的前提下,国内武装冲突的发生率与发

---

① 数据来源:WTO, "Regional Trade Agreements Information System (RTA-IS)," Geneva: Regional Trade Agreements Section, Trade Policies Review Division, World Trade Organization, 2011; Alan Heston, Robert Summers and Bettina Aten, "Penn World Table Version 7.0," Center for International Comparisons of Production, Income and Prices at the University of Pennsylvania, 2011; Jan Teorell, Marcus Samanni, Sören Holmberg and Bo Rothstein, "The Quality of Government Dataset," The Quality of Government Institute, University of Gothenburg, 2011; Kristian Skrede Gleditsch, "Expanded Trade and GDP Data," *Journal of Conflict Resolution*, Vol. 46, No. 5, 2002, pp. 712 – 724; M. Gibney, L. Cornett and R. Wood, "Political Terror Scale 1976—2008," Political Terror Scale, 2010; Alex Braithwaite, "Resisting Infection: How State Capacity Conditions Conflict Contagion," *Journal of Peace Research*, Vol. 47, No. 3, 2010, pp. 311 – 319; James D. Fearon and David D Laitin, "Ethnicity, Insurgency, and Civil War," pp. 75 – 90; J. David Singer, "Reconstructing the Correlates of War Dataset on Material Capabilities of States, 1816—1985," *International Interactions*, Vol. 14, No. 2, 1987, pp. 115 – 132; Monty G. Marshall, Keith Jaggers and Ted Robert Gurr, "Polity Ⅳ Project: Political Regime Characteristics and Transitions, 1800—2010," Center for Systemic Peace, 2010; Axel Dreher, "Does Globalization Affect Growth? Empirical Evidence from a New Index," *Applied Economics*, Vol. 38, No. 10, 2006, pp. 1091 – 1110; Axel Dreher, Noel Gaston and Pim Martens, *Measuring Globalization: Gauging its Consequence*, New York: Springer, 2008; Katherine Barbieri, Omar Keshk and Brian M. Pollins, "Trading Data: Evaluating Our Assumptions and Coding Rules," *Conflict Management and Peace Science*, Vol. 26, No. 5, 2009, pp. 471 – 491; Henrik Urdal, "A Clash of Generations? Youth Bulges and Political Violence," *International Studies Quarterly*, Vol. 50, No. 3, 2006, pp. 607 – 629; Halvard Buhaug and Kristian Skrede Gleditsch, "Contagion or Confusion? Why Conflicts Cluster in Space," *International Studies Quarterly*, Vol. 52, No. 2, 2008, pp. 215 – 233; Mark David Nieman, "Shocks and Turbulence: Globalization and the Occurrence of Civil War," pp. 263 – 292。

生比例显示了一幅不同的图片。在 20 世纪 70 年代以前,加入 GATT/WTO 的国家面临着相对较低的国内冲突发生率;但此后,未加入 GATT/WTO 的国家则面对着较低的国内冲突发生率(参见图4)。

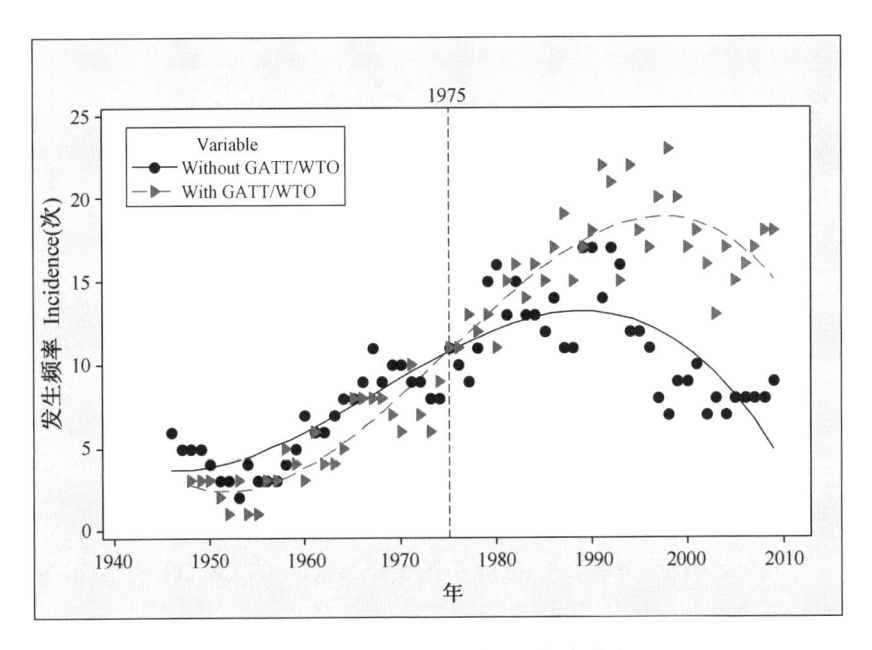

图 4 控制 GATT/WTO 的国内武装冲突历年发生率,1946—2009

但是,国内冲突发生比例则展现不同趋势。图 5 显示,加入 GATT/WTO 的国家自从 20 世纪 50 年代便面临较低的国内冲突发生风险。并且,拥有 WTO 干预的国家在 1994 年之后的国内冲突可能性大幅下降。

常规分析显示,GATT/WTO 对各国国内冲突发生的影响实际上含混不清。问题在于,大多数国家都是在 1948—2008 年间的不同阶段中先后加入国际贸易体制,跨度如此之长,国家特征势必变化显著。因此,如果对两个国家——一个是 GATT 创始缔约方,另一个国家是刚刚加入——使用普通的变量控制方法来评断其影响,并不科学。

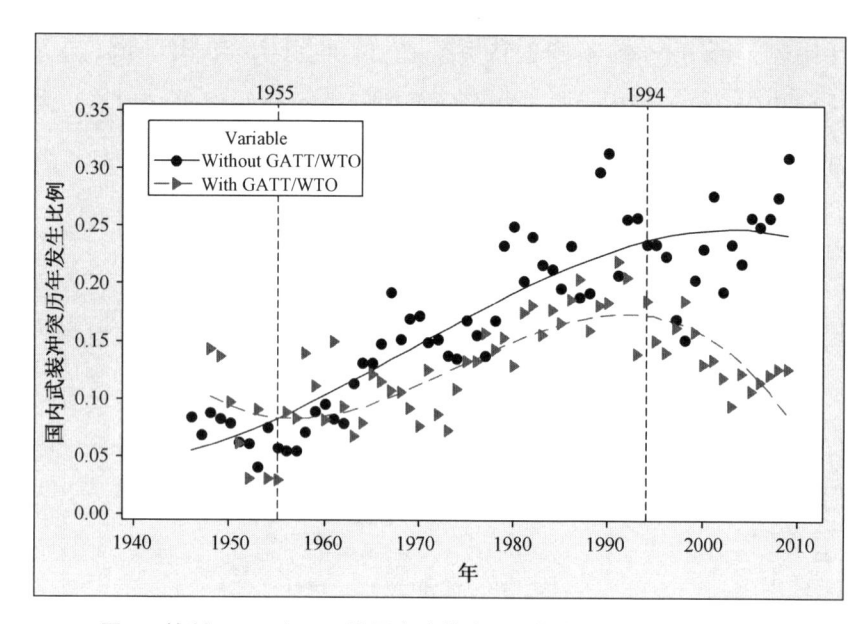

图 5　控制 GATT/WTO 的国内武装冲突历年发生比例,1946—2009

（二）回归断点分析

本文将根据"调整年",也就是国家融入 GATT/WTO 的时间,来对国内冲突的发生与国内冲突历年发生比例进行重新考察,并将各国加入 GATT/WTO 后第二年作为间断点,分别计算历年发生率与发生比例。回归方程采用驱动变量(加入时间 t)为应变量的立方形式,即

$$y_t = at + bt^3 + c;$$

需要注意的是,若干国家尚未加入 GATT/WTO。在 8 748 个观察值中,存在 1 301 个观察值被赋值为 −99。其中 331 个国家年发生了国内冲突,其国内冲突发生比例高达 0.254。

如图 6 所示,断点处存在着明显的"跳跃"。当 $t<2$,这代表并没有 GATT/WTO 干预。

因此,其回归方程为 $y_{t<2} = 0.003\ 697\ 1t - 0.000\ 000\ 434t^3 + 0.166\ 709\ 9$;

其中 R-squared＝0.521 7 且 Prob＞F(2, 59)＝0.000。

当 $t \geqslant 2$，GATT/WTO 发挥干预功能。

此时,回归方程为 $y_{t \geqslant 2}$＝0.003 560 6t－0.000 000 397t^3＋0.063 783 7;

其中 R-squared＝0.600 1 且 Prob＞F(2, 57)＝0.000。

可见,两个回归方程拟合程度较好,具有统计显著性。由于间断点为 2,因此,前一个方程预测值为 $y_{t<2}$＝0.174,后一个方程预测值为 $y_{t \geqslant 2}$＝0.071。因此,在断点附近的干预效果(average effect of intent-to-treat at the cut-point, ITTC)为 0.103,对加入 GATT/WTO 的国家而言,其国内冲突面临的年均比例降低 10％,即国际贸易机制有助于各国降低国内冲突的可能性。

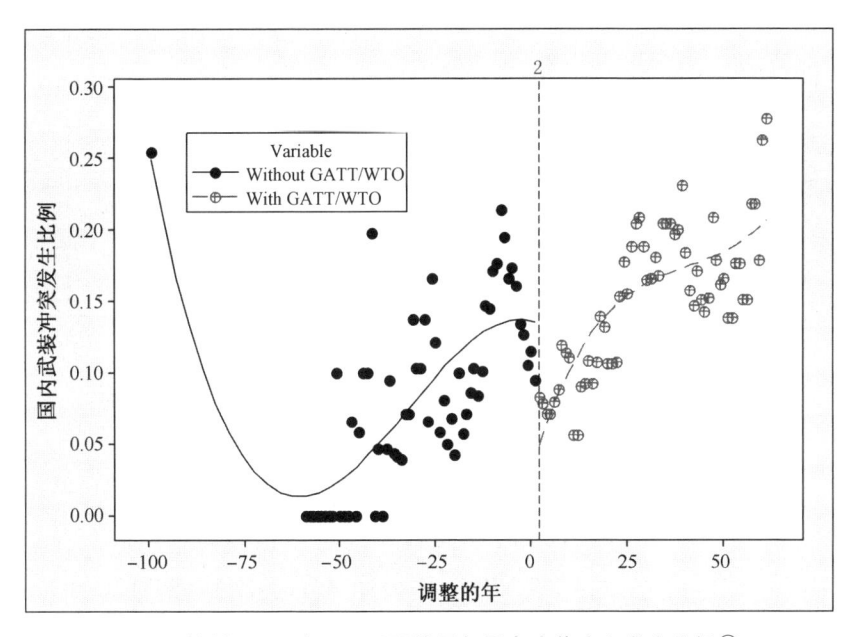

图 6　控制 GATT/WTO 干预的历年国内武装冲突发生比例①

鉴于非 GATT/WTO 国家较多,本文将其观察值删除,此时,

---

① 立方回归拟合方程,包括迄今未加入 GATT/WTO 国家的观察值。

GATT/WTO 对国内冲突的干预影响有所减小。当 $t<2$ 时,即无 GATT/WTO 干预时,其回归方程为 $y_{t<2}=0.001\ 889\ 6t+0.000\ 000\ 192t^3+0.145\ 899\ 1$;

其中,R-Squared 为 0.528 7 且 Prob>F(2, 58)=0.000。方程拟合程度较高,且具有显著性。如图 7,断点处的干预效果为 0.079,即 GATT/WTO 干预能够降低约 8%的国内冲突发生可能性。

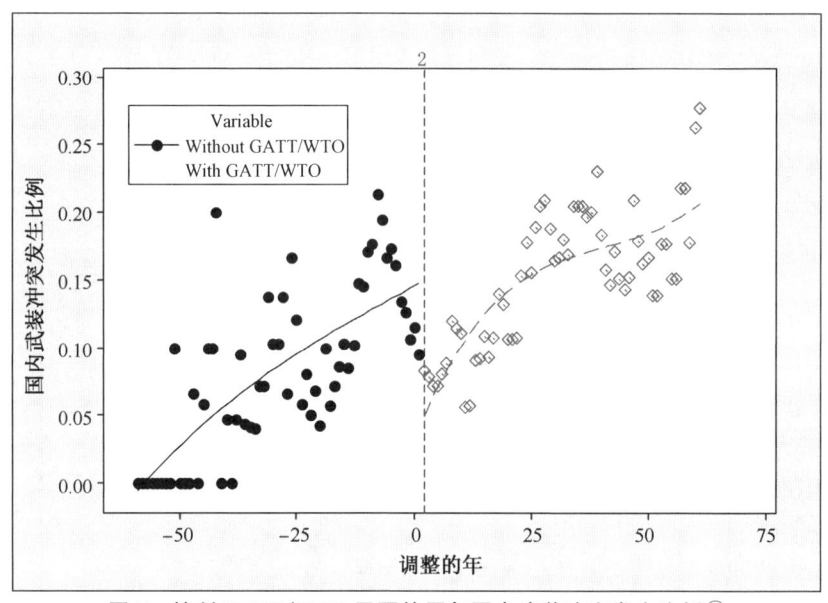

图 7　控制 GATT/WTO 干预的历年国内武装冲突发生比例①

与常规分析不同,国内冲突发生率也展现出相似的趋势。在缺乏 GATT/WTO 干预的情况下,历史数据显示出较高的国内冲突发生率。随着国家进入 GATT/WTO,国内冲突发生率显著降低。如图 8 所示,它并未纳入发生在非 GATT/WTO 国家中的 331 次战争观察值。若纳入的话,其间断点前国内冲突发生情况会更加严重。

---

① 立方回归拟合方程,不包括迄今未加入 GATT/WTO 国家的观察值。

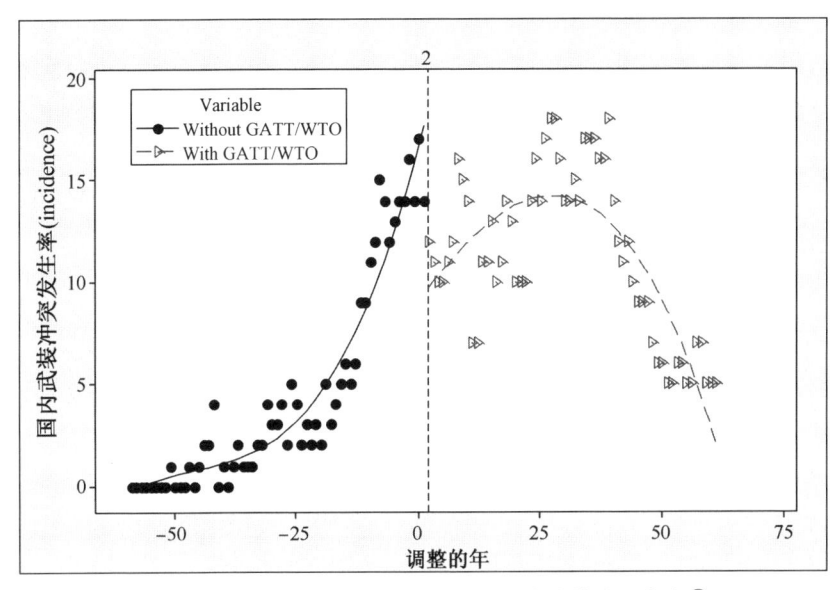

图 8　控制 GATT/WTO 干预的历年国内武装冲突发生[①]

此时,回归方程具有较高拟合程度,且具有显著性。断点处干预效果为 9.366,即加入 GATT/WTO 的国家面临的国内冲突发生率较两年之前减少至少 9 次。

(三) 有效性与稳健性检验

对回归断点分析模型而言,最主要的有效性检验是比较试验组与对照组的基本特征。[②] 若实验组与对照组有显著区别,那么可能存在其他因素影响应变量,此时回归断点分析不可靠。

为使分析更为精确,本文分别就断点前后的一年数据、五年平均数据与十年平均数据分别进行 t 检验。t 检验显示,接受 GATT/WTO 干预的观察值与未接受 GATT/WTO 干预的观察值在断点附近的特

[①] 立方回归拟合方程,不包括迄今未加入 GATT/WTO 的国家观察值。
[②] Howard S. Bloom, "Modern Regression Discontinuity Analysis," pp. 1 - 51.

上篇　理论探索　207

征极为相似。在95%置信水平上不足以拒绝这一论断,即对照组与试验组并无显著区别(见表1)。

表1 实验组与对照组基本特征比较表

	加入GATT/WTO前后一年数据			加入GATT/WTO前后五年数据			加入GATT/WTO前后十年数据		
观察值数目	132	147		524	710		870	1 373	
变量	均值	均值	差异	均值	均值	差异	均值	均值	差异
地区贸易协定数目	0.64	0.69	0.04	0.65	0.88	0.23	0.61	1.17	0.56
贸易开放度,2005年物价指数	70.17	71.69	1.51	72.44	70.26	−2.19	71.40	72.21	0.80
政府质量指数	0.48	0.54	0.05	0.47	0.53	0.06	0.47	0.52	0.05
家庭收入不平等估计值	43.28	42.59	−0.69	43.34	42.79	−0.55	43.01	42.97	−0.04
家庭农场百分比	40.39	39.53	−0.86	39.76	41.05	1.28	40.06	41.66	1.60
失业率(%)	11.35	10.18	−1.18	11.19	10.44	−0.75	10.48	9.78	−0.70
人均实际GDP的自然对数	8.19	8.13	−0.06	8.20	8.17	−0.03	8.21	8.20	−0.01
山区面积(%)	17.14	16.10	−1.04	17.68	15.63	−2.05	17.54	15.45	−2.09
原油出口国	0.08	0.08	−0.01	0.09	0.07	−0.02	0.11	0.08	−0.03
民族分化指数	0.45	0.47	0.02	0.44	0.47	0.03	0.44	0.48	0.04
宗教分化指数	0.37	0.39	0.02	0.35	0.38	0.04	0.33	0.39	0.05
政体IV-2	1.46	1.55	0.09	0.77	1.66	0.89	0.02	1.66	1.64
青年人比例	18.08	18.20	0.12	18.04	18.06	0.03	18.07	18.00	−0.07
人口数目的常用对数	3.71	3.71	0.00	3.70	3.72	0.02	3.70	3.74	0.04
相对政治能力	0.93	0.94	0.01	0.95	0.98	0.03	0.95	1.00	0.06
KOF全球化指数	44.58	46.62	2.04	43.48	47.88	4.40	41.31	46.58	5.27

续 表

	加入 GATT/WTO 前后一年数据			加入 GATT/WTO 前后五年数据			加入 GATT/WTO 前后十年数据		
观察值数目	132	147		524	710		870	1 373	
变量	均值	均值	差异	均值	均值	差异	均值	均值	差异
新生儿死亡率(代替贫穷指标)	24.16	23.09	−1.07	24.06	22.73	−1.33	25.45	25.36	−0.09
国内生产总值的自然对数	9.73	9.71	−0.02	9.70	9.76	0.06	9.73	9.86	0.14
T-test	Pr($|T|>|t|$) = 0.783 9			Pr($|T|>|t|$) = 0.974 9			Pr($|T|>|t|$) = 0.255 0		

稳健性检验试图利用其他不同宽度的样本,来检验回归断点分析中的发现是否可靠,论断是否稳定。在此,本文将数据库中的历年数据变为三年数据,并重新进行相关分析。最终,8 748 个观察值产生了 3 000 个三年数据。本文将未加入 GATT/WTO 的观察值年份标识为"−33"。

稳健性检验发现,无论是否包含未加入 GATT/WTO 的观察值,每种情况都显示国际贸易机制有助于降低国内冲突的发生率与比例,且相关回归方程都具有较高拟合程度与统计显著性。在三年数据中,如果包含非 GATT/WTO 国家观察值,对国内冲突可能性而言,断点处干预影响为 0.121,即 GATT/WTO 干预会使国内冲突发生比例降低 12%;在搁置非 GATT/WTO 国家观察值时,断点处干预影响降低 6% 左右。对国内冲突发生率而言,如果不包含非 GATT/WTO 国家观察值,断点处干预影响为 2.891,即 GATT/WTO 的干预会使国内冲突发生率减少大约 3 次。

与一年数据相比,除国内冲突发生率相差较大外,两种数据对断点处的国内冲突发生比例判断大体一致。因此,GATT/WTO 有助于降低国内冲突风险是稳健的结论(参见表2)。

表 2　RDD 分析下的国内冲突发生频率与可能性：三年数据

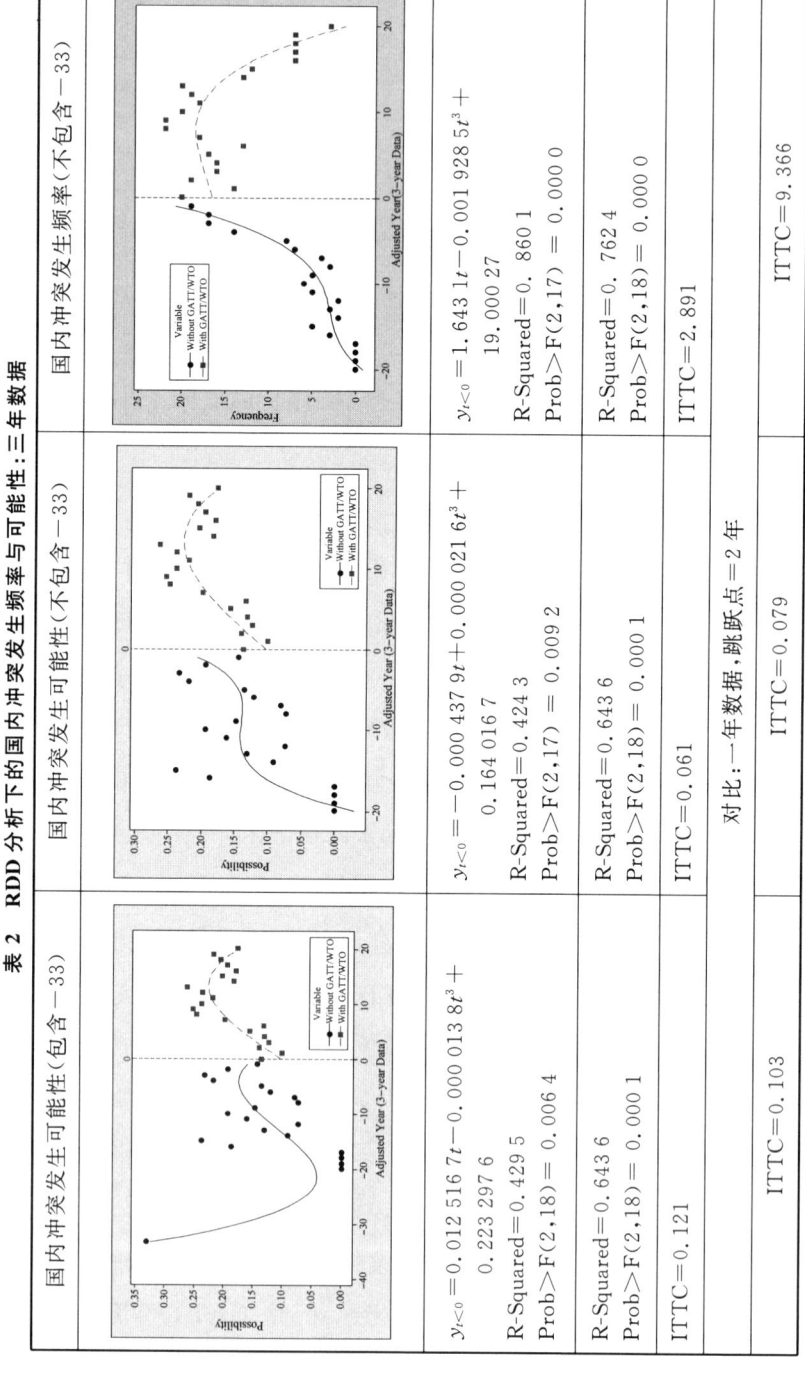

国内冲突发生可能性（包含 −33）	国内冲突发生可能性（不包含 −33）	国内冲突发生频率（不包含 −33）
$y_{t<0} = 0.0125167t - 0.0000138t^3 + 0.2232976$	$y_{t<0} = -0.0004379t + 0.0000216t^3 + 0.1640167$	$y_{t<0} = 1.6431t - 0.0019285t^3 + 19.00027$
R-Squared=0.4295	R-Squared=0.4243	R-Squared=0.8601
Prob>F(2,17) = 0.0064	Prob>F(2,17) = 0.0092	Prob>F(2,17) = 0.00000
R-Squared=0.6436	R-Squared=0.6436	R-Squared=0.7624
Prob>F(2,18) = 0.0001	Prob>F(2,18) = 0.0001	Prob>F(2,18) = 0.00000
ITTC=0.121	ITTC=0.061	ITTC=2.891
ITTC=0.103	对比：一年数据，跳跃点=2 年	
	ITTC=0.079	ITTC=9.366

210　大国崛起中的权力与责任

(四) GATT/WTO 对国内冲突影响的数量分析

自变量与应变量交互表显示,在 95% 置信水平上,GATT/WTO 资格与国内冲突发生率之间具有统计显著性(p=0.000)(参见表 3)。当 GATT/WTO 干预时,国内冲突发生可能性为 13.5%;缺乏 GATT/WTO 干预的话,国内冲突发生可能性为 16.4%,即此时国内冲突发生可能性更大。但是,每个国家的具体情况不同,其冲突历史与国家政治、经济、社会状况相异,国家开放程度与外部风险也不同,因此这些因素必须得到控制,才能够得出 GATT/WTO 对国内冲突的真正影响。

表 3 GATT/WTO 会员与国内冲突发生情况交互表

国内冲突发生	GATT/WTO 会员 否	是	总计
未发生	2 938 次 83.61%	4 527 次 86.49%	7 465 次 85.33%
发生	576 次 16.39%	707 次 13.51%	1 283 次 14.67%
总计	3 514 次 100.00%	5 234 次 100.00%	8 748 次 100.00%
Pearson chi2(1)=13.970 1 Pr=0.000			

本文应用 Logit 回归、通过八个模型来测量 GATT/WTO 对国内冲突发生情况的影响。模型 1 主要讨论 GATT/WTO 的核心变量对国内冲突发生率的影响。模型 2 纳入地区性贸易体制。模型 3 关注与冲突相关的国家具体特征,如山地地区比例、原油出口与否、宗教与民族分化、政体、和平时间与邻国战争等。模型 4 将控制开放度与对外贸易情况。模型 5 则控制系列社会、经济与人口因素。模型 6 强调国家角色,包括政府质量、人权与国家能力等。模型 7 则试图控制全球化影

响与全球冲击。最后,模型 8 将涵括性地将其他大多数变量包含在内。同时,本文也将 GATT/WTO 与地区贸易协定的交互作用,与开放度的交互作用,与人权状况的交互作用,以及与全球冲击的交互作用考虑在内(参见表 4 - 1 与表 4 - 2)。

表 4 - 1　**Logit 回归模型:GATT/WTO 资格与国内武装冲突发生率**

自变量	模型 1	模型 2	模型 3	模型 4
GATT/WTO 资格(滞后两年)	0.463 479 2*** (0.006)	0.433 930 3*** (0.010)	0.630 107 5*** (0.002)	
GATT/WTO 融入程度	−0.198 379 4*** (0.000)	−0.198 068 7*** (0.000)	−0.213 348 6*** (0.004)	−0.162 25*** (0.004)
加入 GATT/WTO 的年数	−0.003 969 4*** (0.000)	−0.003 967 3*** (0.000)	0.000 887 1 (0.576)	
GATT/WTO 回合情况	0.235 073*** (0.000)	0.205 235 9*** (0.000)	0.297 703 2*** (0.000)	0.350 168*** (0.000)
地区贸易协定数目		−0.175 005 6*** (0.000)		
地区贸易协定(哑变量)		0.570 81*** (0.000)		
GATT/WTO * 地区贸易协定数目		0.093 417 7** (0.047)		
山区面积(%)			0.308 616*** (0.000)	0.007 566*** (0.001)
原油出口国(原油出口收入至少占财政收入 1/3)			0.748 535** (0.016)	0.497 27*** (0.002)
民族分化			−0.704 83*** (0.000)	0.883 65*** (0.000)
宗教分化			0.023 956*** (0.001)	−0.140 33 (0.556)

续　表

自变量	模型 1	模型 2	模型 3	模型 4
政体Ⅳ-2			－0.223 94*** (0.001)	0.012 387 (0.127)
和平年数			0.369 066*** (0.000)	－0.200 17*** (0.000)
邻国战争			0.308 616*** (0.000)	0.224 779** (0.024)
贸易开放度				－0.011 94*** (0.000)
GATT/WTO* 开放度				0.004 063 (0.122)
政府质量				
相对政治能力				
GDP自然对数				
人均实际GDP的自然对数				
国民生产总值(GNP)占国内生产总值的比例				
家庭收入不平等估计值				
贫困(新生儿死亡率)				
人口数量的常用对数				
家庭农场百分比				
青年人比例				
失业率				
人权*GATT/WTO				

续　表

自变量	模型1	模型2	模型3	模型4
KOF全球化指数				
全球震荡指数				
GATT/WTO*全球震荡				
能源物价指数				
非能源物价指数				
出口量的自然对数				－0.058 48 (0.46)
进口量的自然对数				0.229 624** (0.012)
对数似然值	－3 457.732 7	－3 416.318 4	－1 697.554 9	－1 480.006 8

注：星号分别表示不同置信区间的统计显著性：0.01(***)、0.05(**)与0.1(*)。

表4－2　Logit回归模型：GATT/WTO资格与国内武装冲突发生率

变量	模型5	模型6	模型7	模型8
GATT/WTO资格（滞后两年）	0.925 038** (0.024)	－1.220 57*** (0.001)	－0.464 58** (0.018)	－3.544 43*** (0.001)
GATT/WTO融入程度		－0.975 79*** (0.000)		－1.345 52*** (0.001)
加入GATT/WTO的年数	－0.008 03 (0.114)	－0.012 43*** (0.000)		
GATT/WTO回合情况	－0.250 41 (0.293)			
地区贸易协定数目		0.146 859*** (0.000)		

续表

变量	模型 5	模型 6	模型 7	模型 8
地区贸易协定（哑变量）		0.018 985 (0.923)		
GATT/WTO*地区贸易协定数目				
山区面积（%）		0.017 043*** (0.000)	0.006 472* (0.073)	0.045 978** (0.011)
原油出口国（原油出口收入至少占财政收入1/3）		0.074 341 (0.74)	0.166 869 (0.465)	2.802 024*** (0.000)
民族分化		2.226 184*** (0.000)	0.418 364 (0.115)	8.356 261*** (0.000)
宗教分化		−0.078 68 (0.849)	−0.858 93** (0.02)	
政体Ⅳ-2		0.030 817** (0.025)	0.043 452*** (0.000)	0.132 592*** (0.006)
和平年数			−0.177 8*** (0.000)	
邻国战争			−0.084 72 (0.551)	−1.062 91* (0.061)
贸易开放度			−0.013 65*** (0.000)	0.003 006 (0.33)
GATT/WTO*贸易开放度				
政府质量		−1.277 06** (0.016)		−5.490 68*** (0.004)
相对政治能力		0.380 356*** (0.005)		2.982 958*** (0.000)
GDP自然对数	−0.943 09** (0.046)			−2.343 29 (0.217)

上篇 理论探索 215

续 表

变量	模型5	模型6	模型7	模型8
人均实际GDP的自然对数	0.951 859* (0.053)			5.535 896*** (0.007)
国民生产总值(GNP)占GDP的比例	−0.007 32 (0.813)			
家庭收入不平等估计值	0.049 4** (0.027)			−0.185 11*** (0.003)
贫困(新生儿死亡率)	0.024 624* (0.094)			−0.074 82* (0.056)
人口数量的常用对数	3.611 367*** (0.002)			9.749 356** (0.024)
家庭农场百分比	−0.003 85 (0.434)			−0.000 71 (0.954)
青年人比例	0.190 151*** (0.001)			0.246 039 (0.201)
失业率	0.046 399** (0.02)			0.046 179 (0.328)
人权*GATT/WTO		1.455 585*** (0.000)		3.181 064*** (0.000)
KOF全球化指数			−0.035 24*** (0.000)	0.010 952 (0.759)
全球震荡指数			−0.107 53*** (0.01)	−0.054 82 (0.259)
GATT/WTO*全球震荡			0.031 177** (0.017)	
能源物价指数			0.005 369*** (0.003)	0.004 985 (0.683)
非能源物价指数			−0.007 03*** (0.001)	0.014 138 (0.461)
出口量的自然对数		−0.364 13*** (0.007)	0.094 709 (0.548)	−3.698 434*** (0.000)

续 表

变量	模型 5	模型 6	模型 7	模型 8
进口量的自然对数		0.409 954*** (0.009)	0.082 489 (0.558)	2.759 039*** (0.000)
对数似然值	−321.840 81	−595.586 87	−741.067 61	−103.814 62

注:星号分别表示不同置信区间的统计显著性:0.01(***)、0.05(**)与0.1(*)。

模型 1 显示,GATT/WTO 对国内冲突发生率具有混合影响。若一国进入 GATT/WTO(滞后两年),其国内冲突发生风险比不加入 GATT/WTO 的国家增加 1.612 倍(即 $e^{0.4774316}$);一国越是处于自由化程度高的谈判回合,较之前一个回合,其面临的国内冲突可能性增加 1.263 倍。然而,一国融入 GATT/WTO 的时间每增加一年,其面临的国内冲突发生率便会是较短国家面临风险的 99.6%。若一国加入 GATT/WTO 中的较高制度化形式,制度化形式每升高一个级别,其国内冲突发生可能性便会是较低制度的国家面临可能性的 82.8%,降低 17.2%。这四个维度都是在 99% 的置信水平上具有统计显著性。就模型 1 整体而言,在不控制其他因素的情况下,GATT/WTO 实际上是无助于国内和平的。具体而言,假设 2、假设 3 与假设 4 都得到验证,但是假设 1 则与实证检验结果相左。当将地区性贸易协定予以控制时,Logit 回归结果大体与模型 1 结果一致,并在 99% 置信水平上具有统计显著性。

在控制各国具体特征后,模型 3 显示,假设 2 与假设 4 得到验证,国家融入 GATT/WTO 程度越高,其国内冲突发生率越低,高融入程度面临的国内冲突风险是低融入程度面临风险的 80.9%,即国内冲突发生可能性降低 19.1%;进入后期回合的国家面临的国内冲突风险比前一个回合增加 1.348 倍。但是,拥有 GATT/WTO 资格的国家比非

GATT/WTO国家面临的国内冲突风险提高1.878倍。这些结果具有99%置信水平的统计显著性。国家融入GATT/WTO的时间显示正相关关系,但是统计不具有显著意义。在模型3的基础上,模型4还纳入开放度与出口等因素并予以控制,其结果显示假设2与假设4都得以验证,且具有99%置信水平的统计显著性。

在模型5的结果中,只有假设3得到验证,但不具有统计显著性(p=0.114);同时,在95%的置信水平上(p=0.024),一国加入GATT/WTO,其国内冲突发生可能性与未加入国家相比,将增加2.522倍。统计结果与假设1相反。

模型6最终在99%置信水平上验证了假设1、假设2与假设3。若一国具有GATT/WTO资格,其面临的国内冲突风险是不具资格国家面临风险的29.5%;其融入GATT/WTO体系的制度化程度每升高一个等级,国内冲突风险便降低62.3%。同时,其进入GATT/WTO的适应时间则使国内冲突风险再下降1.2%。模型7验证了假设1,即当一国加入GATT/WTO,其国内冲突风险仅为未加入国家面临风险的62.8%,且具有95%置信水平上的统计显著性。

模型8试图囊括所有控制变量,最终显示,假设1与假设2都在综合模型中得到验证。如果一国拥有GATT/WTO资格,那么它面临的国内冲突风险变为非GATT/WTO国家面临可能性的2.9%。同时,其融入GATT/WTO的程度每提升一个等级,其国内冲突风险是较低融入程度国家面临风险的26.0%。

综上所述,在控制不同变量的多种情形下,四个假设都得到显著的验证。但是,其中关于GATT/WTO资格的虚拟变量却存在较大变动,无论其方向还是力度都在不同变量下有所不同。因此,尽管GATT/WTO在整体上能够降低国内冲突发生的风险,但对单个国家而言,GATT/WTO对国内冲突实际上是一种条件性混合影响。它首先与国际贸易机制发挥功能的特征相关,因为 GATT/WTO 必须通过影响国内各议题以及国内机制来影响行为体的信息分配、权力行使以及利益界定,并最终影响行为体行为。其次,GATT/WTO 本身具有多个维度,每个维度都不同地影响着国际贸易机制与成员及其内部政治之间的互动。最后,尽管本文利用"调整年"来凸显 GATT/WTO 的"纯粹"影响,但是在六十多年的实际发展历程之中,GATT/WTO 的影响已与其他议题和变量纠缠到一起,同时伴随贸易自由化的扩展以及国际贸易机制的推进,国家行为体与非国家行为体的偏好也已经得到重新塑造,从而使 GATT/WTO 的混合影响更加复杂化。

六、结 论

作为一种国际因素,国际机制不但影响国家行为体,也影响国家层面之下的非国家行为体及其互动。本文将国际贸易机制当作国际机制代表,讨论其对不同国内行为体的行为互动的影响。

本文运用回归断点分析辨认国际层面上的贸易机制影响与国家层面下的国内冲突风险之间的关系,其中本文将"调整年"或国家融入 GATT/WTO 的时间视为驱动变量来区分实验组与对照组。回归断点分析最终发现,GATT/WTO 资格在总体上能降低国内冲突发生的可能性,从统计意义上看,其影响是有效且稳健的。

通过 Logit 回归,本文进一步发现 GATT/WTO 对一国国内冲突具有混合影响。在不考虑控制变量的条件下,加入 GATT/WTO 与更高程度的自由化阶段分别与国内冲突发生率之间具有正相关关系;而一国加入 GATT/WTO 的时间越长,融入其中的制度化程度越高,则其国内冲突发生率越低。就总体而言,GATT/WTO 会促进国内冲突发生率的提升。在控制经济因素的情况下,加入 GATT/WTO 会增加国内冲突发生的可能性;然而当政府质量、全球化以及外部市场冲击等因素得到控制时,GATT/WTO 则有助于降低国内冲突发生率。最后,Logit 回归显示,GATT/WTO 资格与其融入程度能够显著地降低国内冲突发生率。

就未来研究而言,有三个问题需要注意并予以改进:第一,本文未考虑国家行为体对国际因素的影响,未来的模型应该将关税与非关税保护相关数据纳入,从而解释国家行为体对贸易自由化的回应。其次,GATT/WTO 贸易体系中包含多种具体条约,除农业外,还涉及环境、知识产权以及非农产品市场准入等,每个议题都会涉及若干相关群体,也会影响群体间的互动与行为选择。未来研究需要将 GATT/WTO 规则体系细化增加议题维度。第三,未来研究也需要解释回归断点分析示意图中断点左右回归曲线的各种走势。

英欧变局背景下的中国选择:三角构建、规则追踪与秩序助推[*]

【内容提要】 欧洲正面临一场巨大变局。英国脱欧与欧盟内部政治右转等因素极有可能改变国际规则,并影响地区与国际层面的秩序建构。在英欧变局中,中国不应旁观或被动接受其影响,而是需要主动把握机会应对变局中的大国关系重构、制度规则变更与国际秩序塑造等问题,并采取相应措施介入其中,以第三方相关利益者身份推动大国关系与规则秩序朝向有利于自身利益的方向发展。立足于国际体系结构、欧洲地区秩序及中国自身情况等因素,本文分析了英欧变局背景下中国构建多元的大国三角关系、追踪英欧规则谈判进程,与"助推"多层次秩序重构的必要性与相关因素,并讨论了中国的可能选项与介入思路。

【关键词】 英国脱欧　三角关系　规则　秩序　助推

---

[*] 本文为发表于《上海交通大学学报(哲学社会科学版)》2017 年第 4 期(第 14-22 页)的同名期刊论文之未删减原稿。

一、研究背景

欧盟正经历着巨大变局,恰如马西济斯(Matthias Matthijs)所言,"对于欧盟,当今时代已经不能再糟糕了"。① 从 2016 年 6 月英国脱欧公投结果出台以来,欧盟及其成员国开始承受更为频繁的政治冲击。意大利与法国正面临着政治右转的威胁;即使是德国,其国内的右翼势力已经获得显著的政治地位,德国 2017 年大选前景未明。同时,在特朗普上台后,美欧关系也面临不确定性考验。② 以英国脱欧为例,它势必影响国际格局与全球秩序;③甚至有人将其视之为 21 世纪会产生"重大后果"的"超级灾难"。④

对此,各国积极评估英国脱欧等变局对国际秩序与本国可能带来的影响。例如,美国关注英国脱欧对英美特殊关系、国家利益与跨大西洋安全等的影响;⑤他们特别考虑如何主动发挥美国角色以期调整全

---

① Matthias Matthijs, "Europe after Brexit," *Foreign Affairs*, 2017, 96(1): p.86.
② 孙成昊:《美欧关系滑入未知水域》,《学习时报》,2016 年 12 月 19 日(3)。
③ 金玲:《英国脱欧:原因、影响及走向》,《国际问题研究》2016 年第 4 期,第 24 - 36 页。
④ Fiona Hill, "The 'Greatest Catastrophe' of the 21st Century?" The Brookings Institution, June 24, 2016, https://www.brookings.edu/2016/06/24/the-greatest-catastrophe-of-the-21st-century-brexit-and-the-dissolution-of-the-u-k/, 2016 - 8 - 6.
⑤ Tim Oliver and Michael John Williams, "Special Relationships in Flux: Brexit and the Future of the US-EU and US-UK Relationship," *International Affairs*, 2016, 92(3): pp.547 - 567; Peter E. Harrell, "How America Can Reap the Benefits of Brexit," *Foreign Policy*, April 21, 2016, http://foreignpolicy.com/2016/04/21/how-america-can-reap-the-benefits-of-brexit-obama-cameron/, 2016 - 8 - 12; Richard N. Haass and John Fonte, "Brexit: Good for the United States?" *The American Interest*, June 15, 2016, http://www.the-american-interest.com/2016/06/15/brexit-good-for-the-united-states/, 2016 - 8 - 15.

球战略,并讨论如何在未来的美英欧关系中占据有利位置。① 中欧关系同样是学者关注的焦点,如勒科尔(Philippe Le Corre)认为,中英"黄金时代"已经结束。② 盖耶尔与沈伟则用"悲观"与"坏消息"等词来概括英欧变局对中国的影响。③ 国内学者也着眼于此变局对中国的可能影响。冯仲平认为,英国脱欧对华影响体现在经贸议题与国际战略环境上,他乐观预测中英间会建立更为紧密的经贸合作制度,欧盟会继续将发展战略与"一带一路"倡议相对接;同时,他也警示关注美欧俄大国关系,英欧不确定性将直接影响中英欧的经贸往来,并会影响中国的市场经济地位问题。④ 金玲认为,英国脱欧是把双刃剑,英国保护主义、孤立倾向与依赖美国等很可能考验未来中英关系,英国会以第三者的身份影响中欧互动。⑤

综上所述,学界对中国所受英欧变局影响的讨论大多偏重于被动的影响评估。尽管有学者提出应集中评估英国脱欧的走向或设法从中获益,⑥但是学界依然较少关注中国主动参与英国脱欧的不同路径,缺

---

① Thomas Wright, "Brexit: Advice for The Day After," The Brookings Institution, June 24, 2016, https://www.brookings.edu/2016/06/24/brexit-advice-for-the-day-after/, 2016-8-16; Dan Simpson, "U. S. Role in Brexit," *Pittsburgh Post-Gazette*, 2016-6-29(A9).
② Philippe Le Corre, "Could Brexit Bring the End of the New Sino-British 'Special Relationship'?" The Brookings Institution, March 17, 2016, https://www.brookings.edu/blog/order-from-chaos/2016/03/17/could-brexit-bring-the-end-of-the-new-sino-british-special-relationship/, 2016-8-17.
③ 罗伯特·盖耶尔、沈伟、李靖堃:《英国退欧的原因、过程及其对英国—欧盟—中国关系的影响》,《欧洲研究》2016年第4期,第56-64页。
④ 冯仲平:《英国脱欧及其对中国的影响》,《现代国际关系》2016年第7期,第1-6页;冯仲平:《英国退欧对欧盟及中欧关系的影响》,《欧洲研究》2016年第4期,第3-8页。
⑤ 金玲:《英国脱欧:原因、影响及走向》,《国际问题研究》2016年第4期,第29-36页。
⑥ 冯仲平:《英国脱欧及其对中国的影响》,第3-6页。

乏从规则谈判方面来评估中国介入脱欧后续进程的相关角色。

二、权力、规则与秩序：一个分析框架

以英国脱欧为标志的欧洲变局会带来连锁反应。其一，它会波及欧洲与其他大国的关系，影响英欧在全球结构中的地位，导致大国间之权力关系调整。[①] 其二，英欧变局将使相关主体重新谈判互动规则，并推动相应规则的变更。因此，英欧变局会改变欧洲地区秩序，并很可能对跨大西洋与欧亚乃至于全球秩序造成影响。在此，权力关系变动、国际规则变更与地区秩序重构等因素将是中国参与英欧变局的关注点。

秩序之所以重要是因为它能够提供预测性与规律性；行为体间可以降低发生不可控冲突(如战争)的可能性。[②] 其中，权力关系与规则制度在秩序建构中发挥着显著作用。如布尔(Hedley Bull)认为，秩序由共同利益、行为规则与制度机制等维持；[③]赫里尔(Andrew Hurrell)关注权力、宪章与价值在全球秩序中的功能；[④]索伦森(Georg Sørensen)认为，秩序概念包含着四个维度，分别是现实主义关注的战争之政治军事均衡，自由主义关注的国际制度与全球治理等设置，建构主义所关注的理念与意识形态，与国际政治经济学所关注的经济领域

[①] 高小升：《国外主要智库对英国退欧影响的分析》，《国际论坛》2016 年第 6 期，第 6 - 12 页。
[②] Shiping Tang, "Order: A Conceptual Analysis," *China Political Science Review*, 2016, 1(1): p. 34; Stewart Patrick, "World Order: What, Exactly, are the Rules," *The Washington Quarterly*, 2016, 39(1): p. 8.
[③] Hedley Bull, *The Anarchical Society*, Hampshire: Palgrave, 2002, p. 51.
[④] Andrew Hurrell, *On Global Order*, Oxford: Oxford University Press, 2007.

等;①唐世平认为,秩序支柱包括权力、规范与制度化机制等因素。②伊肯伯里(G. John Ikenberry)认为,秩序变化取决于国家的实力运用、实力不平等及制度因素等。③

因此,本文重点关注变局之下的国际秩序建构,从行为体互动与国际制度角度展现全球权力结构与规则制度在秩序生成中的支柱功能;基于此框架,本文讨论英欧变局中的中国行为选择(如图1)。

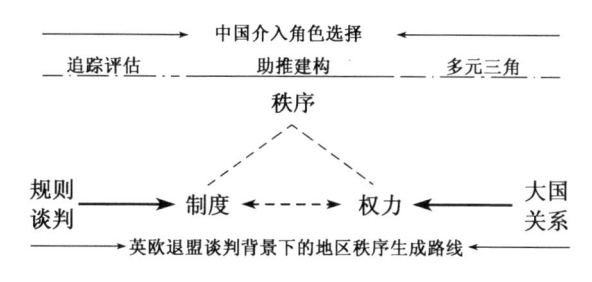

图 1 英欧变局与中国行为选择分析框架

首先,英欧变局的第一重影响是大国关系的变化与各国相对权力的变动。英欧关系变化的影响会超出欧洲并拓展到国际范围内。因此,大国关系调整是英欧双方都必须即刻面对的议题。对此,中国应该积极利用大国关系调整的机会窗口,参与构建以英欧变动为聚焦点的多元大国关系,增强大国关系的稳定性与可行性。

其次,英欧裂变会带来相处规则的变更。在未来一段时间里,英欧双方要通过磋商谈判来变更互动规则;欧洲的规则调整很可能波及国际范围内的议题规则。面对规则重建的不确定性,中国应该追踪其规则变动,评估潜在规则的影响,及时利用其影响力预防不利规则的出

---

① Georg Sørensen, "What Kind of World Order?" *Cooperation and Conflict*, 2006, 41(4): p.344.
② Shiping Tang, "Order: A Conceptual Analysis": p.35.
③ G. John Ikenberry, *After Victory*, Princeton: Princeton University Press, 2001, pp.5 - 17.

台,提升中国的回应能力,从源头上把握规则变动的方向。

第三,大国关系调整与规则变更会进一步作用到由英欧分离与欧陆政治嬗变所导致的欧洲地区与全球秩序上。在新秩序生成过程中,中国需要盯住双方互动进展,更为主动积极地介入其中,并根据自身影响力选择一个周全、审慎且适用的参与方式。中国的主动介入是为了推动潜在秩序朝向有利于中国的方向发展,使中国在新体系中占据有利位势,着眼于新建秩序的可预测性与规律性。

三、构建多元三角:中国作为英欧变局过程中的显著第三方

"三角关系"是当今国际政治的重要特征。[1] 双边关系大多嵌入到多边主义特别是三角关系之中。[2] 例如,美英间存在"特殊关系",美欧又处于"跨大西洋合作伙伴关系"中,因此,美英欧的三角关系便会发生变动。[3] 同样,中国所嵌入的多重三角关系也会调整,包括中美欧间的全球性三角关系、中英欧间的跨地区三角关系及中国与英国及欧盟主要成员(如德、法)间的三角关系。

三角关系是一种有效的国家间关系管理工具。[4] 我国需要有意识地主动构建跨区域与跨层次的多重大国三角关系。只有如此,中国才

---

[1] 夏立平:《当代国际关系中的三角关系》,《世界经济与政治》2002 年第 1 期,第 17 - 21 页。
[2] Brantly Womack, *Asymmetry and International Relationships*, New York: Cambridge University Press, 2016, p. 99.
[3] Tim Oliver and Michael John Williams, "Special Relationships in Flux": pp. 547 - 567; Derek E. Mix, "The United States and Europe," *CRS Report*, Congressional Research Service, 2015.
[4] David L. Shambaugh, "The New Strategic Triangle," *The Washington Quarterly*, 2005, 28(3): pp. 7 - 25.

能在英欧变局中变成更有影响力的第三方,借势获得英欧谈判释放的红利,并有效应对变局带来的风险。

首先,英国退盟会削弱欧盟的全球影响力。我国应着手调整中美欧三角关系在对外战略中的地位,以"双保险"的方式降低脱欧对中国外交的冲击,着力解决变局中的潜在冲突。

自进入二十一世纪以来,中美欧三角关系开始萌芽,虽然尚未完全成型也缺乏相应机制,却在国际舞台上变得日益显著。① 甚至,有人提出了中美欧之间的 G3 世界秩序。② 随着欧盟地位的相对下降与中国崛起,建构中的中美欧大三角也会发生变动,中国需要积极设置议程并强化中欧间的机制建设,依据欧盟"降维"的时机,主动与欧盟磋商相关议题(如投资、人权与市场经济地位等)以期获得突破。同时,英欧变局是美国对欧培育正面关系所遭遇的重大挫折。③ 因此,中国应该一方面关注中英美三角的"去欧化"趋势,降低以英国作为支点撬动欧洲的某些期望,转而通过与英国的良性互动逐步培养中国对英美特殊关系的影响力,为中美潜在摩擦设置缓冲。另一方面,中国还需要继续与英国加强"一带一路"建设、人民币国际化与贸易战略等方面的合作,持续展现英国作为合作样板的示范作用。

除中美欧大三角外,中国应建构更为符合现实战略规划的中英欧三角关系,紧盯英欧关系调整,妥善处理英欧裂变带来的不确定性,寻找时机获取变局中可能出现的利益点。

---

① 见 David L. Shambaugh,"The New Strategic Triangle";陈志敏:《中国、美国和欧洲:新三边关系中的合作与竞争》,《世界经济与政治》2010 年第 1 期,第 5 - 22 页。
② Parag Khanna and Mark Leonard, "Why China Wants a G3 World," *International Herald Tribune*, September 8, 2011, http://www.nytimes.com/2011/09/08/opinion/08iht-edkhanna08.html, 2016 - 8 - 19.
③ Tim Oliver and Michael John Williams, "Special Relationships in Flux": pp. 557 - 563.

英国下议院已经正式授权英国政府与欧盟展开脱欧谈判,其关系调整必定会影响到第三方的利益。中美俄等是受其影响较大的第三方国家。① 对中国而言,英国脱欧会延宕中欧自由贸易协定谈判。② 同时,第三方国家也会对英欧调整产生影响,因为英欧关系的未来选择受制于欧洲内外各方面力量的互动与妥协。比如,美国很可能会制约英国与欧盟的未来模式选择。③ 基于此,中国需要集中关注英欧关系调整,围绕其关系变动来通盘处理与欧盟的双边关系,争取在特定议题(特别是人民币国际化与市场经济地位)上实现突破。

其次,中国还应巩固中国、英国与德国(或法国)的三角关系,达到间接参与未来英欧关系调整、强化中欧综合关系稳健性的多重目标。

欧盟有先天缺陷,④中欧关系需要最终会落实到中国与欧盟支柱国家(德法)的关系上面。目前,欧盟对英国退盟持相当决绝的态度;而英国也决定采取"硬脱欧"来处理谈判事宜。⑤ 由此,中国应居于英欧之间发挥特定议题上的潜在影响力,实行"以英制欧"或"以欧制英"的双重手法,全力维护本国利益。英国与欧盟支柱成员国之间的政策分

---

① 金玲:《英国脱欧:原因、影响及走向》;European Movement International, *The Consequences of a British Exit from the European Union*, Brussels: European Movement International, 2016.
② Alicia García-Herrero and Jianwei Xu, "Assessing China's Post-Brexit Globalisation Strategy," Bruegel, July 19, 2016, http://bruegel.org/2016/07/assessing-chinas-post-brexit-globalisation-strategy/, 2016-8-10.
③ Tim Oliver and Michael John Williams, "Special Relationships in Flux":547-567; Thomas Wright, "Brexit: Advice for The Day After," The Brookings Institution, June 24, 2016, https://www.brookings.edu/2016/06/24/brexit-advice-for-the-day-after/, 2016-8-14; Dan Simpson, "U.S. Role in Brexit," *Pittsburgh Post-Gazette*, 2016-6-29(A9).
④ 陈志敏:《中国、美国和欧洲:新三边关系中的合作与竞争》,第19页。
⑤ 郑春荣:《德国应对英国退欧公投及其影响的立场》,《欧洲研究》2016年第4期,第26-35页;Steven Swinford and Laura Hughes, "History is Made as MPs Finally Back Brexit".

歧与谈判立场摩擦,一方面会使英欧之间的关系联结充满变数;另一方面,这也为中国从英欧纷争之中渔利提供了契机。比如,英欧未来的贸易磋商是一个历时颇长且"争议不断"的过程,其中会涉及从地区到世界层面的双边与多边规则重新谈判;①这为中国改变某些已存的不利条款提供了可能。

最后,中国需要借力中俄战略伙伴关系,充分利用中美俄三角互动,制约英欧在新关系形成与地区秩序调整中的脱轨行为。

俄罗斯在中国外交中具有特殊地位;中国将中俄之间的关系定位于"全面战略协作关系",并视之为"新型大国关系的典范"。② 中俄战略合作是中美俄三角结构平衡的关键,它们的合作利益与对美国的威胁感知构成了其与美国主导的秩序进行抗争的基础。因此,中俄虽有分歧,但是不至于破坏其团结;③两国甚至已经形成了针对美国的"软联盟"。④ 在乌克兰危机之后,俄欧关系持续恶化,客观上增强了中俄间的战略合作。⑤ 在此背景下,中俄关系的提升可以为中国介入英欧

---

① Larissa Brunner, "UK-EU Trade Negotiations to be Contentious," *Oxford Analytica*, July 6, 2016, https://dailybrief.oxan.com/Analysis/DB212195/UK-EU-trade-negotiations-to-be-contentious, 2016 - 8 - 15.
② 王毅:《构建以合作共赢为核心的新型国际关系》,《学习时报》,2016 年 6 月 20 日(1);叶秋瞳:《中方:中俄全面战略协作伙伴是新型大国关系的典范》,中新社,2016 年 6 月 27 日, http://www.chinanews.com/gn/2016/06 - 27/7919169.shtml, 2016 - 8 - 15。
③ Elizabeth Wishnick, "The New China-Russia-U. S. Triangle," *NBR Analysis Brief*, 2015 - 12 - 16.
④ Huiyun Feng, *The New Geostrategic Game: Will China and Russia Form an Alliance Against the United States*? Copenhagen: Danish Institute for International Studies, 2015.
⑤ Alexander Gabuev, *A "Soft Alliance"? Russia-China Relations After the Ukraine Crisis*, London: European Council on Foreign Relations, 2015; Margareter Klein and Kirsten Westphal, "Russia: Turn to China?" *SWP Comments*, Berlin: Stiftung Wissenschaft und Politik, 2016.

谈判与新秩序生成提供一种威慑意义上的工具,中国可以联合俄罗斯共同回应英欧谈判中的不利规则,抑制英欧在秩序建构过程中的脱轨举动。

在三角关系之下,国家行为体的力量对比与国家间的正负关系塑造着国家在博弈中的具体收益。① 因此,中国需要主动出击,努力在不同层次上建构能够以自身为中心的多重三角关系,积极介入到三角关系的机制化建设与国际影响力塑造上,全力培育正面关系,避免国家间的负面关系,学会操纵正负关系及成员分歧,降低国际秩序变动带来的不确定性,尽可能地维护自身利益。

四、追踪规则谈判:中国在"后英国脱欧"秩序下的注意力转换

巩固多层次大国三角关系的关键是制度化;然而,中美欧之间的三边关系制度架构不足。② 因此,在英欧各自展现谈判决心之后,中国应该将注意力转向未来谈判及新规则的影响精算与适时回应上。

首先,英欧谈判的不确定进展会影响未来国际秩序的建构。其一,谈判是约定国家间交往规则并构建相应国际制度的重要步骤,这对国家间关系与行为的规范具有重要影响。英欧谈判的进程与结果会对与英欧联系紧密的其他国家产生连锁影响。其二,谈判过程与结果具有高度不确定性,其成功与否依赖于一系列其他变量,如国家的政策位置分布、谈判的策略与能力、营造谈判联盟的能力、运用成员资格杠杆功能的能力、主动参与的动机、争端特性、谈判方特性及其内在关系和过

---

① Brantly Womack, *Asymmetry and International Relationships*, New York: Cambridge University Press, 2016, pp. 99 – 124.
② 陈志敏:《中国、美国和欧洲:新三边关系中的合作与竞争》,第22页。

程因素等。① 因此,英欧谈判会囊括二十多个行为体,其中必然涉及复杂的利益调整与主体聚合。

其次,规则与谈判是当前欧盟处理内外政策的主要路径,把握好英欧谈判进程与规则变更有助于掌握英欧的政策调整,从而帮助我国及时做出回应。规则的塑造是欧盟的着力点与优先议程。2016 年欧盟《外交安全政策新全球战略》显示,它致力于推动以规则为本的全球秩序,这也是其对外行动的"核心利益"。② 莫盖里尼(Federica Mogherini)认为,欧盟对"规则为本的多边秩序"的执着源于欧盟自身的"信念"、"原则"与"认同"。③ 同样,英国也强调以规则为本的秩序的重要性,克尔(John Kerr)将"规则为本的多边秩序"视为与英美特殊关系、北约及历史教训并列的英国外交政策四个支柱之一。④ 因此,英欧未来取决于脱欧谈判的互动,这会最终波及与英欧关系紧密的其他国家关系、地区与全球秩序。

再次,规则的磋商、运用与适用是各国处理国家间互动的主要路径,更是中国等新兴国家应必修的一门功课。其一,国际秩序正在转向

---

① Dinan Panke, "Getting Ready to Negotiate in International Organizations? On the Importance of the Domestic Construction of National Positions," *Journal of International Organizations Studies*, 2013, 4(2): pp. 25 – 38; Richard Jackson, "Successful Negotiation in International Violent Conflict," *Journal of Peace Research*, 2000, 37(3): pp. 323 – 343.
② EU, *Shared Vision, Common Action: A Stronger Europe*, Brussels: European Union, 2016.
③ Federica Mogherini, Keynote Address at the Conference "The EU's Contribution to Global Rules: Challenges in an Age of Power Shifts," The Hague, December 9, 2015.
④ John Kerr, "Britain Found a Role But is in Danger of Losing It Again," *Financial Times*, June 8, 2016, http://www.ft.com/cms/s/2/0711468e – 2c04 – 11e6 – bf8d – 26294ad519fc.html#axzz4HrgwDSOq, 2016 – 8 – 8.

一个"规则世界"。① 国家间纠纷与争端大多依据国际规则与规范得以解决。尽管当前大国间(如中美)结构性冲突的风险上升,但是国际制度与规则依然会发挥议题规范、冲突解决与秩序维护等功能。② 其二,中国在走向全球的过程中感受到国际制度规则的重要性,愿意将其视作全球治理的基本要素。③ 王毅强调了秩序与规则的重要性,并明确提出中国应该稳步推进国际法治,使中国成为"国际法治的坚定维护者和建设者"。④ 目前,中国也希望寻求在某些领域中的规则制定权。⑤ 欧洲是近代国际关系基本原则的起源地与规则应用的中心区域,⑥欧盟自身是一个基于谈判与规则的行为主体,英欧谈判及规则生成将展现一个与规则秩序变更相关的案例;中国需要以英欧为师,学习规则谈判的基本逻辑与规则变更的操作手法,并在未来战略中以规则为主线及早寻求维护利益的应对方案。

总之,中国需要将注意力转换到英欧规则谈判上,应对英欧规则波动带来的不确定性,为中国更好地融入"规则世界"提供经验。特别是,

---

① 李巍:《国际秩序转型与现实制度主义理论的生成》,《外交评论》2016 年第 1 期,第 31–59 页。
② Aaron L. Friedberg, "The Future of U. S.-China Relations: Is Conflict Inevitable?" *International Security*, 2005, 30(2): pp. 7–45; Jingdong Yuan, "Averting US-China Conflict in the Asia-Pacific," *International Affairs*, 2016, 92 (4): pp. 977–986.
③ Qin Yaqing, "Rule, Rules, and Relations: Towards a Synthetic Approach to Governance," *The Chinese Journal of International Politics*, 2011, 4(1): pp. 117–145.
④ 王毅:《中国是国际法治的坚定维护者和建设者》,《光明日报》,2014–10–24(2)。
⑤ 见阎学通等:《国际规则制定权与中国的位置》,《世界知识》2002 年第 6 期,第 38–43 页; G. John Ikenberry, "The Rise of China and the Future of the West," *Foreign Affairs*, 2008, 87(1): pp. 23–37.
⑥ 王逸舟将欧洲称为"国际规范的制定者"与"观念创新的大机器"等,见王逸舟:《创造性介入:中国之全球角色的生成》,北京:北京大学出版社 2013 年,第 177–192 页。

未来英欧间的经贸协定谈判将是双方的重要交锋点。2017年2月,英国《退欧白皮书》宣称将不寻求保留欧洲单一市场身份,转而希望与欧盟建立自由贸易协定与关税协定。① 但是,欧盟继续坚持没有人员自由流动则没有单一市场,并针锋相对地提出不允许英国在谈判中"挑三拣四"。② 同时,伴随美国特朗普政府退出跨太平洋伙伴协定(TPP)并消极对待跨大西洋贸易与投资伙伴协定(TTIP),旧的英欧经贸规则面临瓦解与冲调,但是新的经贸协定又遥遥无期。基于此,刘丽荣认为,TPP与TTIP搁浅对中国而言是一个"利好消息",美欧间经贸关系的政策协作摩擦,有助于欧盟深化与亚洲国家的关系。③ 面对美欧信任降低与英欧规则调整,无论是英国还是欧盟都积极与中国靠拢,为未来经贸发展做准备。例如英国首相特里莎·梅在下议院授权投票前特别表示将于年内访问中国,以此稳固英国与中国的经贸纽带;《退欧白皮书》也特别强调了中国在英国经贸关系中的重要性。④ 可见,中国凭借其在经贸领域的优势已具有影响英欧关系调整的潜力。

首先,中国应充分利用经贸杠杆,在与欧英达成大额订单与磋商双

---

① UK Government, *The United Kingdom's Exit from and New Partnership with the European Union White Paper*, February 2017: p. 35.
② Tamara Cohen, "Brexit Talks: No Compromise with UK on Free Movement, Juncker Warns," *Sky UK*, September 26, 2016, http://news.sky.com/story/brexit-talks-no-compromise-with-uk-on-free-movement-juncker-warns - 10580865, 2017 - 2 - 16; David Connolly, "Merkel: No Single Market without Free Movement for EU Citizens," *Sky UK*, January 9, 2017, http://news.sky.com/story/merkel-no-single-market-without-free-movement-for-eu-citizens - 10723535, 2017 - 2 - 16.
③ 刘丽荣:"TTIP前景渺茫,欧美贸易摩擦加剧或使欧盟重返亚洲",澎湃新闻,2017年2月7日,http://www.thepaper.cn/newsDetail_forward_1613426, 2017 - 2 - 16。
④ Beth Rigby, "Theresa May to Visit China in Bid for Trade Deal," *Sky UK*, February 8, 2017, http://news.sky.com/story/theresa-may-to-visit-china-in-bid-for-trade-deal - 10759589, 2017 - 2 - 16; UK Government, *The United Kingdom's Exit from and New Partnership with the European Union White Paper*.

边贸易协定时明确附加符合自身利益的相关条款,将自身优势真正转化为经贸交往中的影响力,有意识地改变目前中国在欧盟所面临的反倾销制裁与其他贸易壁垒。其次,中国需要在英欧之间扮演经贸"平衡手"角色,盯住英欧对外经贸发展与经贸规则磋商,适时利用英欧之间、欧盟内部及美欧俄之间的张力,联合特定国家对英欧间规则草案发出自己的声音。第三,在反全球化与政治右转背景之下,中国应继续倡导全球化与自由贸易,针对英欧各自内部的政治纷争,催生并巩固英欧经贸规则谈判中的全球化与自由贸易支持条款,为开放世界经贸规则的重构提供示范。

五、助推秩序建构:中国在英欧新关系生成中的路径选择

在英欧变局背景下,中国角色可定位为一种与英国和欧盟同时具有竞争合作关系的第三方相关利益者。其一,近年来中欧、中英双边关系得到极大提升,但是关系深度依然不够,中国在整体上依然是英欧之"域外"的第三方大国。然而,美国与它们大都保持着"特殊关系"或"合作伙伴关系"。[1] 尽管中德关系被认为是一种基于经济利益的"特殊关系",[2]但梅兆荣与郑春荣谨慎地指出中德之间不存在一种能够牺牲他方利益的"特殊关系"。[3]

---

[1] Tim Oliver and Michael John Williams, "Special Relationships in Flux": pp. 547 – 567.
[2] Hans Kundnani and Jonas Parello-Plesner, *China and Germany: Why the Emerging Special Relationship Matters for Europe*, London: European Council on Foreign Relations, 2012.
[3] 梅兆荣:《德国重新崛起之道及其在欧盟及中欧关系中的地位》,《德国研究》2013年第1期,第4-11页;郑春荣:《德国在中欧关系中的角色》,《欧洲研究》2015年第3期,第1-14页。

其二，中国尚不具备左右英欧规则谈判的足够影响力，只能以适当方式作用于英欧。近年来，中国在欧洲的影响力得到较大提升，这种影响力主要是通过解决债务危机、基础设施建设和投资贸易而获得，伴随中国"一带一路"倡议的深化，这种影响力预期会变大；2016 年的欧洲被认为是中国在西方"首选的竞争地"。① 当然，中国的影响有其内在局限。文安立(Odd Arne Westad)认为，中德交好并不会"如其期望般地"帮助中国从对外决策层面影响欧盟对外政策。② 此外，中国影响力还面临着美国的制约。相似的制度与意识形态因素、共同秩序利益及历史紧密联系等因素决定了美国与英国、欧盟的"特殊关系"更为稳固。③

因此，中国之第三方定位与内在能力局限决定了其只能间接介入英欧关系调整与地区秩序生成。中国应该"助推(nudge)"英欧互动规则制订与地区秩序建构，抓住每一次调整的机会，获取相应红利，利用秩序的力量维系其利益。

从本质上说，制度蕴含"特有冲突"，国内与国际制度都具有"非中性"特征。④ 秩序以规则与制度为支柱，也必然具有偏向性。它会从结构上支撑某些行为体的利益，也会以制度化的方式影响其他行为体。因此，因英欧变局形成的新秩序或新规则可能对中国有利，也可能制约

---

① Philippe Le Corre and Alain Sepulchre, *China's Offensive in Europe*, Washington, DC: Brookings Institution Press, 2016, p.1.
② Arne Westad, "China and Europe: Opportunities or Dangers?" *Global Policy*, 2012, 3(1): p.97.
③ Tim Oliver and Michael John Williams, "Special Relationships in Flux": pp.547 - 567.
④ 见 James G. March and Johan P. Olsen, "Elaborating the New Institutionalism," in R. A. W. Rhodes, Sarah A. Binder, and Bert A. Rockman eds., *The Oxford Handbook of Political Institutions*, New York: Oxford University Press, p.14；徐秀军：《制度非中性与金砖国家合作》，《世界经济与政治》2013 年第 6 期，第 77 - 96 页。

中国的利益拓展。中国需要从源头上重视秩序生成,从规则与制度建构入手,全程跟踪并评估地区与全球的秩序生成,推动规则、制度与秩序的位置尽可能地接近我国偏好。

对我国而言,"助推"秩序建构是符合自身实际并能够展现显著角色的可能选项。其一,"助推"策略从技术上为中国参与英欧地区秩序重塑提供了可能性。"助推"已经成为西方政策研究与实践领域的一个热点,并被奥巴马政府与卡梅伦政府认可与应用。[1] "助推"不是强迫遵从或强制改变,它诉诸积极肯定与提供选择建议等间接方式来影响决策者的动机,使目标群体达到非强制性遵从。根据理查德·泰勒(Richard Thaler)与卡斯·桑斯坦(Cass Sunstein)的定义,"助推"不是"强制",它是"无须禁止相关选项或显著改变经济动机便能通过可预测方式来改变民众行为的一种选择架构(choice architecture)的方方面面"。在此,主体需要承担优秀"选择架构师"角色,通过营造支持性环境或设计情境来推动目标群体转向正确的政策方向并改变其行为。[2]

其二,"助推"策略与中国传统文化和外交取向有一定的关联性;该策略有内嵌于中国对欧交往模式中的可能性。"助推"的政治基础是"自由主义家长制"。[3] "家长制"在中国与东亚传统文化中非常显著,并可能影响一国的外交思维。铃木章悟(Shogo Suzuki)认为,"国际家

---

[1] Madeleine Snyder, "European Policy: A Nudge in the Right Direction," *Harvard International Review*, 2015, 36(3): pp. 11 - 12; Guy Adams, "First Obama, Now Cameron Embraces 'Nudge Theory'," *The Independent*, August 12, 2010, http://www.independent.co.uk/news/uk/politics/first-obama-now-cameron-embraces-nudge-theory-2050127.html, 2016 - 8 - 10.

[2] Richard H. Thaler and Cass R. Sunstein, *Nudge: Improving Decisions about Health, Wealth, and Happiness*, New Haven & London: Yale University Press, pp. 3 - 11.

[3] Richard H. Thaler and Cass R. Sunstein, *Nudge: Improving Decisions about Health, Wealth, and Happiness*, pp. 3 - 8.

长主义"在中国对外交往话语中(如维和领域)留有明显痕迹。① 当然,这并非中国所独有,发达国家与联合国机构也存在这种特征。② 实际上,国际政治实践大多都处于"家长主义"与"合作伙伴"之间。③

"助推"英欧地区秩序调整要求中国能够发挥"选项设计师"的角色,通过积极肯定、提供选择建议、打造情境与资源支持等方式来展现有针对性的选择架构,影响英欧的谈判意向。中国实际上正在获得这种影响力。德国大使柯慕贤认为,中国有阻止单边主义、贸易战与政治不稳定的潜力。④ 泰勒与桑斯坦提供了设置选择架构的六个原则,即默认选项、预期错误、提供反馈、理解权衡、构造复杂决策与展现动机等。⑤ 基于此,本文提供四个政策建议。首先,中国可以清晰宣示其对国际与地区安排的秩序观,比如中国面对反全球化潮流应坚持倡导全球化、自由贸易与开放世界等价值,在英欧正式谈判之前系统研判英欧谈判与秩序调整的可能路线,评估不同方案对地区规则与世界秩序的具体影响,展示自身对不同方案的偏好,使英欧在谈判前期注意到中国立场,使中国方案成为英欧谈判中的默认选项或备选方案。其次,我国必须对其做"最坏打算",尽早划定"红线",对于谈判中浮现的攸关我国

---

① Shogo Suzuki, "Why Does China Participate in Intrusive Peacekeeping?" *International Peacekeeping*, 2011, 18(3): pp. 271 - 285.
② 参见 Tim Murithi, "Between Paternalism and Hybrid Partnership," *FES Briefing Paper* 2, New York: Friedrich-Ebert-Stiftung, 2007.
③ 参见 John Ravenhill, "From Paternalism to Partnership," *Working Paper*, Department of International Relations, Australian National University, 1997; Anne Schmidt, "Strategic Partnerships: A Contested Policy Concept," *SWP Working Paper*, Berlin: Stiftung Wissenschaft und Politik, 2010.
④ 柯慕贤:"中国能否成为新的全球化领导者?"FT 中文网,2017 年 2 月 20 日,http://www.ftchinese.com/story/001071429?full=y&from=groupmessage#ccode=2G178002, 2017 - 2 - 20。
⑤ Richard H. Thaler and Cass R. Sunstein, *Nudge: Improving Decisions about Health, Wealth, and Happiness*, pp. 81 - 100.

利益的规则与议题,需要及时通过特定管道反馈给英欧双方,以期得到调整。再者,英欧谈判是一种复杂决策系统,中国只能关注对自身影响最显著的特定议题(如经贸),并在关注议题间做出较为精准的权衡;同时,我国需要根据英欧在相关议题上的不同政策位置,有选择地支持对己有利的一方,特别是当某项议题陷入困局时,中国应该及时介入。最后,中国需要全面评估相关备选规则条款的成本、收益与影响,展现英欧及其他成员在具体规则方面的突出动机与内在冲突,并凭借自身在经贸及其他领域的影响力在英欧间做出选择。当然,如何在国际政治中应用"助推"策略是一项系统化的技术,需要学界在未来予以进一步的关注。

六、结 论

英欧变局的影响是全方位且多层次的,它引发大国间的竞合,导致国际规则的变化,并诱发从地区到全球的秩序嬗变。它既为各国带来了挑战,也同时孕育了结构调整的契机。中国需要审慎又不失主动地应对英欧可能造成的影响,追踪宏观的局势变更与微观的规则调整,通过对细致规则的精算评估与对未来秩序建构的"助推",来提升国际制度对我国利益及战略目标的支持性可能。当然,无论是规则谈判的追踪与应对,还是秩序"助推"建构,或有效的大国三角关系调整,都需要学界在英欧正式谈判开始前便对谈判进程、规则调整、秩序建构与"助推"策略运用等进行系统审视。

"新战略"背景下欧盟的亚太安全政策 *

【内容提要】 2016年6月,欧盟根据其战略环境变化制定了新的全球安全战略,其中展现出欧盟对亚太地区的鲜明政策调整。欧盟的亚太政策转向既立足于欧盟的发展需要,更着眼于亚洲的全球影响力提升,同时也关涉美国的亚太政策影响。从整体上来看,欧盟的亚太政策具有战略提升、规则至上、网络建构、实用原则与地缘政治色彩等不同特征。然而,其亚太安全政策的实施效果却面临着欧盟内部裂变、美国战略重调以及中国等亚太主要国家的战略回应等多方面的制约。

【关键词】 "新战略" 欧盟 全球战略 亚太安全政策

一、背景介绍

2014年11月,费代丽卡·莫盖里尼(Federica Mogherini)正式就

---

* 本文原发表于《理论视野》2017年第4期(第76-82页),合作者为南京大学政府管理学院硕士研究生金宇桦;收入本文集时做了一些文字和技术性改动。

上篇 理论探索　239

任欧盟外交和安全政策高级代表。面对欧盟的战略环境变化,她在 2015 年年初便提出,欧盟应该制定一个"新战略",从而更有效地帮助欧盟实施政策制定,辨析优先议题,系统地运用各种政策工具服务于自身目标,并为遴选合作伙伴提供新的方向。① 经过一年多的意见征询与政策磋商,欧盟于 2016 年 6 月发布了全球战略新报告《共有愿景与共同行动:更强大的欧洲》;该战略报告致力于制定"一致"、"全面"且"共同"的全球战略,特别强调地区性动力在国际秩序与地区秩序构造上的重要性,并分别探讨了欧盟在推动世界范围内"合作性地区秩序"中可以扮演的显著角色。②

与欧盟 2003 年发布的第一份外交安全政策战略报告《更加美好世界中的安全欧洲》相比,亚洲和太平洋地区在新报告中获得了较高显示度。2003 年战略报告只是将少许注意力放到中国等重点国家及东亚与东南亚等次区域上,通篇没有提及亚太地区或太平洋区域。2016 年新战略报告没有明确使用"亚太",但是对中国等重点国家的关注明显增多,还特别将"印太"与东亚地区并列看待。③

二、欧盟安全战略框架中的亚太政策脉络

从 1993 年正式成立至今,欧盟至少制定了两个针对亚洲的政策报

---

① European External Action Service, "Speech by High Representative/Vice-President Federica Mogherini at the Munich Security Conference," Feburary 8, 2015, available at http://eeas.europa.eu/statements-eeas/2015/150208_01_en.htm.
② Federica Mogherini, "Preface," in Antonio Missiroli, ed. *Toward an EU Global Strategy: Background, Process, References*, Paris: EU Institute for Security Studies, 2015, pp. 5 – 6; European Union, *Shared Vision, Common Action: A Stronger Europe*, pp. 32 – 39.
③ European Union, *European Security Strategy: A Secure Europe in a Better World*, Brussels: European Union, 2003; European Union, *Shared Vision, Common Action: A Stronger Europe*, p. 38.

告,这构成了欧盟之亚太政策的基础。1994年7月,首个亚洲政策报告《面向亚洲的新战略》出台。该报告直面亚洲崛起,希望赋予亚洲地区较以前"较高的优先性",试图进一步强化欧盟"在亚洲的经济存在性,从而确保其在世界经济中的引领角色,"加强与亚洲地区和国家的政治对话,寻求某种方式与亚洲合作,从而更多地参与国际事务。①

2001年9月,欧盟发布《欧盟与亚洲:强化伙伴战略框架》,试图超越对经济领域的单纯关注,转而聚焦欧盟与亚洲之间的综合性合作伙伴愿景。它致力于为欧亚关系确立未来10年的整体框架,强化欧洲在亚太地区的政治经济存在,并提升欧盟在全球战略中的地位。特别是,除贸易投资与发展减贫议题之外,欧盟也筹划在政治与安全议题领域强化与亚洲的接触,推动亚洲地区的人权保护、民主、善治与法治发展,有选择地与主要亚洲国家建立全球伙伴关系以应对全球性的挑战。②

另外,欧盟还曾经发布多个与亚太次区域或具体国家相关的政策性文件,并在机制建设与实践方面确立了与亚洲地区交往的制度框架。例如,欧盟于2003年分别发布了与东南亚合作伙伴的政策文件,和与中国的伙伴关系政策文件;2007年,欧盟提出了对东亚地区的外交与安全政策原则规定,并于2012年做了一定修改;2015年,欧盟又发布了与东盟建立战略合作伙伴关系的新政策。③ 欧盟还积极通过亚欧会

---

① European Union, *Towards a New Asia Strategy. Communication from the Commission to the Council*, Brussels: European Union, 1994.
② Commission of the European Communities, *Europe and Asia：A Strategic Framework for Enhanced Partnerships*, Brussels: Commission of the European Communities, 2001.
③ European Union, *A New Partnership with South East Asia*, Brussels: European Union, 2003; European Union, *A Maturing Partnership：Shared Interests and Challenges in Euchina Relations*, Brussels: European Union, 2003; Council of the European Union, *Guidelines on the EU's Foreign and Security Policy in East Asia*, Brussels: European Union, 2012;European Commission, *The EU and ASEAN：A Partnership with a Strategic Purpose*, Brussels: European Union, 2015.

议(ASEM)来推动与亚洲的地区融合,并加强与东盟、东盟地区论坛(ARF)及南亚区域合作联盟(SAARC)的合作。①

国际格局变迁,特别是亚洲地区全球显著性的提升,使得欧盟内部对自身安全战略的反思日益增多。因此,欧盟政策界认为,欧盟应对其2001年制定的亚洲政策框架予以"彻底调整(overhaul)"与更新。② 欧盟2015年战略审议报告《全球环境变化中的欧洲联盟》指出,2003年以来的国际环境变化很大,当前世界"更为复杂"、"连接度更高"且"竞争性更强";该报告将亚洲置于欧盟所面临的机遇与挑战环境之中,并宣称欧盟可以为陷于紧张局势中的亚洲地区合作提供"持续、一致且定制化的支持",从而推动一种"规则为本"的冲突管理路径,以回应其与亚洲联结中的各种机遇。③

《共有愿景与共同行动》报告直接将亚洲视为相互"关联"地区,认为亚洲安全与欧盟繁荣之间存在着"直接联结",经济强劲的亚洲之和平稳定构成了欧洲繁荣的"前提条件"。与此同时,欧盟特别关注亚洲"正在攀升"的安全紧张局势,认为这恰是欧盟介入的"天赐良机(extraordinary opportunity)"。鉴于此,欧盟希望在未来亚洲战略上深化经济外交,强化其亚洲安全角色,建构更为全面的对亚路径,寻求对亚洲安全的更大贡献及与中国的进一步接触等。一方面,欧盟"政治全面"的安全路径宣示拓展其日、韩、印尼等合作伙伴关系,支持阿富汗

---

① European Union External Action, *EU-Asia Factsheet*, Brussels: European Union External Action, 2014; European Union External Action, "Asia," June 15, 2016, available at https://eeas. europa. eu/headquarters/headquarters-homepage/334/asia_en.
② Olivia Gippner, "Executive Summary," in Olivia Gippner, ed., *Changing Waters: Towards a New EU Asia Strategy*, London: LSE Ideas, 2016, p.1.
③ European Union, *The European Union in a Changing Global Environment*, Brussels:European Union, 2015.

重建与和解过程,推动朝鲜半岛核不扩散,支持航海自由,维护国际法公约等,协助东盟海上能力建设并支持东盟领导的地区安全架构,加强其在中亚与南亚的反恐、反人口贩卖及提升交通贸易能源等领域的合作,全力推动该区域国家的人权保护与民主转型等。另一方面,欧盟特别看重其与中国的关系。欧盟希望基于法治尊重而继续与中国进行接触,最大化当前政策框架的效力,追求"连贯一致"的路径从而获取中国西向的联结驱动力。同时,它也计划深化与中国的贸易投资,追求更好的知识产权保障和更大的高科技合作,获取在经济改革、人权保护和气候变化方面的"公平竞争机会"等;特别是,在南海问题上,欧盟将其自身定位为"全球性海上安全提供者",并积极寻求机会贡献于全球海上安全。从整体上而言,欧盟所谋划的世界是一个基于联合国和多边主义的、以规则为本的全球秩序,这也是其对外行动的"核心利益"。亚太及其成员国是其整体布局中的一环。在一般层面上,欧盟呼吁以机制改革、外交投入、承诺执行、规则深化、制度拓展、公共产品开发与伙伴关系等方式推动未来的全球治理,致力于打造具有可信性、富有回应性与拥有整体思维的欧盟,从而帮助欧盟将战略愿景转化为实际行动。①

三、欧盟之亚太政策调整的原因

欧盟调整亚太布局的原因主要包括以下三点。首先,以中国与印度为代表的新兴国家在国际舞台上具有越来越重要的地位。国际形势转变使欧盟无法置身于国际大势与地区秩序之外。② 欧盟对外行动署(EEAS)认为:"亚洲的崛起具有全球显著性。正确调整欧盟与这个多

---

① European Union, *Shared Vision, Common Action: A Stronger Europe*, pp. 13 – 51.
② Luis Simón, "Europe, the Rise of Asia and the Future of the Transatlantic Relationship," *International Affairs*, Vol. 91, No. 5, 2015, pp. 969 – 989.

元且动态发展地区的关系是欧洲面临的最主要挑战之一。"① 欧盟通过政治、经济与全球问题等议题全面联结亚洲,认为亚洲是其"战略利益"与"巨大利益"所在。目前,欧盟已经与中国、印度和日本建立了战略伙伴关系,并与韩国及东盟诸国展开磋商以建立伙伴关系与自由贸易规定。单纯从经济贸易而言,中国与东南亚是欧盟在贸易总量方面仅次于美国的第二与第三大贸易伙伴。② 此外,亚洲地区近年来紧张局势不断,中国南海问题与中日钓鱼岛纷争不断,亚洲地区成为国际冲突与摩擦的高风险发生地,欧盟试图在冲突管控方面扮演一定的角色。③

其次,美国奥巴马政府推行的"重返亚洲"与"亚洲再平衡"政策直接影响了欧盟的亚太政策调整。作为美国的安全盟友与跨大西洋伙伴关系的一员,欧盟的所有外交与安全政策都需要将美国考虑在内。鉴于中国崛起与美国政策转向,欧盟政策专家呼吁,欧盟应该更为积极地发展其亚太区域的新安全战略,使自身在亚太地区变得更为显著;如果它无法在亚太发挥某种特色,美国便可能质疑其跨大西洋关系的重要性。④ 当然,欧盟内部最初对是否追随美国充满争论,也缺乏"内在一致"的欧盟政策回应。但是,从 2011 年起,欧盟整体还是展现出"温和

---

① European Union External Action, "Asia," June 15, 2016.
② European External Action Service, *EU Strategic Review*, Brussels: European Union, 2015; Yeo Lay Hwee, "EU Strategy Towards Southeast Asia and ASEAN," in Olivia Gippner, ed., *Changing Waters: Towards a New EU Asia Strategy*, pp. 6 – 11; European Union External Action, "Asia," June 15, 2016.
③ Jan Gasper and Bertram Lang, "China and EU Strategic Thinking on Asia: Towards a Strategic 'Slim Down'," in Olivia Gippner, ed., *Changing Waters: Towards a New EU Asia Strategy*, pp. 38 – 48; Mathieu Duchatel and Fleur Huijskens, "The European Union's Principled Neutrality on the East China Sea," *SIPRI Policy Brief*, February 2015.
④ Rem Korteweg, *A Presence Farther East: Can Europe Play a Strategic Role in the Asia-Pacific Region?* London: Center for European Reform, 2014; Daniel Keohane et al., *A New Ambition for Europe: A Memo to the European Union Foreign Policy Chief*, Carnegie Endowment for International Peace, 2014.

转向(modest pivot)"的趋势,并在实践上迈出了"肯定性步伐";它基于自身利益参与亚太事务的活动也越来越密集。尤其是,英法两国更为积极地参与亚太事务或涉华事务之中。① 此外,美国"重返亚洲"政策还有其经济与外交的维度,这也是欧盟追随参与亚洲事务的重要途径。在这个背景之下,欧盟相关机构也强化了其对亚太地区的外交与经济接触程度。2011 年后,欧盟与亚洲区域的领导人互访或者自贸协定谈判等都达到了较频繁水平。②

第三,欧盟追求全球行为体的自身发展需要也要求其将更多注意力投放到亚太地区和相关议题上。其一,欧盟面对一个日益显著的"内部与外部安全联结",其内部安全与外部安全因素处于"前所未有的交缠"状态。亚太地区恰恰是影响欧盟内部安全的高风险来源地;欧盟面对亚太等地区的潜在政治与安全紧张后果很是"脆弱",③如非法移民与难民、网络安全以及恐怖主义威胁等都是潜在的威胁来源。其二,欧盟需要应对各国提出的对外战略对自身产生的各种影响。就亚洲地区

---

① Jonas Parello-Plesner, "Grading Europe in the Asia-Pacific: European Foreign Policy Scorecard 2013," *Asia Pacific Bulletin*, No. 203, February 28, 2013; Leo G. Michel and James J. Przystup, *The U. S. Rebalance and Europe: Convergent Strategies Open Doors to Improved Cooperation*, Washington, D. C.: National Defense University Press, 2014; May-Britt U. Stumbaum, *How Europe Matters in Asian Security*, Berlin: Freie Universität Berlin, 2014, p. 18; Richard Youngs, *Keeping EU-Asia Reengagement on Track*, Washington, D. C.: Carnegie Endowment for International Peace, 2015, p. 3; Bjørnar Sverdrup-Thygeson, Marc Lanteigne, and Ulf Sverdrup, *"For Every Action …": The American Pivot to Asia and Fragmented European Responses*, Wahsington, D. C.: Brookings, 2016.
② European Union External Action, *EU-Asia Factsheet*, European Union External Action, 2014; Rem Korteweg, *A Presence Farther East: Can Europe Play a Strategic Role in the Asia-Pacific Region?*
③ May-Britt U. Stumbaum, *How Europe Matters in Asian Security*, p. 15; European External Action Service, *EU Strategic Review*; European Union, *Shared Vision, Common Action: A Stronger Europe*, p. 8.

而言,中国提出的"一带一路"倡议、东盟国家的"互联互通"倡议、印度之"东向政策"等,这些战略必然会在互动之中影响到欧盟的利益。基于此,欧盟需要将相当多的战略关注力放到了亚太地区。① 其三,欧盟的亚太政策转向也是其试图成为真正的全球行为体的必然步骤。尽管欧盟积极地参与亚太事务,但是其着眼点大多集中在经济领域,其全球角色的发挥实际上是不全面的,因此欧盟希望能够展现其更为全面的角色。如果欧盟想要成为"安全生产者"而不仅仅是消费者,并展现其自身存在,那么它"必须参与到亚洲安全中"。②

四、欧盟亚太政策调整的基本特征

欧盟针对亚洲地区的政策转向还处于调整过程中,它是否会全面涉入亚太事务、能否有能力将其战略话语转变为实际行动也具有不确定性;不过,其政策调整展现出多个鲜明特征。

首先,从战略模糊到战略性提升是欧盟亚太政策框架转向的出发点。欧洲政策分析者认为,欧盟不应在亚洲事务上继续坚持"战略模糊"立场,它需要聚焦其亚太政策战略性目的。③ 欧盟在评估共同外交与安全政策时认为,其在"战略性合作伙伴"领域已经丧失了"显著性"与"驱动力",因此它需要重新界定如何最大化欧洲影响力的问题。除

---

① Michael Reiterer, "Asia as Part of the EU's Global Security Strategy: Reflections on a More Strategic Approach," in Olivia Gippner, ed., *Changing Waters: Towards a New EU Asia Strategy*, p.69.
② Yeo Lay Hwee, "EU Strategy Towards Southeast Asia and ASEAN," p.11; Rem Korteweg, *A Presence Farther East: Can Europe Play a Strategic Role in the Asia-Pacific Region?* p.2.
③ Rem Korteweg, *A Presence Farther East: Can Europe Play a Strategic Role in the Asia-Pacific Region?* pp.1-2.

已有的中欧、日欧和印欧等战略伙伴关系,欧盟还聚焦于东盟,希望将"自然"或"改善"的伙伴关系提升为"战略性"伙伴关系,以赋予其"战略目的"。欧盟认为,其与东盟的战略性合作伙伴关系将超越"当前主宰性的双边思维",而是面向在地区与全球主要议题上的"更大参与程度",包括气候变化、灾害应对、持续发展、流行病、反恐与极端主义等议题。① 同时,这种战略性的转向还体现在欧盟的外交与安全政策需要从"具体回应"转到"战略规划"的"范式转变"上,在贸易与经济领域议题基础上更多地聚焦于安全相关议题,实现从"共享利益"向"共有愿景"的跨越。②

其次,欧盟亚太政策框架的转变体现出欧盟的实用主义路径。欧盟全球安全战略认为,"原则性实用主义(Principled Pragmatism)会在未来若干年中指引我们的外部行动";该指导原则包括团结、接触、责任与伙伴关系等构成要素。③ 欧盟对亚太地区政策的实用主义特征首先立足于欧盟在变化环境中的自身实力,特别是其亚太区域的身份定位。与美国强调自己是一个"太平洋大国"不同,欧盟多次强调自身并不是亚太地区的大国;欧盟将自己定位为一种"致力于赋权"而不是"施展权力"的"亚洲伙伴";亚太地区在欧盟全球战略议程上也并未占据最高的优先地位。这种定位与欧盟自身的实力,特别是基于它缺乏在亚洲的军事能力相关。当然,欧盟还是希望成为更为全面的能够影响亚太的全球行为体,因此欧盟试图致力于接触,而不是"胁迫",追求态度主动;

---

① European Union, *The European Union in a Changing Global Environment*; European Commission, *The EU and ASEAN: A Partnership with a Strategic Purpose*.
② Michael Reiterer, "Asia as Part of the EU's Global Security Strategy: Reflections on a More Strategic Approach," p. 63.
③ European Union, *Shared Vision, Common Action: A Stronger Europe*, pp. 16-18.

基于此,欧盟认为,融合硬实力与软实力的"巧实力"才符合其自身的利益。① 除了对其自身利益与当前战略环境"现实评估"外,欧盟依然坚持其对"推进更好世界的理想渴望",即它依然看重国际法与相关原则的重要性。如在南海问题上,欧盟一方面实用性地渴望维持与中国的关系,另一方面则试图基于其对国际法原则的理解而片面支持菲律宾。②

第三,欧盟对亚太区域的议题关注还展现出它以具有欧盟特色的谨慎方式聚焦地缘政治安全议题。2012 年,欧盟更新了其对东亚的政策指导方针,明显强调欧盟对地缘政治与安全等议题的关注;欧盟在全球安全战略中所强调的"原则性实用主义"也实际上是一种"现实政治(Realpolitik)的回归"。③ 然而,亚太地区的若干安全问题都是传统的领土安全问题;欧盟作为一个域外行为体以及一个被亚洲国家所认知的"经济实体",必须以特定的方式才能介入其中。欧盟强调自身不仅是一个经济贸易体,也是一个"安全与防卫提供者"。一方面,欧盟希望

---

① Catherine Ashton, "Defending National Interests, Preventing Conflict: Speech Delivered by High Representative Catherine Ashton at the Shangri-La Dialogue," Singapore, June 1, 2013; European Union, *The European Union in a Changing Global Environment*; Michael Reiterer, "Asia as Part of the EU's Global Security Strategy: Reflections on a More Strategic Approach," pp. 63 - 65; David O'Sullivan, "Priorities for EU Diplomacy in East Asia," paper presented at the *GRIPS Forum*, Tokyo, 12 February 2013; Rem Korteweg, *A Presence Farther East: Can Europe Play a Strategic Role in the Asia-Pacific Region?* p. 8; Mathieu Duchatel and Fleur Huijskens, "The European Union's Principled Neutrality on the East China Sea," p. 1.

② Theresa Fallon, "Europe's 'Principled Pragmatism' on the South China Sea," *RUSI Commentary*, 12 July 2016, available at https://rusi.org/commentary/europe%E2%80%99s-%E2%80%98principled-pragmatism%E2%80%99-south-china-sea.

③ Council of the European Union, *Guidelines on the EU's Foreign and Security Policy in East Asia*; Sven Biscop, "The EU Global Strategy: Realpolitik with European Characteristics," *Security Policy Brief*, No. 75, June 2016.

将注意力投放到非传统安全问题与"软安全"议题之上,如气候变化、环境问题与流行病防治等。"推进软安全"是欧盟"能够且应该"做到的选项,从而有助于推动"合作安全的非传统方式"。这种"非传统的安全视角"是欧盟所掌握的不多选择。另一方面,面对东亚大国纷争等安全议题,欧盟实际上会采取"原则性中立主义"路径,包括不选边站、不在主权问题上采取固定立场、倡导危机管理以及尊重国际法等。当然,欧盟对航海自由问题及中日东海之争等问题依然采取特别谨慎的言行与态度。①

第四,追求规则本位是欧盟开展全球活动与实施亚太地区政策的基本目标。其一,它积极寻求以规则为本位的全球与地区秩序。2016年欧盟新全球战略强调,它致力于推动一个基于联合国和多边主义的、以规则为本的全球秩序,这也被视为其对外行动的"核心利益",欧盟特别强调"共同塑造(co-shape)"这些规则。欧盟积极奉行相应的价值原则,并强调"我们的利益与价值携手前行",这些支撑起外部行动的核心价值、原则或规范包括和平安全、繁荣、民主以及以规则为本等。作为通过规则与谈判建构的主体,欧盟将这种路径置于优先位置;其自身合法性也与欧盟对国际法与价值原则的遵循密切相连。例如,莫盖里尼强调,欧盟对"以规则为本的多边秩序"的执着源于欧盟自身的"信念"、

---

① Michael Reiterer, "Regional Security Architecture in the Asia-Pacific: What Role for the EU?" *The Asan Forum*, June 30, 2016, available at http://www.theasanforum. org/regionalsecurityarchitectureintheasiapacificwhatrolefortheeu/; Mathieu Duchatel and Fleur Huijskens, "The European Union's Principled Neutrality on the East China Sea"; Richard Youngs, *Keeping EU-Asia Reengagement on Track*, pp. 2, 10 – 11; Federica Mogherini, *Speech by High Representative/Vice-President Federica Mogherini at the Iiss Shangri-La Dialogue* 2015.

"原则"与"认同"。① 其二,针对亚太区域的紧张局势,欧盟倡导积极参与亚太地区安全架构,并倡导一种以规则为本的危机管理路径。欧盟评估认为,其在亚洲推动规则为本且合作性的安全途径正"获得越来越多的支持"。② 其三,追求规则为本也是欧盟自身作为一种"规范性力量"的内在要求。欧盟积极倡导其成为国际性规范力量。在此,规则、原则与价值构成了其对外推行规范性力量的基础,因为"以规范的方式行事"便意味着遵守法律原则。但是,近年来,欧盟作为规范性力量的价值正在下降,因此有学者呼吁这种趋势需要得以扭转。③

第五,经营多重战略网络是欧盟制定亚太地区战略框架的支撑基础。欧盟实际上无法置身于亚太事务之外。从目标方来看,在亚太区域竞技场上,美国是欧美跨大西洋伙伴关系的一环也是其最关键的盟友,日本与澳大利亚等是其战略伙伴关系也是在军事方面的盟友,中国与印度也列在欧盟的战略伙伴关系之中并且是举足轻重的新崛起国家,东南亚联盟更是欧盟所依仗的具有"战略显著性的地区支点"。欧盟需要依据其战略环境的变化调整其在亚太区域的关注重点。欧盟新

---

① Mathieu Duchatel and Fleur Huijskens, "The European Union's Principled Neutrality on the East China Sea," p. 1; Federica Mogherini, "Keynote Address," presented at the The EU's Contribution to Global Rules: Challenges in an Age of Power Shifts, The Hague, 9 December 2015; European Union, *Shared Vision, Common Action: A Stronger Europe*.
② European Union, *The European Union in a Changing Global Environment*; Richard Youngs, *Keeping EU-Asia Reengagement on Track*, p. 8.
③ Helene Sjursen, "The EU as a Normative Power: How Can This Be?" in Helene Sjursen, ed., *Civilian or Military Power? European Foreign Policy in Perspective*, Oxon: Routledge, 2007, p. 77; Henrik Larsen, "The EU as a Normative Power and the Research on External Perceptions: The Missing Link," *JCMS: Journal of Common Market Studies*, Vol. 52, No. 4, 2014, pp. 896 - 910; Rem Korteweg, *A Presence Farther East: Can Europe Play a Strategic Role in the Asia-Pacific Region?* p. 8; Michael Reiterer, "Asia as Part of the EU's Global Security Strategy: Reflections on a More Strategic Approach," p. 63.

全球战略特别强调深化其与日本、韩国、印度、东盟等国的伙伴关系,并积极支持以东盟为领导的地区安全架构。当然,欧盟经营多重战略网络的主要目的还是维持东亚地区的实力均衡,从而最大化地攫取自身利益;而中国崛起对欧盟带来的挑战以及与中国相关的区域紧张议题更是欧盟所关注的焦点;特别是,欧盟担心中国对其实行"分而治之"的战略。① 不过,若干政策研究者警告欧盟应该避免出现针对中国的"合谋性随大流"之恶意行为,建议欧盟在经营有针对性的多重战略伙伴时,必须把握其中的一个平衡。②

五、欧盟亚太政策框架面临的限制因素

欧盟的全球战略及亚太政策框架的转向固然是其对自身当前战略环境变化的一种回应,却面临着若干内部与外部的因素制约,从而最终影响欧盟亚太政策的实际影响力。

首先,欧盟内部的裂变是影响欧盟亚太政策实施效果的重要变量。事实上,外部战略之"主要目的"大多基于内部因素。尽管欧盟呼吁制定"一致"、"全面"与"共同"的全球战略,但是其裂变将必然影响其全球战略的一致性与共同性要求。欧盟的多重裂变包括:其一,英国脱欧与其他成员可能的脱欧倾向会对欧盟内部实力与对外一致性产生负面影响;其二,老欧洲与新欧洲之间的固化纷争也会影响其政策一致性与行动协同性;其三,欧盟主要成员国内部的政治右转与孤立主义兴起,也

---

① European Commission, *The EU and ASEAN: A Partnership with a Strategic Purpose*; Rem Korteweg, *A Presence Farther East: Can Europe Play a Strategic Role in the Asia-Pacific Region?* pp. 9 - 13.
② Richard Youngs, *Keeping EU-Asia Reengagement on Track*, p. 19.

会对欧盟制定开放性对外政策造成不利影响。①

其次,美国的亚太政策调整与欧盟之地区利益目标异同制约着欧盟亚太政策的施展程度。美国亚太政策主要是为了遏制中国崛起及其在亚太地区的影响力。与之不同,欧盟将自身定位为亚太区域的伙伴,不愿意涉及太过政治化的议题,更不愿意以强硬的态度针对中国。特别是在东亚地区,欧盟试图以"原则性中立主义"途径来处理欧盟与亚太区域内国家的关系。② 但是,作为美国的传统盟友,欧盟必须将美国的战略调整纳入自身政策框架中去。欧盟的亚太政策本来就是受美国重返亚洲政策影响而转向的,特朗普政府的亚太政策再调整势必也会影响到欧盟亚太政策的政策方向与执行力度。以中国问题为例,虽然欧洲与美国存在着相当大的共同战略利益,但"不同的身份认同与利益"使美欧间协调战略目标的强度不可小觑。③

第三,欧盟自身的多行为体构成特质将影响欧盟亚太政策调整中的利益聚合与作用方式,由此增加了欧盟安全战略的复杂性。每个国家都有不同的利益诉求,欧盟内部的利益纷争与协调困难将影响其对外战略的一致性,妨碍其全球角色的发挥。欧盟的支柱大国如英国、法国与德国的对亚太地区单边行动与倚重贸易的政策经常使欧盟的亚太

---

① Nathalie Tocci, "Towards an EU Global Strategy," in Antonio Missiroli, ed., *Towards an EU Global Strategy: Background, Process, References*, Paris: EU Institute for Security Studies, 2015, p. 116; Simon Lightfoot and Balázs Szent-Iványi, "Reluctant Donors? The Europeanization of International Development Policies in the New Member States," *JCMS: Journal of Common Market Studies*, Vol. 52, No. 6, 2014, pp. 1257 – 1272.

② Richard Youngs, *Keeping EU-Asia Reengagement on Track*, p. 10; Mathieu Duchatel and Fleur Huijskens, "The European Union's Principled Neutrality on the East China Sea".

③ Philippe Le Corre and Jonathan Pollack, *China's Global Rise Can the EU and U. S. Pursue a Coordinated Strategy?* Washington, D. C.: The Brookings Institution, 2016, p. 5.

政策"蒙上阴影",这些大国也鲜少遵循"布鲁塞尔的亚洲政策"。① 同时,欧盟自身战略政策过于追求全面,包含太多的"选择菜单"或者政策目标,这种战略失焦会使其亚太政策陷入无力状态。②

最后,欧盟之亚太政策实施效果还受到亚洲目标国家的回应政策的制约。在当前地区紧张的情景下,不同的亚太地区国家对欧洲有着不同的反应,从而必然影响欧盟对亚太政策的认知态度与应对策略。欧盟政策处于一系列国别性对外策略网络之中,包括美国的再平衡、日本的主动参与、印度的东向政策、东盟国家的转型、韩国与澳大利亚等的中等强国角色、俄罗斯的亚洲政策以及中国的"一带一路"倡议等。例如,东盟认为欧盟与东盟在回应中美竞争方面拥有共同利益,双方致力于建立具有战略意义的伙伴关系;欧盟更是认为其对东盟拥有"特别的承诺"。③ 同时,鉴于亚太地区的局势紧张,欧洲会面临越来越多的来自亚洲外交动态的冲击或影响,从而会将欧洲国家置于协调难度越来越大的不同政策方向上。东亚若干国家如日本、越南和菲律宾等会强化其与欧盟的关系,减少对中国的依赖。甚至有观察认为,中国会警惕欧盟日益强化的战略目的,有侧重地选择欧盟伙伴,并采取"分而治之"的策略。④

---

① Federica Mogherini, "Preface," in Antonio Missiroli, ed. *Toward an Eu Global Strategy: Background, Process, References*, Paris: EU Institute for Security Studies, 2015; European Union, *The European Union in a Changing Global Environment*; Rem Korteweg, *A Presence Farther East: Can Europe Play a Strategic Role in the Asia-Pacific Region?* p. 8.

② Jan Gasper and Bertram Lang, "China and EU Strategic Thinking on Asia: Towards a Strategic 'Slim Down'," pp. 38 - 48.

③ Michael Reiterer, "Asia as Part of the EU's Global Security Strategy: Reflections on a More Strategic Approach," p. 65; European Commission, *The EU and ASEAN: A Partnership with a Strategic Purpose*; Yeo Lay Hwee, "EU Strategy Towards Southeast Asia and ASEAN," pp. 6 - 11; European Union, *The European Union in a Changing Global Environment*.

④ Rem Korteweg, *A Presence Farther East: Can Europe Play a Strategic Role in the Asia-Pacific Region?* pp. 9 - 10.

六、结　语

在国际环境与内部结构发生巨变的形势下,欧盟主动调整了其全球安全战略与亚太地区政策。这种转向既立足于欧盟自身的发展需要,更着眼于亚洲的全球显著性,同时也牵扯美国的全球战略调整。以欧盟 2015 年战略审议报告与 2016 年全球战略报告为代表,欧盟的亚太政策展现出战略性、规则性、网络性、实用性及日益深入的地缘政治色彩。作为一个特殊的国际主体,欧盟的行为能力与利益聚合等都对其战略转向形成制约,并且它面对的是一个包涵多重主体与繁杂议题的区域,其内部牵制、美国影响及亚洲诸国的战略回应等都对欧盟亚太政策的成功与否产生影响。

中国是欧盟全球战略及亚太政策转向的重要目标对象,也是与欧盟联系日益紧密的经济、贸易及政治伙伴,更是欧盟转变其亚太区域战略并构建多重架构的原因所在。因此,中国需要紧密追踪欧盟亚太政策转向的进展,评估其全球及亚太布局对中国对外战略的相应影响。一方面,中国应该加强与欧盟及其主要成员国的经贸关系,利用自身经贸优势在中欧伙伴关系建构之中占得先机,坚持以经促政方针,致力于解决中欧之间的市场经济地位、贸易摩擦以及相关政治议题冲突等。另一方面,中国应该充分利用欧盟内部的利益冲突和美欧利益目标错位,适时寻求中美欧三角关系中的有利地位,降低欧盟亚太转向及美国新亚太政策的不利影响,并改变被动接受的立场,寻找机会介入到欧盟结构调整与跨大西洋关系重构过程中。

下 篇

现实关怀

"修昔底德陷阱"再议:不对称建构与非常规解构*

历史上,大国权力转移往往伴随着主导大国与崛起国家之间的暴力对峙。哈佛大学格雷厄姆·阿利森(Graham T. Allison)教授在《大西洋月刊》上发文,用"修昔底德陷阱"来表示崛起国家与霸权国家之间的"不可避免的结构性"张力。这一"隐喻"甫一提出,便引发无数争议,也带来人们对"自我实现的预言"的担忧。特别是,这一概念的扩散为中美关系的未来发展蒙上阴影,片面地将中国置于国际政治互动中的不利境地,也直接弱化了中国所力推的"中美新型大国关系"倡议。这一概念到底是历史的真实经验反映,还是外交话语的陷阱,抑或国际发展的片面归纳呢?当语言的建构威力急剧扩大,甚至于造成"自我实现的预言"时,我们需要对"修昔底德陷阱"概念的建构过程进行进一步剖析,然后方能够得出应对"修昔底德陷阱"的基本方略。

从学理上而言,的确有不少研究者对"修昔底德陷阱"的存在性持质疑态度。但是,从实践上来看,中美都希望避免陷入这一陷阱。中国

---

* 本评论原载于澎湃新闻之"外交学人"栏目(2015 年 7 月 31 日),修改后载于华侨大学期刊《中外关系评论》2016 年第 1 期(第 43 - 48 页)。

国家领导人实际上已经发现了"修昔底德陷阱"所埋藏的陷阱,即"世界上本无'修昔底德陷阱',但大国之间一再发生战略误判,就可能自己给自己造成'修昔底德陷阱'"。其实,不论"修昔底德陷阱"的真名如何变幻,作为一种隐喻,其隐含的具体事实便是,霸权国与崛起国之间的武装冲突风险实实在在地存在于几百年来的国际关系史中。实际上,这种大国之间的互动也发生在经济领域,譬如"金德尔伯格难题"。根据格雷厄姆·阿利森教授的统计,从16世纪至今,在16次权力转移中,其中的12次爆发了战争,而在4次转移中大国之间避免了发生战争;在其他10次"可能的"权力转移案例中,又有4次和平转移的事例。也有学者探讨了大国权力转移方式的多元性,显示历史上"修昔底德陷阱"并不必然发生。因此,"修昔底德陷阱"更可能是一种语言建构,而不是一个必然发生的历史事实。

当然,"修昔底德陷阱"的建构过程与其结构也无时无刻不体现出知识及语言霸权的威力。从权势转移理论出发,"修昔底德陷阱"建构者首先聚焦的是崛起国,而崛起国也一直背负"修正主义者"的骂名。

但是,越来越多的研究显示,崛起国并不必然是现状改变者,如兰德尔·施韦勒(Randall L. Schweller)发现不同的崛起国在现状改变方面的态度并不相同,而查尔斯·库普乾(Charles A. Kupchan)则坚持崛起国只有试图颠覆当前国际体系时才会成为修正主义国家。当然,"国强必霸"的粗线条逻辑有其自身的视觉冲击力,吸引了各个相关国家的主要注意力;也正是因为如此,崛起国如中国才不得不四处宣誓"坚持和平道路"并"打破'国强必霸'模式",并且为了防止触动其他国家敏感的神经,小心翼翼地将"和平崛起"修改为"和平发展";尽管如此明心志,中国依旧无法摆脱国际舆论指责与恶意污蔑。

真正的问题在于,"修昔底德陷阱"是一个双元(dyadic)概念,是处于霸权国与崛起国互动结构之下的一个概念。除了针对崛起国的"国强必霸"之外,聚焦霸权国角色的"霸衰则战"经验法则也是塑造"修昔底德陷阱"的来源。简言之,"霸衰则战"是指,霸权国在走向衰落的过程中往往会先发制人发动预防战争,从而确保自己在国际体系中的优势地位。

事实上,"霸衰则战"法则很早便得到国际冲突研究者的关注,并且拥有了大量实证事实的支持。国际关系现实主义理论奠基人之一的爱德华·卡尔(Edward H. Carr)对衰落大国的战争企图早有警觉;杰克·列维(Jack Levy)较早讨论了衰落国家所具有的预防战争动机问题;詹姆斯·费伦(James D. Fearon)从理性主义路径(特别是承诺角度)分析了衰落大国为什么倾向于发动国家间战争,却无法与崛起国达成互信协议;戴尔·科普兰(Dale C. Copeland)从"动态差异理论(Dynamic Differentials Theory)"角度更为明确地展现了衰落大国对优势地位丧失的忧虑与对发动战争的依赖;李东勋(Dong Sun Lee)更为细致地将权势转移过程中的战争原因归结为衰落大国所采取的军事战略差异,包括致力于运用强力摧毁崛起国军事力量的"消耗战略(Attrition)"和试图攻击对手战争计划使其处于战略瘫痪状态的"操控战略(Maneuver)",但是,当衰落大国只能诉诸"消耗战略"时,它反而会调低胜利期望,采取和平策略,从而降低战争风险,当其使用"操控战略"时,其胜利自信心会得以提升,优势流失的恐惧感会加大,也就会增加战争风险。

综上所述,虽然"霸衰则战"已经得到理论关注,但是,相对于"国强必霸",人们对"霸衰则战"的政策关注力与话语建构能力明显不足。这也为学术界与政策界进一步剖析"修昔底德陷阱"、解析当前权势转移情势提供了新进路。这个方面如果操作得当,则会避免将"修昔底德陷阱"的责任全部归结到作为崛起国的中国身上。简言之,"修昔底德陷阱"实实在在是一个处于互动关系下的结果,无论是偏执于崛起国的颠覆现状冲动,还是单独归咎于霸权国的先发战争企图,都不是剖析"修昔底德陷阱"的客观态度。究其原因,片面强调"国强必霸"一方面可能源于西方政策界之"傲慢的偏见",另一方面也可能是西方人士在外交话语建构方面的故意操纵;不幸的是,我们的外交话语建构已被"修昔底德陷阱"的偏颇建构牵着鼻子走。如张锋博士所言,为了展示其霸权行动正当性,美国宣扬其冲突性外交政策源自其对中国崛起的安全忧虑,也将中国置于不利境地,使中国对两国交往所提出的最主要概念"中美新型大国关系"的接受程度大打折扣。

按照原意,"中美新型大国关系"旨在追求"平等互信、包容互鉴、合作共赢",为中美之间的交往提供一种新的互动模式,以期摒弃传统大国关系的模式。"中美新型大国关系"等倡议展现了中国坚持和平发展以及打破"国强必霸"宿命的追求,也凸显中国试图"有尊严"和平崛起并参与地区或全球治理的希望。但是,这一提议被"修昔底德陷阱"话语所捆绑,其蕴涵的价值追求反而被"修昔底德陷阱"话语体系所折损。一方面,国际关系从根本上是一种两方以上的互动关系,一方的克制与和平坚持并不能彻底降低大国之间冲突的可能性,反而会在战略互动中怂恿敌对方采取更为强势的举动,单凭中国一己之力、一厢情愿无法摆脱"修昔底德陷阱"的困扰。另一方面,国际关系是一种充斥竞争的现实存在,过于理想化的宣示无法持久生存,只会是虚渺的"空中楼阁",政策承诺必须具有实在的可信性,互信的达成并不只是靠美好愿景支撑。基于此,"中美新型大国关系"等构想也必须同时设置"接地气"的底线,在中国恪守和平发展、控制自身修正冲动的同时,这一提议首先需要进一步细化衰落霸权发动先发/预防战争提供威慑备案,"以战止战",着力于防止衰落霸权误判形势而得寸进尺;其次,这一构想需要切实解决其自身的承诺性问题,尊重并以更为积极的实际态度参与当前美国所创建与主导的国际制度,约束中美之间任何一方在已达成协定情况下的任意脱轨行为。

总之,面对"修昔底德陷阱",中美两方只有两个选择,即"同堕陷阱(Trap)"还是"共迎胜利(Trump)",对中国与美国而言,或者是兵戈相见、两败俱伤,或者是合作应对权势转移、实现共治共赢。"中美新型大国关系"等外交概念的建构不但不应该回避可能存在的"修昔底德陷阱"话语,更应该为可能出现的"修昔底德陷阱"所指向的国家间冲突提供预防方案。

造就"疑似"战争和实现最长和平
——《论世界危机》读后*

　　以后生的眼光来审视前人的预测,似乎过于苛刻;毕竟我们是以"马后炮"的视角并且是立于前人的臂膀上来远瞻发生的一切:我们是真切的观察,而前辈却用大脑来构造、预测、规范。尽管"历史都是当代史"的教导依旧,但历史却向来由后人书写。当代人是当代史舞台上不能缺少的角色,其本身受制于这个舞台和道具,我们却超脱于那个"当代史"之上,由此能够更客观一些。

　　牛顿认为是上帝踹了地球一脚,爱因斯坦则在探索上帝是否一直在掷骰子,世界进程具有不确定性——除非是自己用"奥卡姆剃刀"修理过的理想国,否则一切都难以如张良般运筹帷幄、韩信般决胜于千里之外——文学毕竟是文学,事实是张良曾刺秦未果;韩信则曾受胯下之辱。

　　关键在于上帝,他能够把握起脚的角度和骰子的去向。走过危机不断的百年,我们常常会自问:为什么我不是上帝?我们的秩序在哪

---

* 本评论原载于爱思想网站(2005 年 2 月 5 日),见 http://www.aisixiang.com/data/5687.html。

里？上帝的弃儿尼采答曰：上帝死了。上帝死了？！世界再难保持它本来的丁点确定因素，更加复杂。退一步，即使上帝都需要靠掷骰子来尽量确定"六维的不确定"，我们芸芸众生又何必强求？

从古希腊的伯罗奔尼撒战争到三十年战争、一战、二战，再到后来的朝鲜战争、越南战争、中东战争、两伊战争、前南战争，到今天的阿富汗战争和伊拉克战争，战争似乎成为了历史叙事的主流。这是一种影响人类发展的错觉，国际政治绝非是战争的一言堂，我们习惯于用纵向的历时分析来看待我们走过的路程，却不擅长于用一种横向的共时分析来看待我们坐标的周围，分析历史应该关注空间和时间的结合点，而非仅仅是时间的延伸。可能是由于战争更能吸引人的眼球，也许是过分的悲伤更能在人类的记忆中留下痕迹的缘故吧，人们对战争向来不会产生"审美疲劳"。每次战争后人们都在以各种方式寻求一种秩序的确立，但是人们苦心经营的秩序很快就会被下一次战争所毁灭。一种产生于对战争的恐惧使人们不得不绷紧神经，面对"疑似"战争的影子傻傻地问："为什么总是你？！"

翻看国际政治的各种著作，敬仰国际政治的历位巨擘，从现实主义和乌托邦主义、新现实主义和新自由主义以及如今的包括建构主义在内的"后(Post-)"理论，我们明确发现其西方本位的烙印；中国仅作为一种理论传统，孔子、墨子和孙子算是能够含笑九泉了；当然我们也不能否认曾作为非主流国际政治理论的马克思主义流派中，润芝先生也给我们"挣了点脸面"，当我们以祖宗基业为荣耀时，我们是否应该予以反思：为什么子孙如此无能？国际政治理论发展中，"中国"仅仅是一种数据来源和例证的行为体，"为他人作嫁衣裳"。漫步于西学主导的林荫，心中自有一种民族的自卑感和失落情绪。日前，游荡于津城街道，幸运至极而淘得一本1948年6月由上海世界知识社出版的《论世界危机》，如获至宝。

下篇 现实关怀 **263**

《论》实际上是一本政治论文或评论集,没有严格的理论架构,诚如其《前言》所言:"在一般时事性的期刊之外,我们感到应有一种专题的发刊,对国际时事中比较重要的问题加以充分的讨论,和深刻的分析。"它对《世界知识》而言则有着一种历史意义,"这一本《论世界危机》是我们专题发刊的第一辑"。并提出"专题的单行本着重学术研究",同时认为这些文章的作者或译者,"都从基本理论出发,配以实际的资料",从而使读者能够"对一个问题有系统和全面的了解"。它包括以下几篇文章:非昔的《论世界危机》、范承祥的《论美国援外总法案》、李纯青的《美国援助日本复兴》、石啸冲的《分裂德国政策的现阶段》和苏联经济学家 I. Kuzminov 著、吴清友翻译《资本主义的独占与战争——评 James S. Allen〈世界独占资本与和平〉》以及最后由编者所发出的《世界到哪里去?》的思考。说实话,由于孤陋寡闻,面对这些作者,我只对李纯青先生和石啸冲先生有一定程度的了解,李先生曾是大公报人的一面旗帜,石先生则是中国政治学界的泰山北斗,功力甚为深厚。几位先生均从"资本主义/帝国主义必然灭亡"、"帝国主义内在的扩张性"等经典马克思列宁主义的阶级和经济分析视角来看待当时资本主义国家的一举一动,他们是我们在特定环境下所认可的进步的知识分子;同时也散发着浓厚的现实主义气息。通读之下,我感觉到《论》流露出一种为民主与和平的实现而做的不懈呼吁和努力,一种对美国为首的资本主义阵营作为新的世界战争源头的必然性阐释,一种对苏联为首的社会主义阵营和平、民主阵营的由衷尊重。

美国是战争大本营的同时,苏联是顺应潮流和发扬民主的和平堡垒;顺理推之,斯大林是天使,杜鲁门则是一个不折不扣的魔鬼。似乎中间存在着这种逻辑:美国所作的一切都实际上是在挑起下一次世界战争,是对世界民主与和平的威胁。这其中也有些濒临战争的味道:"在今天,每一世界角落的人民,都闻得着浓烈的火药气味,并且,无例外地直接间接受着战争狂热与侵略攻势的威胁和袭击……真正的危机是存在着,发展着……若干区域(如不幸的我国)内继续扩大……毫无疑问,这一严重的危机和不幸,是主要发自大西洋彼岸的美国,及接受美国指导和策划的各国阴谋家。……散布战争的歇斯底里症,制造国际的冲突、仇恨与不安,从事战争准备的实际工作。"其实这也是当时在社会主义国家和寻求自主独立的国家出现的一种普遍的看法。关键在于,为什么美国如此遭人嫉恨?为什么苏联却拥有如此高的评价?视角不同而已,也正是这种视角和社会性质所强加的价值观念的差别,影响了作者冷静客观看问题的可能,这的确是难以超越的。当然,尽管在这种高度甚至狂热的意识形态下,受影响的作者依旧在奋力冷静地看待一切,尽管未能如愿,如非昔先生认为:"从上面的一连串事实看来(即美国的各种对外政策和资本主义阵营的联合等),如果我们否认国际政治的危机、战争准备的危机,是在深化和扩大着,显然是不可宽恕的。但在另一方面,如果我们轻率判断世界已接近战争的边缘,战争将不可避免,也是不正确的。然则,我们应该怎样深一层去理解和把握这样的辩证问题呢?即应怎样从事象的根源与本质上去理解和把握国际政治和战争的危机自何而来,它又将往哪里去呢?"

适时,二战刚刚结束,百废待兴;二战作为人类史上最大的浩劫,除美洲外,其他几个大洲几乎是满目疮痍。二战留给人们的不仅仅是反思——"人们在不停地问密涅瓦的猫头鹰是否出来太晚了",人们渴求一种永世根除战争的方法——"No War For Ever!"同时,人们热忱地呼吁和平的到来和民主的实现,此时那个寻求人的真正解放的"幽灵"则漫游于世界范围。1948年前后的中国也和战争处于一种亲密接触的状态,为了争夺这个辽阔国度的统治权,国民党和共产党以各种方式在争取自己的胜利。这个时刻共产党处于一种绝对的优势地位,国民党与大陆的缘分去日无多。当时,共产党绝对是民主和和平的代表,而国民党则是腐败和独裁的载体。国际上的两方对立反映到国内的映像正好是国共相争。《论》如窥镜般地反映着那个时代的映像,尽管其中蒙上了一层狂热意识形态的阴影。这其中蕴涵着对"美国世纪"到来的巨大恐怖,就像今天东洋人对中国崛起的敌视。

曾经的那个年代,在一战创造了人类的灾难历史记录后,人们努力去寻找一种祛除战争魔魅的方法,最后,以美国总统威尔逊为首的理想主义者号召运用一种"集体安全机制"的"天火"来作为世界永久和平的法宝。但是,那个设计得近乎完美的机制也许只能适应于天国;威尔逊成了一个真正的普罗米修斯,同样也重复着和普罗米修斯同样的不幸。他轻视了人间,人间之所以是人间就在于它并非天国——就是这个循环叙述却集聚着若干智者的不懈探询。

神总归是神,人总归是人,人注定要处理尘世的事情。作为人类世界和人间社会良心所在的知识分子,在用自己的视角思考和观察着这个纷繁复杂的尘世,尽管他们必然有自己的偏颇的执着,但是他们都在坚守着自己"理念人"的职责,他们敢于真正宣称"我是雅典的牛虻"。"经世济民"、"天下兴旺,匹夫有责"的公共文人责任观也足以让我们致敬。不能否认,在"西风力压东风"的今天,非昔等先生观察问题的马克思列宁主义理论视角是无可非议的,但是他们却在观察国家行为时以一种浓厚意识形态来过滤,势必造成其数据分析和事例收集的偏颇,从而影响其结构预测的失误:大战并没有如他们所预测的那样爆发,苏联并没有成为和平的堡垒,而是由和平鸽摇身一变为一头凶狠的鹰隼。

评价归评价,我们丝毫不能损及前人的价值所在,他们真知犹在,风范依存。亚里士多德依旧微笑在社会科学的最顶峰。诚如前文,每个人都生存于这个社会并扮演着上天赐予你的角色,所以对这个人而言揭开这个社会的内在的秘密,真是太困难了,何况是以一个人的脑力去预测明天?当然我并不否认存在智者,但是漫长人类史,亿兆尘世民,几千年才出现一或两个先知;尼采算一个,但是后来他疯了,也许天机不可泄漏,泄天机者遭天谴。

人类就这么可悲,被玩弄于上帝的股掌之间。

正是由于理想主义政治设计的夭折,人类风向急转,"恐怖之子"霍布斯作为符号又被发掘出来,他的复活使"自然状态"再次占据着思想家的大脑。人类刚从二战的疯狂中清醒时,便又陷入新的疯狂:敌人亡我之心未死,看看我的周围吧,它们的所作所为无不对我含有或隐含敌意。我必须和刻耳柏洛斯似的有三头六眼才能保证自身的生存和发展。其实,20世纪40年代的苏联和美国的关系正是如此。在联合抗击法西斯的短暂蜜月之后,美苏两者在蜜月结束之前就开始盘算分道扬镳后的事宜,如此焉能不散?尤其是杜鲁门上台以后,美苏都视对方为更为疯狂的法西斯。为了防止再次遭受"绥靖政策"的危害,美苏都存在于自己脑袋里的敌对世界中,将对方予以"妖魔化"的同时赋予对方敌人的身份,制造了一种"疑似"战争。一种敌对意识形态和资本主义/社会主义亡我之心不死的猜疑,阻碍了两方心平气和的交流,使人类走入了"智子疑邻"的寓言,把对方的每一举动都看作是对自己的宣战:现实主义的钟摆走到了极致。

《论》染上了亲苏一方的政论诠释和外事宣传色彩,它宣布"美国的扩张政策已经十足地带上了成为世界不安的因素。这种形势已成定局"。其工具理性味道浓厚——像前文所提及的奥卡姆所说"你用剑来保卫我,我用笔来保卫你"。二战结束产生的权力真空,必然引诱某一方将触角伸入,就是为了争夺这些权力,一时狼烟四起,号角争鸣。但是当时无论是美国还是苏联都无法完全灭亡对方,许多担心现在看来是不必要的,但是双方的作为所涉及的并非民主与和平,而是利益和分赃,美苏均无义。无论是"杜鲁门主义"还是"马歇尔计划"抑或"经贸互助"都不是简简单单地为了某个阵营消灭某个阵营,也不是谁代表正义或谁占据邪恶的二分。其实,杜鲁门曾经说过:"对付苏联的最好方法是面包而不是子弹。"然而,政治人物往往有着异于常人的"非线性"行为,理解高度政治化的人物不能使用常人的思维。所以,对于那个时代的谁是谁非或者超越二元视角的诠释,目前看来依旧是非常隐晦的。

历史是不能假设的,假设历史对前人而言是一种亵渎和不敬。然而现实却向人类开了个玩笑。也许正是此时各方造就的不理性或狂热实现了冷战时期几十年的和平——而这是人类穷其理性而孜孜以求的,尽管这是一种"恐怖的和平",这似乎是一种矛盾——也只能用"有心栽花花不发,无心插柳柳成荫"来诠释了——这其中又隐含着人类尤其是"理性人"多少的无奈和喟叹:理性没有资格自负。无论"二战"驱动而产生的古典现实主义和20世纪70年代末开始出现的新现实主义还是对新现实主义予以扬弃的新自由主义都无一例外地强调无政府状态下国家行为体的理性特质,但是即使在理性主义"范式内"我们依旧可以由理性推断出两个截然不同的结果:国家是理性的,所以国家是利益必夺的,国家间的争斗是必然的,如"进攻性现实主义";国家是理性的,所以国家为了实现自己的利益可以实现合作,如"非必然现实主义"或"偶发性现实主义(contingent realism)",目标都是民族主权国家的生存、安全和发展。第二次世界大战的爆发归咎于第一次世界大战后理想主义的乌托邦设置,然而我们无法否认面对法西斯的猖獗是"合作"击败了法西斯,尽管这种合作并不完美。如果威尔逊能够看到抗击法西斯统一战线的胜利,他便会瞑目了,因为理想主义从另一个层面上被证实了。

古罗马韦格修斯(Vegetius)曾说:"如果你想要和平,那么就准备打仗吧!(si vis pacem, para bellum)"矛盾暗含深意,也注定了理论探索"十八弯"般地艰难——如英雄海格力斯(Hercules),出生伊始便被抛弃,上天为之安排了重重枷锁和捉弄。回首"冷战"时期,美苏双方的军备竞赛日益白热化,多次悬大战于一线之间,但是却实现了长久和平,不得不说韦格修斯的咒语的法力了得——不得不说,是非理性创造了理性的和平,也许这是个讽刺。应该说《论世界危机》性质的书籍对和平的实现也有着极大的促进作用,尽管不一定是其初衷,而是无心插柳,却影响了几代人的看法。

新世界的碰撞与逻辑
——评罗伯特·库珀之《列国崩解(The Breaking of Nations)》*

冷战结束已逾十余载,国际风云变幻依旧莫测。为探求世界之未来走向,诠释冷战后国际纵横,抑或审视传统观测世界发展之视角,若干社会科学大家纷纷推陈出新、著书立说,意欲展示自己对世界的理解和观察:福山(Francis Fukuyama)之"历史的终结"论断(the end of history),亨廷顿(Samuel Huntington)的"文明的冲突(clash of civilizations)"诠释,卡根(Robert Kagan)之"天堂与实力(Paradise and Power)"辩争都是如此。不同于美利坚话语阵营,大西洋彼岸的罗伯特·库珀(Robert Cooper)也频频指点江山。

《列国崩解(The Breaking of Nations)》便是源自他从 1996 年至今的 3 篇文章和札记。虽然作者一再声明"文章中的思想仅代表我个人……如果与英国和欧盟的政策有重合,那纯属巧合"(p. vi),但作为英国和欧盟的资深外交官和智囊,我们可以从该书中探求到欧洲的某

---

* 本书评原载于台湾大学《政治科学季评》杂志 2005 年第 8 期(第 30 - 35 页);收入本文集时做了一些技术性和文字性改动。

些外交痕迹,也可视为是对系列"反恐战争"的理论注脚。

总体而言,本书直面当今世界的繁杂局势和无常变化,在对比历史上三个阶段(十四世纪百年战争前后、十七世纪的"三十年战争"期间和二十世纪前半叶)的基础上,结合 21 世纪面临的景象,从不同角度对这个"无政府"特征明显、大规模杀伤性武器蔓延及恐怖主义横行的世道及其应对之道予以"间接反思"。(p. ix)其中内蕴的欧洲视角的"新帝国主义(neo-imperialism)"特质贯穿反思始终;国家控制暴力能力的崩溃、崛起中的稳定且和平的欧洲成为国际关系演变的革命性力量。以行文思路来看,本书在对"世界的现状(The condition of the world)"予以回顾的基础上,对"新帝国主义"论调予以系统整理,并提出对"新帝国主义"的各种政治解决方式,即对外交政策的反思和审视,并以此来阐述"和平的条件(The condition of peace)",随后,库珀介入美欧之间的公共争论,向世人展示了美欧之间的分歧。以笔者之见,关于"新帝国主义"的理论总结和欧美新帝国主义倾向和论调的分歧实为本书的光鲜之处。

首先,为什么"我们"仍然需要"帝国主义"?

这源于1989年之后的世界现状。在库珀看来,1989 年的意义堪比 1648 年,他坚信 1989 年的剧变不仅意味着冷战的终结,也标志着欧洲均势体系的终结:一个崭新的体系展现于世人面前;隐于其后的是一种新的国家形态,或至少"国家的行为方式与过去截然不同"。(p. 3)在这个新的体系中,人们面对的是混沌不堪,冲突、导弹和恐怖分子超越边界,那种为人们所熟悉的确定性已然不再,边界对灾难和混乱的抵抗能力已然消逝。正是如此,人们的命运休戚相关,"没有一块大陆能成为一座孤岛"(p. 6)——欧盟不能豁免,美国亦不能豁免——必须寻求一种新手段来应对新形势。历史经验往往成为我们的向导。库珀对以霸权和均势为基础的旧世界秩序予以审视。他认为,秩序、文化和文明寓于帝国之中,而野蛮、混乱和无序处于帝国之外,依靠霸权来维持和平与秩序的观念经久不衰;面对欧洲小国体系和多元化的历史,他认为均势也是解决之道,但均势具有内在的不稳定性,"战争总是伺机爆发"。(p.11)

与此同时,世界不再由单一的政治体系构成,我们面临着"前现代"世界、"现代"世界和"后现代"世界的分野。"前国家、后帝国的混乱(pre-state, post-imperial chaos)"是"前现代"世界的写照。(p.16)在那里,秩序不足,混乱的危险随之而来;而秩序过度,国家就会阻碍社会的正常运行,惊惶的人们在帝国和混乱之间抉择;但是,帝国目标过于奢求,混乱便是首选。现代世界承认国家主权以及随之而来的国内与对外事务的分离,并且禁止对前者的外部干预。在这里,武力仍然是安全的最后保障,而且至少在理论上可以用武力来改变疆界;这是一个"利益和权力相互权衡的世界"。(p.22)但是,世界上很多的地区缺乏真正的平衡,任何团结和强大的国家的出现都会使地区性的均势体系难堪重负。

富有韵味的是,在前现代世界中,国家因为"失败而变得危险";而在现代世界,国家因为"成功而成为潜在的危险"。(p.24)为了安全,帝国和均势似乎都应该寿终正寝。至此,库珀一直为其后现代国家概念和新帝国论的粉墨登场而准备;或者,只有后现代国家能够跳出巢窠。依照作者逻辑,实际上在体系演变过程中,欧洲也未能脱俗,它也在崩溃,但却是朝一种更高级秩序而不是失序转变,即欧盟。在这里,国家之间并不依赖平衡;也不强调主权或者对内与对外事务的分离——国家之间的安全困境的解决之道就在于,结束相互保密的状态——一种悖论式的宣示:"为了保护自己,你不得不准备毁灭自己"。(p.27)边界对后现代国家越来越无关紧要;与民主社会也更兼容:国内的开放社会在一个更开放的国际秩序中得到反映,并且能够容纳庞大、潜在的强国。这种崭新形式为库珀视野中的世界注入了一剂强心针,世界因此而变得和平昌盛、生机勃勃。

那么,在库珀所设置的新秩序下,人们如何应对或获得安全呢?

库珀随即便从所谓的博爱和道义出发将焦点转向安全建构。他呼吁人们抛弃过去那些传统的安全规则,从而思考今天和未来安全的必备条件,毕竟面对混乱不堪,人们不可能有绝对胜利——欧洲这片安全岛的周遭是充斥危险和混沌的地带——前现代的混乱和现代世界的危险使其如芒在背。对此,历史经验引导的人们必然在动荡和帝国(即无政府状态和单一性权力垄断)之间、帝国和国家主义(即中央集权与均势)之间、国家主义和一体化(即均势和完全开放)之间进行抉择。但是,随美苏对抗结束,帝国和均势则早已风采不再。库珀扬弃过去,推陈出新,另辟新径:致力于后现代安全(postmodern security)的"新帝国主义"便水到渠成。(p.76)

针对"帝国主义"词汇声名狼藉的历史,库珀等西方学者抛弃不齿的经济驱动的责难,而追求道义方面的高尚,颇有君子不言利之风。他认为,对某些混乱地区而言,西方国家如果从经济原因出发是不屑对待他们的,但是"帝国主义将有可能出于防御性的动机——当临近的混乱状态在某种程度上成为一种威胁。或者,帝国主义可能是在追求一种理念"。依其所言,这是一种符合人权要求和普世价值观(cosmopolitan values)的帝国主义,也是旨在带来秩序和组织的帝国主义。结合库珀在 2002 年 4 月在英国《观察家报(*Observer*)》上发表的"为什么我们需要帝国(Why We Still Need Empires)"和"新自由帝国主义(The New Liberal Imperialism)"两篇文章,我们可以发现库珀的新帝国主义实际上有三种形式,一是经济领域的"自愿性帝国主义(voluntary imperialism)",即如国际货币基金组织和世界银行对全球经济体系的各种动作;另一种则为"邻邦型帝国主义(the imperialism of neighbors)"，即对临近地区的种族屠杀等现象进行干预;第三种为欧盟类型的"合作型帝国主义(cooperative imperialism)"，即合作提供一个参与管理的框架而建构一个共同体。作为"合作帝国"的欧盟和作为"自愿性帝国主义"的国际货币基金组织和世界银行则是库珀认可的典型，它们都由一整套法律和法规协调运作，而不像传统帝国那样依赖于中心权力，从而跳出前言帝国之悖论。

风景看似如画，但是我们需要稍微品评其个中韵味。库珀所倡导的实为一种不折不扣的殖民主义或干涉主义。其政策实际上是，对欧洲内部以法律和共同防卫为基础;但若面对的是欧洲以外的世界，那就须使用武力、先发制人攻击及欺诈等。诚如俄国女皇叶卡捷琳娜二世(Catherine)所言——"除了延伸以外，我没有其他办法可以保卫我的国界"——这恰是对"后现代国家共同体安全策略"的最贴切描述。(p.78)双重性的标准纵横于国际体系之中可谓相得益彰。而其"合作帝国"构想以及"邻国帝国主义"则是源于巴尔干战争和阿富汗战争的阴影，它把"人道主义"干预与一种新型帝国主义的概念结合起来，从而使"人道主义"合乎逻辑地成为"帝国"的理论前提——"文明奴隶制"或许更为恰当。

那么，库珀所言之"新帝国论"与当今学术期刊中之洛阳纸贵的"新帝国论"是何联系？它对当今美欧关系是否存在某种痕迹？

规则得以存在就是为了保护其弱点，并且欧洲人对它们也情有独钟。(p.155)与此同时，大多数欧洲国家更乐意存活于"法律世界(world of law)之中而不是实力世界(world of power)"。(pp.158-159)需要指出的是，库珀并不甘于欧洲军事力量的羸弱和受制于人，他倡导积极提升整体军事力量，加强规模经济(economies of scale)和实力聚集(concentration of power)(p.157)，因为欧洲军事力量将会导致更为正规的欧洲外交政策:"实力带来责任感。"(p.170)其与美国争锋的内在含义不言自明。

到此为止,我们发现库珀实际上在寻求一种更加咄咄逼人的外交战略攻势:独立的防务政策和外交政策正是这位高级谋士的内在追求;而美国及北约对欧盟进一步所持有的消极甚至阻碍态度已使库珀等外交智囊如鲠在喉。他高声调地挑战"跨大西洋共同体"间所谓西方认同的存在,直言欧洲的崛起及其成为新的世界中心已为必然,而不管是否符合美国胃口。本书代表的恰是老欧洲人心中所遗留的对昔日光辉岁月的憧憬。然而,问题恰恰在于美欧之间的关系的调整和欧洲内部的整合进程。尽管同属于西方团体,但是美国似乎不会坐视其权力的退却,北约的暗中加强和对欧盟独立防务外交的干涉将会彰显;其次,欧盟内部的整合到底能否与美国掰手腕,还需要从长计议,欧盟边缘地带融入老欧洲似乎来日方长,在此,现实主义理论似乎更能宣示欧盟前行的路途艰辛。我们不得不说,卡根至少有一点是对的,在可测的将来,那里也仅仅是人们向往的天堂而已。

才智战略:亚投行发展的新方向[*]

万人瞩目的亚洲基础设施投资银行已经驶入快车道。12月25日,亚投行得以正式成立。此时,17个意向会员国已经批准《亚洲基础设施投资银行协定》并提交批准书,从而达到亚投行的法定生效条件。实际上,自11月初亚投行《协定》得到全国人大批准开始,作为"最大股东"的中国在筹备亚投行以及策划具体项目方面有了国内层面的法理授权,亚投行的航船便已经蓄势待发。根据筹建工作计划,亚投行成立大会将于2016年1月16—18日在北京举行。特别是,根据亚投行候任行长金立群先生的估计,亚投行首批支持项目也将于2016年第二季度对外贷款。由此看来,万事俱备,亚投行的"开业"盛典指日可待。不过,亚投行的顺利前行依然需要其他要件的支撑,特别是系统的后备人才培养与专业才智储备。

才智问题是亚投行成功的关键所在

人才是一项事业成功的最重要因素。在亚投行起步并逐渐步入正

---

[*] 本时评原载于光明网理论频道(2015年12月25日),原题目为"广蓄才智,为亚投行发展再添助力",见 http://theory.gmw.cn/2015-12/26/content_18247257.htm。

轨的筹建过程之中,若干从国内相关部门中借调或者从国际组织中聘用的专业人才立下了汗马功劳。与此同时,筹建中的亚投行已经将若干曾经在国际金融机构与发展机构中的英才逐渐纳入亚投行的麾下。尽管如此,人才依然是亚投行未来发展的最大挑战之一。迄今为止,亚投行的具体招聘计划尚未公布;但是根据当前的报道,亚投行的人员招募(最起码是近期)将主要采用"挖人"策略,其猎才目标将集中面向世界银行与国际货币基金组织等机构。

实际上,对作为新生机构的亚投行而言,"挖人"策略是一项符合当下实际情况又能推动亚投行尽快步入正轨的措施;对国际机构及精英人才而言,人才流动也是一种开放世界中再正常不过的国际现象。但是,在人才供给与需求的结构之下,"挖人"策略必然引起国际机构之间的人才竞争,这并不是一种"增量"的人才策略。在某种意义上,国际制度与机构之间的竞争归根结底是人才竞争。这种人才竞争很可能会触发亚投行与其他同类投资与发展机构的更全面竞争,加上亚投行所涉及的复杂地缘政治因素,"挖人"策略虽然是当前必需之举,却只是权宜之计,这一策略更面临自身机构及项目推进持续性的拷问。

百年之计,莫如树人。单从人才角度看,致力于建设一家"精干、廉洁和环保"(金正群语)又具有非凡进取心的国际发展银行,需要一套更为灵活、可持续且适应自身发展特点的"增量"式才智培育策略。这也要求亚投行在开展具体业务之前便应该有意识地培植符合自身发展的人才培育网络,为未来的业务开展、组织管理,以及相关研究等方面储备才智。在人才培育目标方面,亚投行的人才培育网络应该不但致力于扩大可供遴选的人才群体整体,为国际发展事业积蓄才智,扩展亚投行作为中国主导的发展银行的向心力;而且还应该积极聚焦于其业务领域所特别关注的基建相关的知识与技术,满足亚投行成员国与目标群体的基本知识与技术需求。

亚投行人才培养策略：机构竞争与组织合作

实现这一人才培育目标要求亚投行制定并完善一套周延的人才培养策略，既应考虑到亚投行与其他类似机构之间的竞争关系，也应考虑亚投行与其他组织之间的合作面向。

一方面，亚投行应该精心设置具体的人才培育计划，以面向未来的视角发掘并哺育潜在的可造人才群体，兼重研究与实践，从而与其他类似国际机构展开人才竞争。人才培育计划也是当前国际各主要发展机构的重要项目。以世界银行为例，它从1982年起便设置了面向发展中国家博士候选人的"罗伯特·麦克纳马拉研究奖学金项目（Robert S. McNamara Fellowships Program）"，培养了若干国际发展实践与研究方面的精英人才。以亚投行的主要竞争伙伴亚洲发展银行而言，它也在日本的主导与支持之下，面向亚太地区发展中国家人才抛出橄榄枝，从1988年开始设置了"亚洲发展银行日本奖学金项目（Asian Development Bank-Japan Scholarship Program，ADB-JSP）"。其他全球或地区性国际发展机构如国际货币基金组织、美洲开发银行、伊斯兰开发银行，以及世界银行非洲地区集团也大都设置了面向特定目标群体的研究资助项目。除了针对研究面向的博士生或者硕士生外，不少国际发展机构也为发展领域的专业技术人员提供职业支持与能力培训，从发展实践角度为国际发展事业储备人才。例如世界银行与非洲发展银行等都有特别的青年职业人才（Professionals）项目。人才竞争往往不只是潜在人才的争夺，其中也包含地缘竞争方面的考量。在这个方面，日本政府在世界银行与亚洲发展银行中都设立自己特别支持或与特别国家相关的奖学金项目，并且围绕奖学金项目对奖学金获得者的职业发展提供了若干导向性指引，从而兼顾了其自身利益与国际发展事业的共同前进。从这个角度而言,作为亚投行的最大股东,中国政府也应该借鉴日本与亚行经验,在亚投行中设立一项研究奖学金,增强亚投行对人才的吸引力,并充实亚投行的专业人才储备。

另一方面,亚投行应该提升人才培养机制的灵活性,积极利用现有的国际发展人才培养网络,借窝孵蛋,加强其与这些培养机构之间的人才培养合作,并为这些人才培养网络添加亚投行的特色要求,从而满足亚投行在管理、业务、研究方面对金融、基建、经济、社会与政治等方面的人才需求。学生实习项目(internship)是当前国际发展机构培养潜在从业人员、提升项目才智水平的一个重要途径。亚投行应该积极与大学等教育机构合作,为亚洲乃至全球的高校学生提供特别设置的实习项目,如此也可以增强这些潜在人才与亚投行之间的联结强度。在亚投行筹备开展具体的项目计划时,亚投行应该积极利用各国相关研究机构与正在蓬勃兴起的智库的才智优势,积极与它们展开合作,乃至于委托这些机构对项目可行性进行事前评估,或在项目开展过程中,委托它们对项目开展予以评估监测。进一步言之,亚投行可以在成员国内遴选一流的大学或研究机构网络,更为具体地根据亚投行的基本需求洽谈机构之间的合作与人才培养,建立长久的制度化的合作关系。例如欧洲国家是亚投行中的重要成员。与此同时,欧盟从 2003 年开始设置了"伊拉斯谟世界之窗奖学金计划(Erasmus Mundus)",它囊括了欧洲乃至世界各地的百余所高校的参与。这一计划虽然定位于研究生层次的高等教育交流,但是其具体项目中包括若干与国际发展、基础设施建设、金融投资、国际援助,乃至于社会政治相关的过百个硕博课程,同时该项目特别注重学术与实践的研究网络目标。如果亚投行能够与伊拉斯谟计划取得战略性合作关系,亚投行的人才储备将会得到极大充实,并且可以推动亚投行与欧洲人才培育机构之间的对接。强强联合,将很可能形成一加一大于二的效果。

综上所述,人才竞争也是国际制度竞争的重要内容。为了实现自身的战略目标,亚投行应该筹划一项独特的人才培养、笼络与储备策略,而不仅仅是采取面向同类发展机构的"挖人"途径。理想中的亚投行人才培养应该一方面有助于加强当前国际发展事业的推进,一方面聚焦于基础设施建设与金融投资等业务内容;同时,这项人才培养计划应该既考虑到与同类国际机构的竞争,也将亚投行与其他相关机构的人才储备合作纳入考量。

另一个世界是可能的吗？
——英国脱欧再审视[*]

2016年6月24日,英国脱欧公投结果出台,支持脱欧的民众以约4%的优势战胜留欧派,用直接民主的方式宣告了英国脱欧程序的正式开始。

从脱欧公投到现在,一个多月的时间已经过去,最初的甚嚣尘上已然慢慢沉淀,从"激情"转为"理性";人们担忧的系列连锁反应也似乎只是"茶壶里的风暴",从预想中的"过山车"变为较为和缓的"碰碰车"模式。到目前为止,欧盟一方痛下决心,极力催促英国展开退欧谈判;而英国一方则是通过党内选举完成了从卡梅伦到特雷莎·梅的首相转换,政策延续性犹在,一切尚在预料之中。作为留欧派的一员,特雷莎·梅在面对欧盟坚定立场时采取"卡规梅随"的政策,虽然承认退欧公投结果却以拖为主,她强调除非获得苏格兰的支持否则不会启动正式程序。

然而,各方的摩擦都在昭示至少两个问题,即第一,双方对当前体

---

[*] 本时评原载于《东方早报·上海经济评论》,2016年8月2日,第211期,第8版;收入本文集时略有改动。

制与秩序不满,第二,他们在裂痕正式公开之后开始寻找另一个可能的世界。

既有秩序都是非中性的。在英国与欧盟这段长达四十年的不美满"婚姻"中,双方的精英与民众都感觉到为对方付出太多。欧盟觉得本身已经足够宽容,它面对的是一个任性且过于自我的对象,这是欧盟面临多重压力却依然痛下决心止损的出发点。对英国而言,它觉得自己功在壮大欧盟体系,使其真正走向全球,却始终没有从欧盟体系中获得主导权,非但如此,相当一部分英国精英与民众都感觉到英国在欧盟体系下贡献过大却日益走向边缘化,欧盟对其而言至多是一种经济同盟;此外,其外交功利主义与情绪上的疑欧主义作祟,让它即使身在欧盟之下,也经常试图以跳出来的方式思索未来。

从简单的视角来看,整个事件可以解释如下:全球化对国内民众产生了负面影响,国内民众以民主的手段反击全球化的冲击,或至少为全球化的冲击竖起一道防火墙。这一解释沿袭了匈牙利裔美国政治经济学家卡尔·波兰尼(Karl Polanyi,1886—1964年)指出的"双向运动"逻辑,特别是全球化的推进将必然迅速激起社会内部保护自己的反应,社会的自我保护措施将会启动。从KOF全球化指数来看(见下图),自1970年以来,英国的整体全球化指数、经济全球化指标、社会全球化指标与政治全球化指标等虽然有所起伏,但是基本都比其他全球主要国家(比如说美国、德国、法国与中国等)更为深入;按道理说,英国国民对于全球化的适应程度应该更高。

然而,高处不胜寒,英国民众在全球化潮流的裹挟之下日益陷入两极化,由此造成英国精英与国民对文化、民族、传统、社会与制度等各个方面的不自信,从而在突发事件(如难民危机与恐怖袭击)之后尽快地启动了内在的防御机制。

当然,英国脱欧的真正原因实际上要复杂得多,从国际层面到地区

UK's Globalization Index
Compared with Other Powers

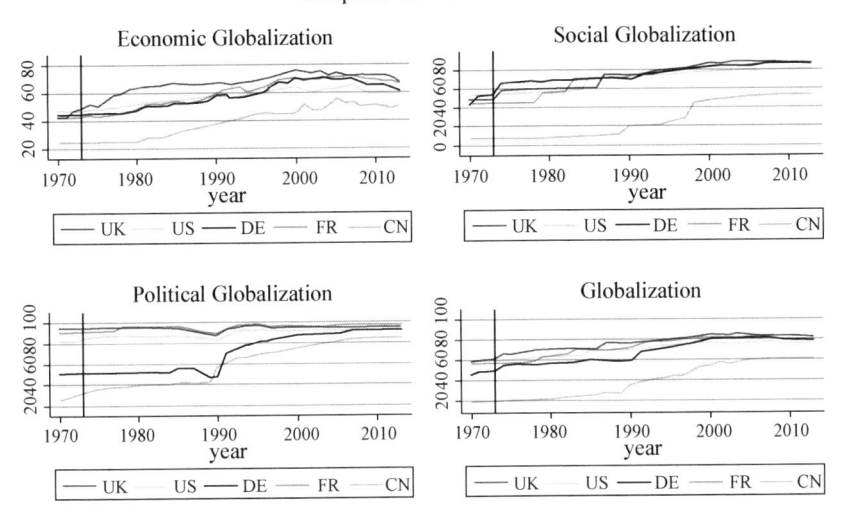

Economic Globalization

Social Globalization

Political Globalization

Globalization

Source：KOF Index of Globalization, 2016

(包括跨地区)层次,再到国家行为体,乃至于到地方层面,都嵌入了脱欧与留欧的张力,不可否认,这对欧盟与英国而言是一种"破坏性张力"。这并不是一个变量就可以单独解释的故事。全球化只是一个结构性的外在因素,并且在很大程度上充当了国内政治萎靡、国际竞争不振与地区融合受阻等因素的替罪羔羊。从某种意义上来说,英国脱欧公投的最终结果是特殊行为体在特殊时期的特殊产物。假使欧洲在难民应对问题上未曾捉襟见肘,并且欧盟在难民管制问题上拥有可行的共识,又或假如难民议题并未带来与之相关的治安与恐怖事件,那么英国脱欧公投很可能不会是这种结果。

尽管有人武断地将此次公投斥之为"非理性"的宣泄,甚至找出若干投票又后悔的所谓个案,抑或发起所谓再次公投的倡议,但是这一切都也已经归于平静,毕竟120多万投票人的民意不能推翻,民主公投的结果必须得到尊重。尽管无论是英国的国内程序还是其余欧盟各国的谈判程序都会历时很长,但是毋庸置疑,英欧之"婚姻"的确已经走到尽头。

当前学者对英国脱欧的观察大多聚焦于全球化对英国的负面影响及其衍生的反全球化情绪。但是,英国脱欧过程中所牵扯的全球化链接给我们带来了足够多的疑惑。为什么不同国家面对着同一个全球化潮流却萌发了不同的政治后果?为什么同一个国家内部的不同团体或地区面对同一个全球化竟然也产生了不同的政策结果,甚至于对全球化的警惕与恐惧情绪在全球化潮流中日益扩散,并最终占据相对多数而实现了政策的扭转?为什么带动全球化的先行者与获益者,其内部却滋生出令人吃惊的反全球化力量?为什么全球化之疑罪却报复于地区化与一体化的载体之上?《里斯本条约》的退出条款(第50条)一旦被激活便不可逆,那么英国脱欧之后能够最终扭转全球化及国内应对机制所衍生的政策后果吗?

因此,进一步讨论的问题不应限于泛泛的全球化负面影响,而应该定位于全球化力量到底遭到了哪种形式的扭曲或者利用。

春江水暖鸭先知。作为功利主义与精算政治的代表,英国在几百年的国际竞争中自有其左右逢源、恣意弄潮的过人之处,我们也应该相信,在所谓的激情公投表面之下有着大不列颠精英与民众独特的理性筹划。基于此,我们将视野放到国际力量与国内机制之间的链接上,认为全球化固然有其负面影响,但是其在国内的功能发挥却受制于国家配套的相关应对机制。也正是看到了国内机制在全球化影响链条中的作用,日前英国新一届内阁的首次会议强调,英国不是脱欧的代名词,他们致力于利用脱欧的机会窗口来加强教育、技能与社会流动性建设,从而让全体社会大众都能从全球化及脱欧中获益。从理论上说,英国内阁把握住了脱欧前后所牵涉的症结所在。

众所周知,全球化整体上是一把双刃剑,具有强大的裹胁力量,它进入国内舞台之后既可能是一种"正能量",也能被操作为一种"负能量",其不同之处在于成为哪个群体掌握的正(负)能量,这也正是国家制度设计发挥关键作用的地方;也正是因为如此,全球化及国际制度进入国内场域后会打破并重新塑造国内不同利益团体之间的均衡。因此,除了既有结构秩序的偏颇性之外,国家对全球化等域外力量的应对制度也是非中性的设置,也正是因为如此,全球化才会有明显的多重分裂效应。英国脱欧公投的结果显示,苏格兰与北爱尔兰对全球化与欧洲一体化的态度显著不同于英格兰与威尔士地区,高收入人群的对欧盟偏好也明显不同于低收入的工人阶级。在此,唯一相同的是,每个团体或地区都在谋求变化,都致力于追寻一个与现在不同的世界。

对英国脱欧派而言,在其公投竞选所描绘的另一个世界中,英国的国家负担会更小,国家利益会更大,所节省的成本将用于提高民众收入、推动社会公平与加强民众健保体系上。但是,这种"乌托邦"式的宣言在公投通过之后便就地打折。宣言般的鼓动会增加未来领导团体的执政成本,当下英国的"另一个世界"应该致力于弥合全球化带来的分化,整合历史上的苏格兰分离倾向,安抚因公投引发的民众分裂与人群创伤,维系国家的统一、团结与繁荣,保证国家在全球竞争中的利益。否则,"小不列颠"及相应的国际政治结构很可能是英国需要正视的一个想象。

当断不断,必受其乱。对欧盟而言,英国脱欧公投的"靴子"终于落地,欧盟也决心开始解脱之旅。虽然其他成员国也有松动的连锁风险,但是与英国的显著角色相比,一切都变得可以承受。对欧盟来说,这是解脱,更是重生;这是欧盟机构遭受的一次重大打击,更是欧盟重整机构加强政治领导的一次压力测试。作为欧盟定海神针的德国总理默克尔强调在未来的欧英谈判中不会纵容英国,防止英国"挑樱桃(cherry-picking)"式地专捡便宜。欧盟的"世界"本来是国际政治中的一极,是国际舞台上的规范性强权,是全球责任的承担者。从 2000 年左右的荣光百倍到 2015 年的难民危机,欧盟面对的国际环境骤然改变,其内部的问题层出不穷,十五年斗转星移;本来,欧盟要推出其新的安全战略,但是英国脱欧的重磅影响必然使其新的安全战略大打折扣。

但是,"降维"之后的欧盟体制也有了继续涅槃的可能,毕竟会在决策方面变得更为高效,也会变得更为独立。欧盟未来的"另一个世界"应该是强化内部积聚力,解决当前债务与难民问题,谨慎推动欧盟外扩,在欧盟的国际影响力相对下降的前提下提升欧盟在议题方面的主导作用等。

当然,英欧之间的未来关系走向,取决于英欧双方的互动关系优劣,不是单个方面就能决定的。欧盟精英对于英国脱欧肯定怒气冲冲,欧盟核心成员国的领导人的表态可见一斑。但是在欧盟体系之下,一切都要按照规则走,这也是欧盟希望痛定思痛重整欧盟体系的重要原因;特别是,国家之间相互依赖,单纯的单边制裁没有任何意义,既定机构之下,任何盲动都会损害自身。可以说,对欧盟的发展而言,成也全球化,败也全球化:它以全球化胜者的姿态西纳东扩,日益拓展影响,却在内部滋生了足以动摇其根基的不稳定因素,但是全球一体化的威力,又让其内部的不安分成员在利用这些不稳定因素时百般谨慎,这在很大程度上防止了连锁效应般地崩溃。

从今往后,"后全球化"将是横亘在英国与欧盟各成员国面前的重要标签。在这个标签之下,虽然以往的相处方式不会全部被废弃,但是一系列国际交往的行事逻辑可能需要调整,甚至于会有激化的可能。特别是,国内层面右翼势力日益壮大,民族主义与分离运动顺势加力,民族国家在欧盟体系之下的地位可能继续得到加强,反外来移民、反一体化的民间情绪可能会进一步提升,凡此种种,都将当前的全球化与反全球化潮流引向了后全球化时代。当然,后全球化时代中的具体规则仍需要在国家的交往互动中得以塑造,因此这种规则是走向和平还是趋向冲突依然是未知数。

四十年的携手最终到头,好聚好散,未来相对乐观。英欧"离婚"之后,国际秩序必然发生变化,最起码在短期内,英国脱欧会同时降低英国与欧盟在国际政治中的实力与地位,一方面将加快国际政治的权力转移进程,另一方面也很可能使当前足以波谲云诡的国际形势进一步复杂化。不过,所幸英国并未参与欧盟的所有结构体系,其退出虽然相当突然,但是对欧盟及核心成员而言,冲击尚在可承受之内。并且,幸运的是,这种和平分手加上程序缓冲有助于英欧双方及其他利益相关方争取时间及时调整战略、尽快适应彼此、全力周全利益。

四十多年的相处尽管稍有同床异梦的感觉,却并非一无是处,英欧之间理应有充分的信息渠道、共享规则与地缘联结等,来克服退出谈判中的种种困难,成功设计未来地区机制与国家的新型关系制度,并尽可能地降低双方在脱欧过程中的损失。对双方而言,英国与欧盟的内部机制需要改革再造,从而应对全球化的分化冲击,特别是修复全球化依然造成的分裂形势,这个方面的挑战与国际方面相比更为严峻。

总之,无论对英国还是欧盟而言,另一个世界是可能的,更是必需的,然而这一新世界是不是可欲的,则取决于英欧及中美等其他大国的共同意志。

困境中的边缘舞者:国际舞台上的全球治理

全球治理从来没有如今天这般狼狈过,甚至陷于了徒有虚名的境地。许多惨重损失带来的机会窗口,若干精心设置的政治动力,无数冠冕堂皇的政治修辞,却最终没有转化为有效的全球治理行动,严重的全球问题依然百无禁忌地加速扩散,并且变得更为严重。时至2016年,国际形势变得更为严峻:全球治理的传统参与者欧盟内外交困,面对着难民危机恶化、债务危机持续,以及英国脱欧等一系列看似无解的问题;陷入选举纷争的美国力不从心,孤立主义势头重现,又不甘心丧失全球领导地位,频频制造地区紧张;新兴的全球治理参与者如金砖国家或者内部政局不稳,或者国内经济势头下降;另有地缘政治紧张事件、气候变化问题、网络冲突,与"非对称威胁"层出不穷等等,无一不对全球稳定与发展形成威胁,也均对国际社会的应对构成了严重挑战。就全球治理自身而言,其基本结构、内部构成与行为逻辑等方面存在着若干不足之处,这些缺陷非但不能遏制并解决已经扩散的全球问题,反而可能将全球问题的严重程度进一步恶化。一个基本论断是,全球治理已经无法跟上全球问题的扩散,也恰是如此才有了观察者对全球治理问题的诸种批评,如"溃于治理(failing to govern)"、"全球治理失灵(global governance failure)"或"全球不治理(global non-governance)"

等评判。

首先,全球治理饱受苛责之处在于其合法性,这也是长久以来困扰全球治理体制的优先议程。全球治理体系的合法性主要体现在其组成成员的代表性与涵括性方面。当今的世界处于权力转移过程中,全球治理体系在代表权与话语权分配方面依然固守西方国家的利益窠臼,无视崛起国家与发展中国家的需求。尽管在国际货币机制方面有所改善,中国在国际货币基金组织(IMF)中投票权提升至第三位,但是在整体上,全球治理机制的改革依然举步维艰。此外,若干行为体(如非政府组织、跨国公司、全球公民社会等)也在全球治理体制下挑战以国家为主体的治理体系,对全球治理的合法性提出了批评。除了代表性(representation)与涵括性(inclusiveness)之外,全球治理体系还必须面对问责(accountability)的问题,即问题由谁造成、谁应负责并且予以补救的问题,这也影响着全球治理的合法性程度。比如谁应为气候变化与贸易谈判的踯躅不前负责;恐怖主义的扩散与移民危机的加深的根源出自哪里?

其次,除了合法性拷问之外,全球治理体系本身的行动能力也面临着巨大的困境,这便是全球治理的"机无力"问题。全球治理中的国际制度与机制繁多,在具体的问题领域,形成了若干"机制复合体"与无数的规则簇,但是这些复杂且看似无所不包的规则并没有在全球问题治理中展现出足够有效性,反而是声势浩大的低效率。这也可以视为一种"全球治理赤字",例如国际贸易制度自多哈之后鲜有进展,气候变化谈判往往高开低走,移民、难民问题与环境问题的机制更是孱弱,金融与经济管制领域长久以来的不平等问题也并未得以改善。观察者对全球治理体系的作为经常用"缓慢"、"官僚化"与"无用"等词汇予以形容。根据若干评论者的观点,当前全球治理体制无法发挥有效功能的原因大体可以归咎为国际机制低效却不改革、结构僵化却不思变,以及大国

下篇 现实关怀 **289**

出工不出力的态度。

第三,"超级不负责任大国(Great Irresponsibles)"的存在也是目前全球治理寸步难行的重要原因。20 世纪 80 年代,赫德利·布尔(Hedley Bull)曾经指责美国与苏联在国际秩序争斗方面属于"超级不负责任大国",如今虽然时过境迁,但是大国不负责任依然是全球治理中的一个显著特征。大国理应是全球治理体制的支撑力量。澳大利亚洛伊国际政策研究所专家迈克尔·富利洛夫(Michael Fullilove)坚称,当前世界上最大的全球治理挑战是"在后单极化世界中为解决最难缠的问题确立分担的责任(shared responsibility)"。但是,众大国的意愿相当低迷。从某种程度上说,全球治理体制的完善及其功效的提升并不符合大国的利益追求目标。无论对国家还是对其领导人而言,如果全球治理机制具有较高的独立性,很可能会降低大国与其领导人将全球治理作为其私利工具的可能性;全球治理有效性的提高,该机制替代大国之全球问题解决角色的可能性就越大;由此,大国不负责任的原因可见一斑。例如,全球贸易制度乱象源自美欧等国固执坚持西方主导的国际体系,气候变化僵局也是因为大国之不负责逻辑所致,而其他议题如恐怖主义与中东乱象等也能从根源方面找到大国的影子,甚至有的大国如美国已经对当前最重要的经济治理平台二十国集团(G20)丧失了兴趣。

第四,20 世纪的全球治理体制已经无法满足 21 世纪的国际政治实践。恰如联合国秘书长潘基文在讨论联合国建立七十周年成果时所言:"那些试图为整个世界带来更好治理的努力举动,已经落后于影响政治与社会稳定且处于不断变化中的各种威胁。"进入 21 世纪以来,这十五多年中发生了过多超出以往想象的事件与议题,爆炸式的议题拓展疑似使全球治理体制承受着前所未有的负荷。并且,借助于传媒与网络技术的应用,公众对议题的关注也从下到上、从国内到国外对全球治理体制提出了更高的要求与反思。以"二维"方式构造的全球治理已经无法匹配当前"多维"的"全球相互连结性(global interconnectivity)"现实,如行为体之间的链接、议题之间的关联、时间与空间之间的勾连等。这些国际政治实践的新特征要求建立一种反应更为灵敏、执行更为精准,且机制设计更加注重议题联动的全球治理体制。

第五,当前全球问题的解决难度日益变大。美国国际政治学者丹尼尔·德瑞日纳(Daniel Drezner)发现全球治理的困难程度正变得越来越大。其中的原因之一便是全球问题越来越复杂。一方面,不同层次与类型的行为体(国家行为体、国际组织、国际非政府组织、公民社会,乃至于个人)处于相互关联与竞争中,增强了全球治理的冲突性;另一方面,议题之间的链接更是将全球治理的直接对象复杂化,牵一发而动全身,如冲突、难民、不平等、族群、宗教与气候变化之间,存在着异常复杂的内部联结,任何一个问题的解决都需要全球治理体制内部的突破,如果没有一个联动解决机制,眉毛胡子一把抓来对这些问题予以解决的话更是难上加难。更为重要的是,具体全球议题越来越要求在处理方面注重"即时性(real-time)"。当前世界上的传媒沟通、交通运输、通信技术得到了迅猛发展,具有威胁性的全球问题如疾病、走私、金融经济冲击、极端暴力、跨国犯罪乃至于网络攻击等会对人类安全、国家安全与国际社会拥有更为强大的冲击。因此,让"老迈"的全球治理体制去展现在问题应对方面的即时性特征是一个难以逾越的鸿沟。除时间维度外,如今各种威胁已经连接起地方(local)与全球(global)两个层面,潘基文曾经指出"即使最地方性的问题也有其全球的维度",每一个问题都可能从地方走向全球,每个地方性的问题都最终需要一个全球性的解决方案,这从空间上增加全球治理的艰难程度,也对当前的全球治理体制提出了挑战。

不得不说,全球治理本来就在主权国家主导的国际政治舞台上处于一种尴尬的境地。进入 21 世纪以后,形势剧变将全球治理的地位变得更为窘困,全球治理只能充当一个边缘的舞者,更为严重的是,这一边缘的舞者继续挣扎在棘手的"老"困境与来势汹汹的"新"问题之中。当前权力转移背景之下,国际层面现实政治回归,大国为了自己的利益不会倾力于全球治理的有效性,同时若干行为体内部争斗不息,孤立主义抬头,使得全球治理的后续动力更为堪忧,因此全球治理及其体制实际上处于被割裂的境地。其实,全球治理体制自身便是其中一个问题,有学者在评论全球健康治理时认为,最主要的并不是疾病的问题,治理恰恰是症结所在。如果全球治理效力持续不彰,加上其饱受批评的合法性欠缺,长此以往,全球治理必然会被抛弃。作为一个重要的全球治理平台,G20 被寄予厚望,其本年度峰会将在杭州举行,作为主席国,中国的主动作为也被认为将使全球治理得以提升。但是,我们必须冷静认识到,全球治理并不是中国一家之事,也不是中国一国可以推动的事情,不能过高予以期望;同时,G20 机制也面临着自身的局限,也会拥有其他全球治理体制所具有的相似局限。因此,在西方大国持续霸权式的不配合、全球治理结构不进行切实改革的前提之下,G20 平台很可能还是在整体上维持其经济治理的基本功能,很难在其他问题领域有所突破。

贸易规则大调整时代到来

2017年6月19日,英国与欧盟正式开启了第一阶段的脱欧谈判。英国此前一直希望采取"硬脱欧"模式,即离开单一市场与关税同盟。而欧盟的态度也相当强硬。此后虽对英国态度有所软化,但德国总理默克尔强调,英国脱欧不可逆转。欧盟希望以此来警示潜在脱欧者并重建威信。

与此同时,规则谈判的趋势也在大西洋的另一岸展露出来。特朗普治下的美国也正在就北美自由贸易区与加拿大和墨西哥展开谈判;作为世界上第一个由发达国家和发展中国家共同组成的区域性经济集团,其谈判结果同样有可能影响到全球的贸易规则体系。因此,可以说,贸易规则大调整的时代已经到来。

全球贸易规则网络体系迎来重调

在英国脱欧成为定局之后,英国与欧盟各自就相关议题发表了指导文件和白皮书报告。双方需要在初定的两年时间内处理贸易问题、移民问题、"分手费问题"、民众权益问题与英国-爱尔兰边境问题等最重要的五个谈判议题。其中,双方在贸易问题上的谈判最为关键,分歧也最为明显。欧盟已经多次强调英国必须先离开欧盟,然后才能开辟新的贸易谈判;同时,英国希望能够维持"最自由、最无摩擦"的贸易关系,但是欧盟方面则直接强调不存在无摩擦的贸易安排。

未来,英国与欧盟贸易关系发展可能分三个阶段,首先,在2019年3月之前,英国与欧盟的贸易还是会遵循欧盟之关税同盟的规定;而之后欧盟与英国之间的贸易可能会选择接受世界贸易组织规则的制约;最后在欧盟与英国达成新的贸易规则后,则接受新的贸易规则的调控。

国际贸易制度,既包括全球性的世界贸易组织相关规则,也包括各个地区与国家间达成的自由贸易协定或者关税同盟等,共同构成了立体式的国际贸易规则网络体系。不同的规则之间既相互联系,又相互影响,但是一些国家的某些规则的影响力会比其他国家的特定规则的影响力更大。欧洲是国际关系基本规则的起源地与国际交往规则应用的中心区,它自身便是一个基于谈判与规则建立起来的行为主体。无论欧盟还是英国,规则都是一种基本"生活方式"。欧盟与英国谈判涉及局部规则的变化调整与特定议题的重新调适,极有可能影响到全球性的、立体式的规则网络体系。

欧盟的谈判指南指出,其与英国的自由贸易协定议题范围不仅仅是贸易,还应该纳入其他议题。尤其需要注意的是,欧盟的谈判指南同时强调,这些贸易协定应该是"平衡的"、"有远见的",并且"范围广阔的",但是肯定有别于当前的单一市场体系。

贸易规则的"再平衡"

当前,国际舞台上逆全球化趋势乍现,民粹主义思潮崛起,全球化规则体系遭到重大冲击;同时,价值链、高标准门槛与议题互嵌等新因素也对贸易规则体系调整提出了诉求。英国脱欧是不平衡的国际贸易规则影响国内政治生态的结果,它为调整国际贸易规则体系提供了一个不破不立的契机。

在未来,欧盟与英国关系的调整会将现存的挑战与新的因素纳入贸易协定之中。目前,英欧未来的可能模式包括普通的WTO成员模式、欧盟关税联盟模式(以土耳其为例)、普通的双边自由贸易协定(FTA)模式(如欧盟-加拿大自由贸易协定)、欧洲自由贸易协定(EFTA)模式(以瑞士为例),和欧洲经济区(EEA)模式(以挪威为例)等。而英国与欧盟之间的此次调整,必然会为其他国家的贸易规则谈判与贸易关系调整提供深刻示范。

当然,贸易规则的再平衡需要相当长的一段时间,未来国际贸易体系将会迎来较长时间的动荡期。特别是,英欧之间的谈判会受到当前国内政治生态与国际外部压力的制约,加上民粹主义推波助澜,各国大选等政治周期影响,英欧的框架谈判与未来的贸易谈判必然会面临重重困难。随之而来的则是,全球贸易的波动与规则制定的巨大不确定。

应对贸易规则大调整时代的到来

英国脱欧谈判一直吸引着各个国家的注意力。面对"英国脱欧"及贸易关系的调整,若干国家都已经提出跟英国进行单独自由贸易协定磋商,特别是澳大利亚与美国正积极努力,希望能够早日进入与英国谈判磋商的优先议程,同时英国也对推动与中国的自由贸易协定产生兴趣。

在此期间,我国应该首先采取主动态度聚焦英国与欧盟的谈判进展,把握贸易规则的具体变动,积极评估规则变动对中国的影响,以整体的视角重新审视中国正在实行的自由贸易协定并适时做出调整。

其次,在英国与欧盟贸易关系的三阶段变动中,积极充当利益相关者角色。同时,推动中国与英国以及中国与欧盟的自由贸易协定谈判,维护自身利益,并实现两个自由贸易协定之间的平衡。

第三,展现中国作为贸易大国的影响力,争取在具体规则上影响英国与欧盟在贸易领域的规则谈判,特别是在与中英自由贸易谈判和中欧自由贸易谈判等涉及中国切身利益的相关议题方面。

最后,把握贸易规则大调整与再平衡的契机,参与到贸易规则调整与创设中,扭转在现有国际贸易制度与世贸组织谈判中的不利地位,影响并调整相应规则,以"规则红利"的方式维持并提升中国在贸易领域的话语权与形塑力。

安全感、稳定性与不折腾:"安吉老妈"的权力之路

如果说 2005 年德国第一次步入"家庭主妇时代"时,若干德国人的心情是惴惴不安、满腹狐疑,甚至暗含嘲讽,并认为数千票与四个议席的微弱选举优势很可能只是昙花一现,女性总理上台仅仅展现了德国在性别平等方面的巨大进展。那么,时隔 8 年,更多德国选民则是心甘情愿地拥抱"家庭主妇 3.0 时代"的到来。在七成三的投票率之下,联盟党(CDU/CSU)囊括近 42% 的选民支持,比上次选举提升 8%—9%;最大在野党社民党(SPD)的支持率仅较上次略升,约为 26%。尽管联盟党"小弟"自民党一败涂地,但绿党与左翼联盟也都遭受相当挫败;无论是未来不太可能出现的联盟党的少数执政,还是与社民党组成大联合政府,默克尔第三次登上权力之巅几成定局。

纵观半年来德国大选进展,除了社民党总理候选人"竖中指"事件在选前带来一丝喧嚣外,本届德国大选基本上是波澜不惊。但是,波澜不惊不代表没有故事,不温不火背后是步步"安"心,招招求稳,最终水到渠成。恰如一个流传甚广的基民盟竞选广告所示,两千多张支持者照片组成的放大版的默式经典"菱形"手势,宣示:"德国未来,牢握手中

(Deutschlands Zukunft in guten Händen)"。在这位拥有 70% 选前民意支持率的女性领导下,联盟党创造了历史,默克尔本身也成为一个传奇。可以说,这次选举的胜利首先是拥有超高威望的默克尔本人的胜利,然后才是联盟党的历史性大捷。在这一过程中,默克尔及联盟党充分发掘并利用了德国选民的三大基本诉求,更确切地说,这些诉求不止植根于德国的民族性,更是在默克尔及联盟党的八年执政中得到了较好的实现。

第一个因素是选民对安全感的诉求。这也是由默克尔个人冷静潜质与务实行动的潜移默化中塑造的一种氛围,它不只是面对风险的安全感,更是指向未来的安全感。因为妈妈才是安全的港湾,能够化解风险,抵挡侵扰,温和且审慎的默克尔早已获得德国民众信任,并被亲切地称为"国民老妈",赞赏为"老妈卓越非凡(Mutti ist die Beste)"。自2005 年以来,金融危机与欧洲债务危机接踵而来,整个欧盟一直处于风雨飘摇之中。德国一方面要应对自身作为出口大国的多种困境,另一方面也要以欧盟基石的姿态为欧盟运行与其他相关国家的命运遮风避雨。在此情势之下,默克尔领导的德国政府纵横捭阖,进退有据,并以"坚忍不拔之志"厉行实施各项改革,贯彻执行相关政策。如此,德国既维持了整体经济虽有波动却依旧强劲的发展,使德国经济一枝独秀;也主动承担对欧盟成员国的必要国际责任,数次将濒临崩溃的债务国重新拉回正轨,并重建了相关的规则与纪律。在欧债危机过程中,欧元区 17 个国家中有 12 个政府陆续倒台;而默克尔领导德国政府则一直维持着六成左右的较高民意。虽然安全感只是一个主观概念,但是有了危机中默克尔实实在在的政策与成效作为基础,千百万德国选民相信默克尔的继续执政会将这种无风险的可靠愿景轻而易举地带到人们面前。

德国选民对稳定性拥有极其特别的偏好。这种稳定性暗含选民对于前一个阶段各项成就的认可,并有一种让其延续下去的期待。同时,这种稳定毫无疑问地基于主观的安全感与客观的经济发展之上。四年以来,德国平均薪酬水平提升 3.6%,失业率降至 20 年来最低的 5.3%,出口与整体经济增长依然强劲,更为难能可贵的是这些成绩取得于两次大危机之中;倘若与欧盟其他国家相比,这些成绩则显得更为鲜亮。在处理欧债危机方面,默克尔政府设立的基本原则与处理方式也已经得到大多数德国人的认可,其中包括以国家利益为本、承担有限国际责任、改革换援助,以及致力于欧盟和欧元区长远发展等举措;其中,默克尔政府执政下的稳健经济为迎击欧债危机奠定了厚实的基础,德国推行的改革与优质的国债管理则为其他国家提供了模范效应。在对外关系方面,虽然国际局势风生水起,但是默克尔政府依旧沿袭和平、克制、低调、甚至"无为"的外交政策。即使时有批评杂音,但更多德国人依旧很是享受"内政导向"的政府政策,由此选民对外交政策议题产生了一种源于历史、信任与惯性的"冷漠感"。无论是选民的诉求还是各党派政客抛出的议题,基本上都与外交议题无涉。然而,大选结果公布后,除个别南欧欧债国外,大多数国家都对默克尔的未来执政表达出乐观兴奋的态度。

当一部分德国媒体与选民难以忍受本次德国大选的"枯燥"从而苛责默克尔太过务实、活在昨日庇荫下,且缺乏"远大愿景"时,默克尔竞选团队重提 1957 年时任总理阿登纳的竞选口号:"不进行试验(Keine Experimente)",也就是"不折腾",从而与那些进行"广泛改革"的口号进行对抗。自 2005 年上台,默克尔便坚持自己的"实用主义"基本理念与"循序渐进(Schritt für Schritt)"的行为方式。当变革成为时代风潮之时,立足自身坚守稳定就更难能可贵,特别是在危机重重的时刻。无论是德国政府还是选民都需要沿着既定的道路走下去,渐进地解决当下已见成效却依旧需要着力的国内外问题,如能源升级、民生改善,以及欧债问题等,在维护德国国家利益的基础上有条件地援助他国,追求当下问题解决与长期制度建设的并驾齐驱,从而避免对民生与经济造成不必要负担等。当然,德国需要变革,"不折腾"从来不是目的,而是寻求共识与最小代价推动国家进步的手段。对此,德国选民相信默克尔有一种绝技,能够以"不折腾"的方式来推进改革,也就是坚信"老妈可以搞定一切(Mutti Macht's)"。在前八年的执政中,默克尔多次"左转",向中间靠拢,以兼收并蓄的方式来容纳绿党与社民党提出的议题方案(如核能及能源替代问题、社会保障与最低工资问题等),并以一种妥协的方式付诸实施,也因此开拓了新的选民支持。

在某种程度上,三个看似平庸的诉求最终通过一位传奇的女性塑造了德国选举的历史。尽管选后有媒体将默克尔的胜利视为"得不偿失"或"苦乐参半",但是这丝毫不能影响默克尔支持者对德国未来的期盼与信心。有什么样的选民,就有什么样的政府。钟情于平静安宁的6 200万德国选民最终选择了一个魄力欠缺却魅力十足的邻家大妈,因为他们确信这位可靠的邻家大妈有能力以不折腾的方式将安心舒适的稳定回馈给他们。前行路上,国内改革与欧债恶化等困难多多,身负德国政治经济发展大任的国民老妈默克尔是否可以借助胜选之气势披荆斩棘、无往而不利,还是触礁搁浅而陷入"第三任魔咒",且让我们拭目以待。

德国难民危机:担当抱负与能力局限[*]

一路向西。折损的生命,血泪的悲剧,流离失所的平民翻山越海,走向欧洲,寻求生存与发展。对德国而言,难民大军已经先期抵境,更多的难民从土耳其以及匈牙利等东欧国家即将整装待发,同时,源源不断的难民正在诞生于饱受内战困扰与"伊斯兰国(ISIS)"恐怖主义势力折磨的叙利亚等中东"人间炼狱"。

面对这种人道主义危机,总理默克尔不惧压力向世人展现出德国人道、大度与担当的一面,表示德国依旧有应对能力,愿意继续接受难民。如今,巴伐利亚州首府慕尼黑中心火车站临时帐篷林立,临时难民营人满为患。也正是因为如此,默克尔被叙利亚难民亲切地称为"默克尔妈妈",也赢得经济学人"勇敢默克尔(Merkel the bold)"的赞赏。

但是,与现在表态不同,在7月份的电视台节目《德国美好生活》录制中,默克尔却针对难民问题做出"面对面"表态时将一位面临驱逐的巴勒斯坦难民女孩弄哭。适时,她难过地表示,"政治有时很残酷(Politik ist manchmal auch hart)",她也无能为力,并感性地伸手施以

---

[*] 本文系"损友"聚集,"欧洲顶梁柱"德国难以承受难民之重》时评的原稿,原载于澎湃新闻(2015年9月8日),见 http://www.thepaper.cn/newsDetail_forward_1354901。

个人的安慰。但是,这一举动引发了若干讽刺与质疑,社会网络媒体甚至将其冠之"默克尔的抚慰(Merkelstreichelt)"标签,以攻击默克尔手法拙劣、冷血或者缺乏同理心等。

时过境迁,行动高于一切。面对"五十年来最严重之难民危机"(德国经济合作与发展部长盖德·穆勒语),德国勇于承担接纳难民的国际责任令人钦佩,同时,默克尔7月份公开的保守表态与其在欧盟体系内的各种呼吁也展现出德国政府在难民问题上"求告无门"、"疲于奔命"的无奈。不当家不知柴米贵,与其将"默克尔的抚慰"看作一种冷血的行为,不如将其视为默克尔基于严峻形势、有限容纳能力,以及其他成员国不合作等要素之下做出的不得已之举动。当各种已爆发危机(如希腊债务危机、难民危机)与其他潜在危机(其他国家债务危机与风险)接踵而来,作为欧盟中流砥柱的德国"双拳难敌四手",尽管"欧洲巨人"勇于承担责任,"却无往不在枷锁之中"。

首先,形势逼人,德国已然力不从心。蔓延全球的战火纷乱不止,特别是中东、北非及东欧地区,造成数以千万计的平民流离失所,难民危机已然形成,并且成为联合国难民署有记录以来难民数量最多的年度。根据联合国难民署2015年6月份发布的年度《战乱世界:全球难民趋势》,2014年战乱在世界范围内至少导致1 950万国际难民与3 820万国内难民,其中,超过一半(53%)的难民源自叙利亚(388万)、阿富汗(259万)与索马里(111万)。[1] 在难民危机持续恶化过程中,越来越多的难民通过各种手段突破国界线走向地缘相近、追求人道、待遇更好且经济富庶的欧洲列国,寻求庇护。欧盟自1999年以来也在难民庇护方面实行了比较宽松的政策,并试图建立一个共同的难民庇护体

---

[1] 1950万的国际难民包括属于联合国难民署(UNHCR)管理的1440万难民,与属于联合国近东巴勒斯坦难民救济和工程处(UNRWA)负责的510万难民。53%在这里只是展现了三个国家难民数量占联合国难民署总负责难民人员的比例。

系,这为难民潮的持续提供了政策支持。2014年,欧洲境内的难民数量为670万人,比2013年增加230万人。作为欧盟政策坚决支持者,德国当然责无旁贷,它已经连续多年成为世界上最大的难民目的国,鉴于其对历史的反思与责任,德国政府也自认为有"特殊义务"来接纳难民。2014年德国共接受了17.3万份庇护申请,比2013年增加58%;2015年,形势变得更为严峻,根据德国联邦移民和难民局6月份实时统计,5月份,德国收到将近2.38万份难民申请,到了6月份,申请数量激增到3.27万份,而在去年6月份申请数为1.2万份,本预计今年德国至少收到40万份申请;但是形势急转,德国官方更新预计数翻了一番,达到80万人,占德国总人口数的1%。到7月份为止,德国已经批准大约17.9万份庇护申请。难民潮的持续高涨给德国带来的首先是财政预算方面的吃紧,预计德国联邦将承担一百亿欧元的支出。地主家也没有余粮。在州的层面上,每个州有责任为难民提供住宿、食物、医疗与衣物方面的服务,基本安置成本为每人1.3万欧元左右,包括每个成人都会给予每月140欧元左右的现金;但是巴伐利亚州在未来两年需要至少花费十亿欧元,占州年度预算的1%。在国家层面,2014年联邦政府已经提供一笔十亿欧元的财政拨款用于在未来两年为各州政府提供资助。在欧盟层次上,德国经济合作与发展部长穆勒指出,当前难民问题会比以往更具有挑战性,并呼吁欧盟支持一项至少十亿欧元的难民应急资金,同时从结构上调整加大投入提升庇护过程,改善庇护寻求者的境遇。财政压力对处于欧盟危机中的德国而言已经相当严重。当然,德国政府的力不从心远远不止财政压力。

其次,问题丛生,难民危机牵一发而动全身。虽然德国政府及相关法律政策对难民庇护持相对开放的态度,本次叙利亚难民入德也得到相当数量的德国居民的欢迎,但是德国国内社会排外气氛的嬗变以及随之而来的群体行动甚至暴力行为则将难民问题置于德国政治议程的优先位置。就其严峻性而言,应对难民潮带来的冲击及反冲击可能是默克尔政府最大的内部政治挑战,其严重性甚于希腊债务危机。更有传言,ISIS恐怖主义分子有组织地以难民身份蒙混进入欧洲,让人不寒而栗。一方面,难民涌入及移民被指损害当地社会稳定,带来犯罪率升高,以及挤占当地就业机会等,并且存在着宗教信仰方面的摩擦。另一方面,针对难民以及移民的右翼运动有增无减,2014年针对难民的暴力犯罪活动比2013年增加三倍,极右犯罪率上升24%。尽管存在国内层面的法律限制,大选中异军突起的德国另类选择党(AfD)、德国排穆斯林的右翼运动 PEGIDA,以及一直以来的德国"新纳粹"团体扩展等都显示德国国内的保守排外气氛上涨。更为重要的是,德国面临越来越大的难民安置压力,这越来越成为德国社会冲突的导火索:一边是,难民团体对于德国联邦及州政府的缓慢安排及法律限制表示不满,认为拖延问题"不可接受",若干难民安置地点明显人满为患,甚至超负荷运转,柏林等地时有难民游行抗议;另一边是,难民安置地点的选择对当地德国社会造成越来越大的恐惧感,2013年5 000名叙利亚难民的到来并未受到德国人的热烈欢迎,代之以警惕与恐惧;今年4月份,德国特罗格里茨镇(Tröglitz)的难民安置中心遭到右翼团体纵火。德国政府的失误则将这种恐惧感进一步加剧,如德国政府不得不将80位难民安置在德国捷克边境一座只有114名居民的小村边上。更有甚者,具有新纳粹背景的团体发布了"我的后院无难民收容点(Kein Asylantenheim in meiner Nachbarschaft)"地图,可视化地展示了难民安置点在德国的分布状况,极具视觉冲击力,由此引起了德国国内特别是右翼群体对难民的进一步仇视,网络上德国被难民占领的言论屡见不鲜。在德国政府及谷歌德国的调查之下,该争议地图已经于7月17日被谷歌公司删除。难民危机在国内层面衍生的国内问题如果不能得到妥善解决,必然会影响德国社会稳定并造成国内的族群分化;如果这些问题被右翼势力运用并诉诸民粹,则可能造成德国的政治不稳。

最后,损友聚集,德国承受"以邻为壑"的恶果。根据统计报告,2013年,欧盟接受了世界上79%的难民,这也是展现欧盟对外人道主义政策的重要指标。但是,难民在欧洲的分布并不平均,占前五位的德国、瑞典、法国、意大利、英国等五国的难民庇护数量占欧洲境内难民总数的75%;而德国所提供庇护数量是难民数第二多的瑞典的两倍多,是第五名英国庇护数量的5.5倍多。实际上,欧盟自1999年开始便希望建立统一的欧盟庇护体系,在成员国内更为均衡地承担难民庇护责任,但是大多数欧盟国家以各种理由拒绝这一提议;最近针对难民危机提出的"强制性移民配额体系"也面临诸多障碍。鉴于严峻的难民潮与国内承受的压力,德国政府也屡次希望其他欧盟国家能够同心协力与其一起承担庇护难民的国际责任,但是响应者寥寥,德国的呼吁基本无功而返。例如,今年4月,默克尔在与英国总理卡梅伦会面时提出新的欧盟难民庇护系统应该基于人口与经济实力等指标,在成员国中分配庇护指标;但是英国方面表示拒绝,他们认为自己已经为欧盟提供了最大数额的援助与防务预算。美国作为中东乱局的主要制造者之一也置身事外,仅表达言语关切。更有甚者如意大利等南部欧盟国家。根据欧盟难民问题的现行规则,难民应该在其进入的第一个欧盟国家申请庇护,而不允许在成员国之间进行挑选。近几年来,大部分北非难民都是通过地中海航行进入意大利等南欧国家,但是一方面,这些国家边控松懈,对难民登记不足,而申根签证体系的存在为难民在不同国家之间扩散提供了便利;另一方面,意大利政府竟然给难民发放500欧元左右的补助鼓励难民前往德国申请庇护。近日的叙利亚难民乘列车入德过程中,匈牙利官方的"怂恿"行为也可见一斑。对德国而言,法国与奥地利的合作态度可以让其少许宽慰。7月10日,德国与法国协商决定为地中海地区的21 000名难民提供庇护,经过协商决定德国需要承担

12 100 名,而法国则负责 9 100 名;叙利亚难民集中入境,奥地利也愿意与德国一道承担庇护责任。根据欧盟预估,2015 年将有 14 万难民跨越地中海地区抵达意大利、希腊与马耳他等国,同时,也会有 6 万左右的叙利亚与厄立特里亚寻求庇护者试图进入欧盟。在这种严峻形势之下,兄弟成员国的袖手旁观甚至以邻为壑行为,必然将给德国的难民应对压力雪上加霜。9 月 14 日即将召开的欧盟内政部长会议是否能够在难民问题上实现突破,也尚属未知。实际上,难民问题的恶化也已经造成欧盟内部纷争不断,联合国秘书长潘基文所言的"团结危机"已经横亘在欧盟前行的道路之上。

综上所述,难民危机问题已然成为默克尔政府第三任期的重大挑战,这一"巨大的国家挑战"的严重性已经超过希腊债务危机。毋庸置疑,作为民主选举产生的政客,默克尔及执政的联盟党(CDU/CSU)有其选举的压力,民意的浮动与分化可能会影响默克尔政府的政策执行;比如说,几周之前的一个民调显示五成三的公众对默克尔政府难民应对政策不满,她也必须对国内的反难民氛围做出回应,但是也有八成多的人反对右翼势力针对难民的暴力行为。近日来,面对亟须安置的难民,默克尔及德国政府的的确确及时做出了"务实与理想兼备(as pragmatic as idealistic)"的伟大举动。但是,当前难民形势急剧恶化,欧盟层面政策及资金支持匮乏,本国难民庇护机制压力剧增,加上伙伴国家不负责行为等,如若这些方面得不到改善,德国的"伟大举动"实难持续下去,甚至还可以能成为自己难以摆脱的负担。

饮鸩止渴的欧盟—土耳其难民协议[*]

日前,欧盟与土耳其终于在布鲁塞尔欧盟总部就难民危机的解决问题达成历史性协议。对土耳其而言,它做梦都没想到2013年陷入低谷的入欧前景会柳暗花明,并且一举扭转谈判中欧土双方的地位,这无异于天上掉馅饼,进一步提升了其地区强国地位。对欧盟而言,难民危机影响之大,令各成员国感受到前所未有的威胁;重压之下,欧盟诸国自顾不暇,各自为政,几近以邻为壑,内部无法摆平的欧盟急切地寻求土耳其及其领导人埃尔多安的支持,并主动示好,重启土耳其入盟谈判及其他若干援助与待遇方面的条件谈判。即便是土耳其在本月谈判上坐地起价,欧盟虽然气恼却也几无抵抗力地差点照单全收。时至今日,欧盟已经没有了拒绝的能力。

"时也,势也,命也,运也,非吾之所能也",2003年欧盟发布其战略报告时荣光无限,如今欧盟早已进入多事之秋"新常态",它可能最能体会近年来的时势变迁,诸如实力下降、债务危机弥散及地缘紧张等。从2015年下半年难民危机波及欧洲核心区域开始,欧盟及欧洲支柱国家

---

[*] 本文系《难民政策协议:近渴似可解,前景亦堪忧》时评之原稿,原载于《中国社会科学报》,2016年4月14日,第4版。

领导人便在分歧与争吵中寻求难民危机的解决之道,却一无所获。当难民潮以肉体冲破欧盟边境的铁丝网栅栏并进入西欧与北欧地区时,惊慌失措的欧盟诸国政府在共同应对政策难以达成的情况下,纷纷恢复边境控制,试图用"篱笆"来守卫自己的国土,行动一致原则不得不快速让位于自身的国家利益,甚至于几乎摧毁了欧盟精心打造多年的申根协定。

实际上,从西欧国家坐视难民兵临东欧国家边境之时,欧盟的全盘皆输的命运便已经注定。德国总理默克尔高估自身能力且坚持政治正确与人道主义立场无异于火上浇油,加快了欧盟难民危机的进一步恶化;难民危机也重新塑造着欧盟诸国的国内政治势力分化,最近德国三州的选举结果也给了默克尔及基民盟警示。当然,相同的遭遇并非只是集中在德国一国。在此,被逼入"墙角"却又内聚无望的欧盟及诸国领导人依然束手无策,只能在绝望中求助位于亚欧咽喉处的土耳其。欧盟如今面临的"两难"之一便是,不控制难民涌入,难民会对欧盟及支柱国家内部造成方方面面的巨大影响,会引发政治、社会、福利及文化等方面的冲突;依靠土耳其控制难民流入,则需要满足土耳其的入盟及通行便利要求,也必然涉及欧盟最初的各种担忧,只不过步伐会更为加快。

如今,协议已经达成,欧盟的燃眉之急已经看到缓解的希望,但是本协议的能否成功执行下去已经成为众多政客与评论家所关注的问题。若执行力无法贯彻,一切都是画饼充饥。首先,协议中所提出来的"30+30"亿欧元的对土援助需要由欧盟跟各成员国共同分担,欧盟内部至今还一直纠缠于难民分配与安置政策而钩心斗角,更何况还有欧盟各国的财务状况制约,这一条款虽然得到各国领导人的首肯,但是在具体分配与拨款过程中肯定面临若干不确定性。

其次,在放松土耳其公民签证条件与土耳其加入欧盟等议题方面,欧盟实际上带有"以拖待变"的侥幸心理,以援助换时间,争取早日或者暂时解决难民冲击,再从长计议。这一点土耳其肯定也心知肚明,它们肯定会利用当前难民"援军"造就的契机,从欧盟处攫取尽可能多的利益。因此,在协议达成之前,土耳其总统埃尔多安的急切之情溢于言表,他公开宣示,希望其总理能够从布鲁塞尔带回实惠的大礼包。

第三,在土耳其方面,它虽然得到了一笔巨额的援助,但是其自身必须一方面应对220多万难民的安置工作,同时需要面对更多难民的涌入;另一方面土耳其需要投入人力物力来管制难民的向西流动,从而切实落实土欧之间达成的协议。因此,土耳其自身对难民的控制能力与合作意愿也是土欧协议能否成功得到执行的重要因素。鉴于土耳其的国家体制问题,以及其内部的腐败严重、民族问题复杂与实际执行能力不彰,外界对土耳其是否能够控制好边境存在着诸多疑问。此外,土耳其政府已经暗示,即便获得了巨额金援,它也仅是"辅助"欧盟解决难民危机而已。由此可见,如果欧盟完全倚重土耳其来解决难民问题,便是一种缘木求鱼之举,而且很可能遭到土耳其的进一步讹诈。

最后,欧盟与土耳其之间的协议要点已经招致联合国机构在人权与难民政策方面的警觉,它们呼吁欧土双方不应该在难民权利上予以谈判;并且,即使在欧盟国际法规的框架之下,协议所包含的不少行动实际上违背"欧盟人权公约"等法规。因此,可以预见协定的方案在落实过程中,无论是欧盟还是土耳其很可能要承受巨大的国际压力。

进一步言之,任何一项决策都会造成若干不可逆的影响;默克尔开放边境所造成的影响,并不是靠关闭边控就能解决的。欧盟与土耳其之间的协议达成与付诸实施,很可能酿成若干超出难民危机议题的影响,从而冲击欧盟及其成员国的政治生态,并导致国内政治进一步分化,"超国家"架构下的鸿沟继续扩大;倘若难民危机处理不佳,加之欧盟政治中土耳其影响力提升,最终会动摇欧盟立足之本,并危及欧盟自身。这些后续影响应至少包括以下五个方面。

第一,欧盟对土耳其"狮子大开口"概括承受,却相对忽视了同在难民危机前沿的成员国的诉求,如希腊与马耳他以及名列欧盟成员候选国的阿尔巴尼亚等。尽管土耳其的"门户"功能显著,但是这些难民危机前沿国实际上也面临着财力不济、难民涌入应对困难的制约,并且海上边控要比路上控制困难得多。这种厚此薄彼的待遇差别很可能导致希腊等国从内部对欧盟施压,甚至于运用难民"武器"寻求同等待遇,欧盟必然会进一步分裂,甚至重新导致国家之间的以邻为壑。前事不忘后事之师;曾经何时,希腊的债务危机问题将欧盟折磨得几近崩溃。

第二,欧盟包括其精英与民众对土耳其的不信任可以说是根深蒂固,这并不仅仅是文明冲突所致。这种不信任感会削弱双方合作应对危机的可能性与问题解决的效率;特别是,当双方处于"不对称"情势之下且一方乘机要挟之时,如欧盟当前遭遇的"城下之盟"而土耳其得意扬扬地挥舞"难民"大棒漫天要价,其未来合作的信任基础会变得更为薄弱。对此,已经有若干政客呼吁警惕土耳其加入欧盟的潜在冲击,甚至有人称之为"与魔鬼握手";譬如法国前总统萨科齐坚持认为土耳其"不符合"当前欧洲的民主标准。

第三,即使达成的协议能够短暂缓解难民危机的冲击,欧盟与土耳其的合作实际上已经对欧盟的法律传统与推崇的人权价值造成了冲击,从而有损于欧盟长久依赖的价值坚持、文化追求与身份认同。有评论者认为欧盟相当于在出卖自己的"灵魂"。在这种情况下,欧盟宣扬的人道主义价值势必受损害,欧盟作为国际规范制定者与推广者的地位也势必面临削弱;同时,欧盟所处的国际体系核心位置认同也不得不被重新审视。

第四,欧盟因为难民问题求助于土耳其展现了欧盟决策者们短视且以"堵"为主的问题解决思维。虽然这种选择基于欧盟自身的实力下降,这一现象也着实反映出欧盟内部分化、决策效率不彰,与集体行动困难等问题;但是,"新常态"之下,欧盟自身必然面临着越来越多的危机,在其应对过程中,这种问题解决思路与内外情势必然将进一步弱化欧盟的行动力。面对难民潮水,以"堵"为主的应对方略并不会解决问题,难民涌入的线路之多,地理范围之分散,很可能使欧盟在边控方面应接不暇,其解决问题的思维也将必须面对授人以柄的困境。

第五,协议规定欧盟对土耳其提供"30+30"亿欧元援助,这对欧洲对外援助决策与运作实际上形成了新的挑战,可以看作是欧盟外援发展的一个转折点。欧盟对外援助所坚持的政治条件性原则遭受挫折,政治条件的风险控制与管理功能难以施展,从而难以控制援助的具体使用情况。虽然欧盟委员会主席容克再三强调援助提供与后续签证议题与入欧谈判等要看土耳其对难民控制的成效,但是最起码在难民控制议题上,欧盟内部包括德法等国已经元气大伤,从而丧失了能够与土耳其讨价还价的资本,由此,欧盟必须仰人鼻息。

因此,对"病急乱投医"的欧盟而言,靴子落地,却并不代表危机即将得到解决,这很可能只是一次新危机的开始:比如,拥有难民"武器"的土耳其在欧盟政治话语中重要性大幅提升,并且开始掌握双边谈判的主动权,甚至成为欧盟特定议题的"胜负手";欧盟内部的分化与斗争将会更加严重,欧盟一体化的差异化程度在难民等危机的影响之下日益加深;如果投入巨大但效果不佳,欧土之间的不信任会继续加剧,特别是欧盟民间反对土耳其的声音将会继续加大,欧土之间的关系不仅不会改善,反而面临进一步的波动。

求证政治学研究之"科学"特征
——欧洲政治科学协会年会参会见闻*

背景介绍

2012年6月21日至23日,"欧洲政治科学协会(European Political Science Association)"第二届年会在柏林召开。在三天的时间里,来自欧美各地高校与研究机构的近700名政治学研究人员集中就十多个分主题进行了130多场的专门讨论。这较之2011年在都柏林举行的首届年会中400多位学者参加以及93场专门讨论已经有长足进步。

欧洲政治科学协会成立于2010年6月,这也是欧洲范围内唯一基于个人会员制的政治学研究组织。实际上,在此之前,欧洲已经存在两个政治研究协会。一个是成立于1970年的"欧洲政治研究共同体(European Consortium for Political Research)",它是以机构会员制存

---

* 本文缩略版原载于《中国社会科学报》,2012年8月1日,第B04版。

在的协会;另一个是"欧洲政治科学协会联盟(European Confederation of Political Science Association)",这是一个 2007 年成立的由 23 个国家政治研究协会组成的协会联盟,这个组织也接纳地区性的国际政治研究协会加入。

欧洲政治科学协会的成立一方面是为了仿效"美国政治学协会(The American Political Science Association)",超出国界限制,以合力打造欧洲地区基于个人会员制的政治学研究网络,推动欧洲地区政治科学研究;另一方面,也是更重要的,它致力于着重强调政治学研究之"科学"特征,例如量化研究与理论模型的实证检验等。

虽然欧洲政治科学协会强调加强跨大西洋的欧美学术合作,但是这也"隐藏"欧洲政治学界试图与美国学界争锋的"野心",他们也正在筹备并试图打造一份与美国政治学期刊水平"不相上下"的专业期刊。同时,欧洲政治科学协会一改"欧洲政治研究共同体"在边缘地区机构举办会议的惯例,试图提升组织性,并在位于中心位置的城市举办组织良好且高质量的各种会议。从某种意义上而言,欧洲政治科学协会的成立也试图在传统人文与定性研究占据主流的欧洲政治研究中开辟一条新的道路。

在本次年会的三天时间内,笔者根据专业方向与研究兴趣共参加或者旁听了四十多场专题讨论,主要包括国际政治、多层级政治、政治学方法论,以及国际与国内冲突等分主题;对于其他分主题,如行为政治学、选举研究、政治制度与决策、比较政治、欧洲政治、政治经济学,以及公共政策研究等,笔者只能忍痛割爱。

在此,笔者希望通过对关注议题、实证方法与数据资源等三个维度对本次年会进行介绍,展现欧洲政治科学协会追求的独特实证脉络与科学诉求,并希望从一个侧面展现欧洲政治学界的一股新潮流。

关注议题

　　关注议题展现出欧洲政治科学协会纳入实证视野的研究问题。本次年会确定了十个主题,分别是选举研究(政党与选举)、行为政治学、政治制度与决策、欧洲与欧盟政治、国际与国内冲突、政治经济学、国际政治、公共政策、政治学方法论与比较政治等。但是,在实际运行过程中,年会组织方根据参会者投稿,又设置了其他五个主题,即多层级政治、政治与社会、国家与市场、政治体系、政治过程等。

　　就国际关系研究而言,参加本次年会的学者首先针对国际关系研究的传统议题进行更加深入的模型建构与解释分析,从而使"旧酒"散发新的醇香。不少学者将新研究方法或者数据资源引入传统的贸易与战争联结、国家体系、威慑与联盟、对外援助,以及国际组织功能等议题中,以博弈论、数据统计或者计算机模拟等方式解释或者检验已经存在的假设命题,从而试图以此推进国际关系知识的扩充。特别是,有的学者将国际关系中的若干概念如"不满意国家"或者"国际关系等级制"进行了实证操作,并通过模拟或者历史数据对这些概念衍生的命题予以检验和评估。

　　其次,不少学者在传统关注点的基础上将相关变量进行进一步地细化或者分解(disaggregation),希望从更加微观的角度发现国际政治中的新动力。以国际组织与制度研究而言,不少学者将视角集中于国际组织的拓展,并运用政治经济学的框架对其予以分析,学者们或者关注国际组织的加入(accession)问题,或者关注国际贸易制度的弹性(flexibility)与深度(depth)问题,或者关注国际条约的效力等,实证性地探索并解释哪些因素影响这些变量维度,从而建构更为精致的问题分析框架。

第三,还有不少学者开始通过实证途径发掘国际政治中的新因素,或者鉴于当前国际形势而关注新的议题。其中,若干学者关注"次国家(sub-national)"因素在国际互动与国际合作中的作用,侧重分析"本土(native)"变量在国际合作或者国家与国际互动中的角色。在地区一体化方面,不少学者试图将"差异性的一体化(Differentiated Integration)"纳入国际制度设计的框架中,而不是传统的权力框架之下。

最后,本次年会的一个显著趋势是,学者们特别注重分析国内政治变量与国际政治因素之间的互动。一方面,学者们试图从国内要素出发解释国际行动的变化,例如解释国内政治气氛对于国际冲突强度的影响、威慑政策失败的国内因素,或者分析联合国维和行动的"次国家"动力等;另一方面,学者们也集中探讨国际因素对国内各种变量的影响,譬如讨论多边援助计划对国内选举结果的实证影响,以及国际贸易制度对国内冲突的影响等。

实证方法

作为一门科学的政治研究需要实证方法的支撑。从某种意义上说,当前的政治"科学"特性恰是源自其方法的科学性,政治科学的发展与突破也实际上源自科学方法的推陈出新。

本次年会的"政治学方法论"主题一方面讨论因果推断理论的新进展(如总体选择、稳健性检验与工具变量适当运用等),评估不同类型的研究方式(数据统计、田野调查与实验研究等)的效力与运用,从理论层面上展现政治学方法当前发展的基本状况。另一方面,这一主题下的专题讨论也特别关注各种实证研究的技术与工具,包括时间与空间分析、回归断点分析、贝叶斯推理技术、抽样技术、实验设计与准实验设计方法等,也正是这些实证技术与工具的开发使得政治科学发展日益复杂。此外,更多类型的政治学研究方法蕴藏在其他主题下的各种专题讨论中,特别是形式模型、网络分析、时间序列分析、调查设计、国家田野研究、案例比较研究,或者计算机模拟技术等。

以笔者主要参加的"回归断点分析"专题讨论为例,这种方法已经广泛地运用到政治学研究之中,这也是本次会议上被集中运用最多的方法之一(7篇)。在本次年会上,回归断点分析被用于运用历年跨国数据解释国际贸易制度对国内和平的影响、利用媒体文本解释欧洲民众对欧元及欧盟的评价态度、利用投票选举数据解释民主国家中地方政府与中央政府的政党结盟问题、利用调查数据分析非洲国家乡村领导对当地农业丰收的影响,以及解释民主选举中投票人的理性倾向,以及立法机构规模对财政支出的影响等。尽管这种方法被计量学家称为"最为无害的计量方法"之一,年会的评论专家也特别提醒这种方法暗含的一个"无法检验"假设是,断点附近的潜在结果具有"平滑度(smoothness)",因此需要对断点处的相关变量密度是否存在"跳跃"予以检验。

本次年会的另一个特别显著的方法是实验设计与准实验设计的运用,提交论文的具体类型包括在线实验、田野实验、实验室实验、调查实验与自然实验等。本次年会共有14篇文章运用了不同的实验设计,以及2篇文章使用了准实验设计。实验设计方法被运用在选举研究、投票人行为、决策研究、个体偏好、种族冲突、协商民主、公共产品、移民政策、危机磋商,以及政府学习过程等议题上。

数据资源

数据是政治科学研究一个必不可少的要素,它能够解释并检验相关研究命题,或者预测相关变量的发展趋势。

欧洲政治科学协会年会也展示了学者近期在数据发掘与运用方面的若干突破。在大型数据库建设方面,"战争相关系数(Correlates of War)"数据库中的"外交交流"数据被更新到 2010 年,这为实证考察国际关系网络结构以及国家之间交往提供了新的数据基础。

除此之外,其他学者也致力于通过历史材料或者文本分析来搜集相关数据并运用到研究之中。有的研究团队搜集并整理长时段的跨国议会发言资料,将其操作为实证数据,从而解释政党或政党联盟的内聚力问题。还有的学者关注气候变化谈判问题,希望通过整理 2000 年之后各国气候谈判官方文本,从而确定各国在气候变化具体议题上的基本态度与偏好。

从文本中发掘数据也成为社会科学研究者弥补大型数据库不足、沟通定量研究与定性研究,并同时推动学科发展的有力保证;相关软件技术的开发更是使文本之实证数据的发掘与运用"如虎添翼",例如得到年会与会者好评的 MAXQDA 软件。它是世界上最优秀的定性研究与管理程序之一,其最初由德国社会实证研究方法专家研发,到现在已经能够处理包括中文在内的大多数世界语言数据。这款软件编码功能强大、富有直观效果,可以发现数据关联并生成矩阵数据,有助于整理访谈对话,以及操作标准化调查中的开放问题等。

但是,当大型数据库由于研究议题尚不可用,同时文本梳理成本太过高昂时,有学者另辟蹊径,技巧性地探索出新的数据来源。不少学者还充分利用网络数据资源来解释或检验相关命题,特别是网页搜索引擎功能,从搜索痕迹的"细节"中发现"魔鬼"之所在。例如,有北美学者发掘了美国民众通过网络搜索 WTO 贸易争端的基本数据,从而试图解释并检验国际贸易制度规则对国内民众态度以及国家行为的影响机制。还有学者运用调查数据与自己发掘的 Google 搜索数据,分析了传统媒体与网络媒体在塑造爱尔兰民众在欧元问题上的不同态度的影响。

伴随政治科学研究的深入,学者们对复杂的政治议题提出了"精细度"的要求,这也要求学界能够发掘更具有微观意义的数据,从而能够解释并检验相关命题。参加本次年会的若干学者一方面通过田野考察或者访问调查从而获得微观数据,这些数据涉及非洲、欧洲以及拉丁美洲等国家的次国家层次,甚至于村镇等基层单位。另一方面,面对实地调查的成本问题,也有学者技巧性地诉诸已经取得的资源来"替代"或充当特定变量的"工具变量"。例如,说地区贫困与夜间灯光亮度具有高度相关性,有学者在讨论非洲国家的乡村地区贫困问题时,将美国"国防气象卫星计划(Defense Meteorological Satellite Program)"发布的世界"夜间灯光"数据作为研究样本的贫困数据,并通过确定样本的经度纬度,从而确定其贫困程度。

评 价

就总体而言,欧洲政治科学协会的第二届年会集中展示了当前政治学实证研究的若干前沿成果,展现了政治学界中以"科学"为信念追求的学者共同体的研究视野与方法技术等,这些议题、方法与数据能够为当前我国的政治科学研究提供某些思路。但是,由于个人专业与时间限制,笔者参与的专题讨论范围较为有限,因此本文所述无法展现欧洲政治科学协会年会的全貌,仅是就某个侧面进行详细介绍,从而管中窥豹而已。

国际制度研究需要准确的翻译[*]

国际制度及其理论是国际关系研究中的重要组成部分。不过,在国际制度的研究中,有三个相关概念需要做审慎辨别,它们分别是"institution"、"organization"和"regime"。

国际制度、国际组织与(国家)行为

"institution(制度)"一词与"organization(组织)"密切相关。在制度理论的早期,"制度"与"组织"没有区分开来,往往将"国际制度"与(正式的)"国际组织"等同起来,而且国际组织是研究者关注的主要目标。这集中体现在《国际组织》杂志的前20年(1947—1966),主要是关注国际组织(特别是官方国际组织,如联合国各机构等)的形成与运作。

"组织"一词有几层基本含义。作为动词,即按一定目的进行编排、组合;作为名词,就是上述活动的结果——有组织的实体。因此,"组

---

[*] 本文系与复旦大学唐世平教授和上海对外经贸大学王明国教授共同写作的名词辨析小短文,原发于《中国社会科学报》2012年9月12日第B03版"国际月刊·学科"板块。

织"是制定和实施制度的实际行为体,而并非制度本身。国际组织只是国际制度安排的结果,它们本身并不等同于制度。在美欧学术界,将国际制度等同于国际组织的还大有人在。中国学者需要避免重复这样的概念性错误。

另外,一些早期的研究国际制度的人士也将制度与行为混为一谈。比如,奥兰·扬就将"(国际)制度"定义为"预期趋同的行为或实践模式"。相比之下,罗伯特·基欧汉则认为制度是"规定行为角色、制约行动,以及塑造期望的一系列持久和相互关联的正式和非正式的规则"。这两个定义的核心区别就在于一个认定制度等于行为,一个认定制度是(行为)规则,但不是行为本身。显然,奥兰·扬的定义是有问题的。

我们同意约翰·杜菲尔德(John Duffield)的观点,必须将制度与行为严格区别开来,否则就很容易陷入制度与行为间循环论证的逻辑陷阱。涂尔干(Durkheim)很早就指出,行为体的行为是由制度所形塑的,但制度并非唯一因素。因而,行为(模式)并不等同于制度。后来,奥兰·扬也进行了相应修正,他认为国际制度是管理国际社会成员活动的社会制度。

"International Regime"的译法

中国最早引进国际制度理论(所谓的"新自由主义")的学者将"international regime"译成"国际机制"。不过,这恐怕是个错误的译法。

"regime"一词有 4 个意思:

1. 政体(形式)、政权(形式);
2. 统治(时期);
3. 社会体系;

4. 养生规则(比如食疗),(病人等的)生活规则。

在《新牛津英语词典》(The New Oxford Dictionary of English)中,"regime"指政府(a government),也指系统(a system)或做事之方式。可见,"regime"一词的最常用意思是政体(形式)或政权(形式),而将"international regime"中的"regime"译成"机制"则颇有些牵强。

除了在"international regime"中的"regime"事实上指的是规则之外,在社会科学讨论中,"regime"一般都只具有"政体"或者"政权形式"的意思。因此,我们建议在国际关系研究中,不再使用"国际机制"这个概念。支持我们这一倡议的一个重要迹象是,在当前的英文著述中,"international regime"的提法已越来越少,而绝大多数文章都使用"international institutions(国际制度)"一词。因此,"international regime"正在走向消亡。而我们恰好可以借机清除中文文献中早期的误译。

此外,中文的"机制"在英语中比较确切的对应词语是"mechanism",在社会科学中通常特指"因果机制(causal mechanism)"。

东亚史观的建立需从长计议 *

诚如白永瑞在《东亚历史教科书和历史教育》一文(《二十一世纪》2005年8月号)所言,"历史战争"构成当今东亚的特殊景象,在 2005 年这个年份弥显刺眼。其一,部分日本人否认侵略史实,甚至美化其残忍行径,宣称要摆脱他国强加的"自虐史观",恢复其历史本原;其二,中韩朝回顾过往屈辱时,难以割舍强化民族凝聚力和政治传播的大好契机。此外,在推行一致对日的"历史战争"的同时,中韩朝之间的局部"历史战争"也蠢蠢欲动。因此,特别是针对日本的不负责历史态度,中日韩三国民间学者为阐述三国历史共识而编撰共同历史教科书。

我们应该以最大善意来解读这一探索,但我们更应该以冷静态度来分析未来事态。

首先,东亚史观是什么?是不是东亚历史的机械相加?各国兴衰都应是东亚整体史观的重要环节,而不能流连于国家沉浮的情绪。日本的过激民族本位和抗拒反省的心态,是其最大绊脚石;但一致对日,也不能构成东亚史观。尽管教科书以平行编年来演进,但其割裂痕迹

---

* 本文原载于香港中文大学《二十一世纪》2005 年 10 月号《三边互动》栏目(第 175 - 176 页)。

依旧明显;各国都希望东亚史观偏向于本国立场。尽管编纂时的颇多争论限于学术范畴,但其蕴涵的民族主义仍显露无遗。

另外,树立东亚史观固然重要,但民族国家依旧存在,倘若国族史还处于孱弱地位,那么仓促建立超越民族国家的史观,就有好高骛远之嫌。历史问题并不能都归咎于日本。就中国而言,海峡两岸的不同版本历史叙述和韩朝对峙只会两败俱伤。各国都背负着过重的历史累赘,众多未决的历史纠葛使东亚史观步履艰难。

所以,东亚史观仍需从长计议。但不论结果如何,共同历史教科书是个不错的开端。对学者而言,应该继续以"理念人"的姿态追求还真相于东亚民众;对国家而言,面对尊崇强者的日本,也许实力在这个冷战痕迹明显的地区更为重要。

后　记

《左传·襄公二十四年》谓："'大上有立德,其次有立功,其次有立言。'虽久不废,此之谓不朽"。此"三不朽"可以说是每一个有抱负的中国人的梦想。在此狂飙时代,虽然"立言"含金量有打折趋势,但是依然是每个读书人所追求的目标。

从 1988 年上小学开始到现在,我的求学求知之路已经走了近三十年,但是似乎离"立言"的目标依然遥远。很幸运的是,这本文集得以列入"学人文丛"出版,让我在"立言"的道路上不至于被落得太远,也给了我若干动力让我继续沿袭这条路走下去。

我的学术之路启程其实并不晚,从在南京大学体会到做学问的内在乐趣,到在南开大学正式发表了人生第一篇学术期刊文章,虽然身处边缘,我却其实一直顺着学术之路前进;即使有段时间因为考博失败而求学异域后进入了某国际非政府组织的合作项目工作,但是研究仍然是我的主要工作方向。

当然,因为个人资质之原因,我的学术之路充满着"折腾",其中既有求学的波折,也有研究方向的漂移,还有这样那样的琐事烦扰。所幸自己也并未在折腾中完全懈怠,还是在进三步退两步的徘徊中写下了不少中英文论文,这些论文构成了本文集的主体,也算是对过去十多年自己学术生涯的一个阶段总结,更是对自己目前有论文却无著作状况的一种激励鞭策。阶段总结是因为我已经回到母校南京大学,从此不再是单纯的学生,而进阶为教师,需要承担立德树人之重任,更需要为这"二水三山"中间的"理想的学术都城"贡献绵薄之力。激励鞭策是因为我应该在专著方面多多努力实现个人的突破,从而构建自己成体系的一套学问。

这本文集收录了我从硕士期间至今十多年的大部分学术论文、专著评论、学术随笔和网络与报刊时事评论。在整理这些论文的过程中,我不时地会因为观点的稚嫩与基础的薄弱而暗生自嘲,也会因为注释的不足和规范的错误而心有余悸。因此,重新阅读并修订这些论文实际上对我的学术研究有一种震撼教育的效果,可以让我在未来治学路上时刻保持如履薄冰般的谨慎,戒骄戒躁,不说空话,严守规矩。

我们这代人很幸运,能够见证中国的大国崛起之大势,也能亲身经历大国崛起过程中的种种寻常与般般不寻常。作为一名国际关系研究学人,我时刻关注中国实力增长之荣耀,也全力从学问角度关注权力攀升之责任与国家对于共同体之担当;"负责任"对个人而言是一种本分,对处于无政府状态中的国家而言更是一种声誉,也是国家行为体在国际社会中提升自我位势的一种资源所在。缺失责任内涵的大国权势只会沦为一种孤独的任性与失控的强势。对此,如何履行责任,如何更有效地履行责任,则是我们未来要关注的问题。当然,从外交事务到理论框架,从概念审视到逻辑探索,从全球治理到国别探讨,从制度效果到冲突解决,从高级政治到低级政治,这些议题之中蕴含的大都是我开启学术之路以来的一些思考。

一路走来,情谊相伴。我由衷感谢南京大学亚太发展研究中心、南京大学政府管理学院、南开大学周恩来政府管理学院、中国人民大学国际关系学院、德国波鸿鲁尔大学和平与武装冲突国际法研究所

(IFHV)、瑞典乌普萨拉大学和平与冲突研究学系和德国康斯坦茨大学政治与行政管理学系等诸位师长的教育和栽培;也诚挚感谢天南地北各高校与研究机构的好友们的指点与扶持。最后,我特别感谢妻子、父母和亲人们对我任性追逐学术梦想的宽容与支持,感谢儿子为我带来的各种欢乐。

"南京大学亚太发展研究中心"简介

　　"南京大学亚太发展研究中心"是由"南京大学郑钢基金·亚太发展研究基金"定向全额资助的一个对大亚太地区进行全方位、多层次、跨学科研究的机构。它致力于承担学术研究、政策咨询、人才培养、社会服务与国际交流等功能。

　　该中心是国内首家以"发展"为关键词命名的综合性地区研究机构,秉持"立足中国、面向亚太、辐射全球"的开放理念,旨在探讨亚太及全球"政治发展"、"经济发展"与"社会发展"诸领域的重要议题,彰显"和平发展"与"共同发展"的价值取向,弘扬"人类命运共同体"这一崭新的全球价值观。

　　"中心"定期主办"钟山论坛"(亚太发展年度论坛)、"励学讲堂"等学术论坛,旨在推动国内外学界、政府、企业、社会之间的对话与交流。

　　"中心"主办的出版物有《南大亚太论丛》、《南大亚太译丛》等系列丛书,《南大亚太评论》、《现代国家治理》、《人文亚太》、《亚太艺术》等学术集刊。此外还有《工作论文》、《调研报告》、《工作通讯》等多种非正式刊物。

通信地址:江苏省南京市仙林大道 163 号南京大学仙林校区圣达楼 460 室南京大学亚太发展研究中心(210023)
电子邮箱:zsforum@nju.edu.cn
电话、传真:025 - 89681655
中心网址:https://www.capds.nju.edu.cn
微信公众号:CAPDNJU

南京大學亞太發展研究中心
微信号:CAPDNJU

本土关怀暨世界眼光　科学与人文并举
秉持严谨求实之学风　学术与思想共生
倡导清新自然之文风　求真与致用平衡